Entgeltansprüche aus Altersteilzeitarbeit in der Arbeitgeberinsolvenz

Schriften zum Verfahrensrecht

Herausgegeben von
Peter Gottwald und Ulrich Haas

Band 22

PETER LANG
Frankfurt am Main · Berlin · Bern · Bruxelles · New York · Oxford · Wien

Ulf Pechartscheck

Entgeltansprüche aus Altersteilzeitarbeit in der Arbeitgeberinsolvenz

Analyse gegenwärtiger Sicherungsmodelle in Deutschland

PETER LANG
Internationaler Verlag der Wissenschaften

Bibliografische Information der Deutschen Nationalbibliothek
Die Deutsche Nationalbibliothek verzeichnet diese Publikation in der Deutschen Nationalbibliografie; detaillierte bibliografische Daten sind im Internet über <http://www.d-nb.de> abrufbar.

Zugl.: Regensburg, Univ., Diss., 2007

D 355
ISSN 1619-344X
ISBN 978-3-631-57152-1

www.peterlang.de

Für Elsbeth, Ulrike, Pamela und Thomas

Vorwort

Die vorliegende Abhandlung wurde von der Juristischen Fakultät der Universität Regensburg als Dissertation angenommen und von Herrn Professor Dr. Dr. h.c. Peter Gottwald als Doktorvater betreut. Die Ausführungen basieren auf dem Stand von Gesetzgebung, Rechtsprechung und Literatur bei Abgabe der schriftlichen Arbeit im Juli 2006.

Eine Folge der zunehmenden Flexibilisierung der Arbeitszeit ist die Altersteilzeit, die ihren gesetzlichen Niederschlag unter anderem im Altersteilzeitgesetz gefunden hat. Die Grundidee des Gesetzgebers bestand darin, dem Arbeitnehmer als Alternative zu einer Frühverrentung unter bestimmten Vorraussetzungen ab einem gewissen Lebensalter eine Verringerung seiner Arbeitszeit zu ermöglichen, während der Arbeitnehmer dem Unternehmen mit seiner Erfahrung und seinem langjährigen Wissen weiterhin zur Verfügung steht. Die Praxis hat jedoch gezeigt, dass bei den Arbeitnehmern vor allem das so genannte Blockmodell beliebt ist, bei dem die bis zum Eintritt in die Rente verbleibende Beschäftigungszeit in eine Arbeits- und eine Freistellungsphase geteilt wird. Ein kontinuierliches und langsames Ausscheiden aus dem Erwerbsleben ist daher die Ausnahme. Die Arbeitgeber machen von diesem Instrument vielfach Gebrauch, weil dadurch ein sozialverträglicher Abbau von Personal sowie eine Verjüngung der Belegschaft erreicht werden kann. Ob sich eine alternde Gesellschaft auch in Zukunft ein solches Vorgehen leisten kann, ist eine andere Frage.

Mein besonderer Dank für die wissenschaftliche Betreuung, die verschiedenen Anregungen und Diskussionen während der Abfassung dieser Arbeit gilt meinem Doktorvater, Herrn Professor Dr. Dr. h.c. Peter Gottwald.

Bei Frau Professor Dr. Monika Schlachter bedanke ich mich für die zügige Erstellung des Zweitgutachtens.

Für die ausführliche Durchsicht des Manuskripts bedanke ich mich bei Herrn Rechtsanwalt Rick Eylau, Herrn Rechtsanwalt Gernot Giesecke sowie Herrn Dr. Markus Würdinger. Für die technische Unterstützung bedanke ich mich bei Herrn Nils Menninger.

Regensburg, im Oktober 2007 *Ulf Pechartscheck*

Inhaltsverzeichnis

Abkürzungsverzeichnis

Abs.	Absatz
a. A.	andere Ansicht
AC	Law Reports Appeal Cases, seit 1891 (England)
a. E.	am Ende
a. F.	alte Fassung
AGB	Allgemeine Geschäftsbedingungen
AHV	Alters- und Hinterlassenenversicherung (Schweiz)
AktG	Aktiengesetz (Deutschland)
Anh.	Anhang
Anm.	Anmerkung
AO	Abgabenordnung 1977 (Deutschland)
ArbR	Mitteilungen des Instituts für schweizerisches Arbeitsrecht (Zeitschrift)
ArbRB	Der Arbeitsrechtsberater (Zeitschrift)
ArbuR	Arbeit und Recht (bis einschließlich 1999 so abgekürzt) (Zeitschrift)
ArbZG	Arbeitszeitgesetz (Deutschland)
Art.	Artikel
ATG	Altersteilzeitgesetz (Deutschland)
ATSG	Bundesgesetz über den Allgemeinen Teil des Sozialversicherungsrechts (Schweiz)
AuA	Arbeit und Arbeitsrecht (Zeitschrift)
Aufl.	Auflage
AuR	Arbeit und Recht (seit 2000 so abgekürzt) (Zeitschrift)
AVB	Allgemeine Versicherungsbedingungen
AVIG	Bundesgesetz über die obligatorische Arbeitslosenversicherung und die Insolvenzentschädigung (Schweiz)
BaFin	Bundesanstalt für Finanzdienstleistungsaufsicht (Deutschland)
BB	Der Betriebs-Berater (Zeitschrift)
Begr.	Begründung
BetrAV	Betriebliche Altersversorgung (Zeitschrift)
BetrAVG	Gesetz zur Verbesserung der betrieblichen Altersversorgung (Deutschland)
BGB	Bürgerliches Gesetzbuch (Deutschland)
BGBl.	Bundesgesetzblatt (Deutschland)
BGE	Leitentscheid des Bundesgerichts, Amtliche Sammlung (Schweiz)
BGH	Bundesgerichtshof (Deutschland)

BGHZ	Entscheidungen des Bundesgerichtshofes in Zivilsachen (Deutschland)
z. B.	zum Beispiel
BR-Drucks.	Bundesrats-Drucksache (Deutschland)
BSGE	Entscheidungen des Bundessozialgerichts (Deutschland)
BT-Drucks.	Bundestags-Drucksache (Deutschland)
BuB	Bankrecht und Bankpraxis (Zeitschrift)
ca.	circa
DB	Der Betrieb (Zeitschrift)
DBG	Bundesgesetz über die direkte Bundessteuer (Schweiz)
DepotG	Depotgesetz (Deutschland)
ders.	derselbe
DZWIR	Deutsche Zeitschrift für Wirtschafts- und Insolvenzrecht (Zeitschrift)
EAEG	Einlagensicherungs- und Anlegerentschädigungsgesetz (Deutschland)
EFZG	Entgeltfortzahlungsgesetz (Deutschland)
EGInsO	Einführungsgesetz zur Insolvenzordnung (Deutschland)
EG-Vertrag	Vertrag zur Gründung der Europäischen Gemeinschaft
Einf.	Einführung
EIRO	European Industrial Relations Observatory
ERA 1996	Employment Rights Act 1996 (England)
ERelA	Employment Relations Act 1999 (England)
ErfK	Erfurter Kommentar zum Arbeitsrecht
EStG	Einkommensteuergesetz (Deutschland)
EU	Europäische Union
EWiR	Entscheidungen zum Wirtschaftsrecht (Zeitschrift)
ff., f.	folgende(r)
FK-InsO	Frankfurter Kommentar zur Insolvenzordnung
FlexiG	Gesetz zur sozialrechtlichen Absicherung flexibler Arbeitszeitregelungen (Deutschland)
Fn.	Fußnote
FS	Festschrift
GAV	Gesamtarbeitsvertrag (Schweiz)
GK-SGB VI	Gemeinschaftskommentar zum Sozialgesetzbuch (Deutschland)
GS	Gedächtnisschrift
HGB	Handelsgesetzbuch (Deutschland)
HK-InsO	Hamburger Kommentar zum Insolvenzrecht
HS.	Halbsatz
HzS	Handbuch zum Sozialrecht
IA 1986	Insolvency Act 1986 (England)

IAS	International Accounting Standard
IFRS	International Financial Reporting Standard
InsO	Insolvenzordnung (Deutschland)
InvG	Investmentgesetz (Deutschland)
i.d.F.	in der Fassung
i.V.m.	in Verbindung mit
KO	Konkursordnung (Deutschland)
KSchG	Kündigungsschutzgesetz (Deutschland)
KTS	Konkurs, Treuhand, Sanierung, Zeitschrift für Insolvenzrecht (bis 1989: Konkurs-, Treuhand- und Schiedsgerichtswesen) (Zeitschrift)
KWG	Gesetz über das Kreditwesen (Deutschland)
lit.	litera
MüKo	Münchner Kommentar zum Bürgerlichen Gesetzbuch
m. w. N.	mit weiteren Nachweisen
NJW	Neue Juristische Wochenschrift (Zeitschrift)
NJW-RR	Neue Juristische Wochenschrift - Rechtsprechungs-Report Zivilrecht (Zeitschrift)
Nr.	Nummer
NZA	Neue Zeitschrift für Arbeitsrecht (Zeitschrift)
NZI	Neue Zeitschrift für das Recht der Insolvenz und Sanierung (Zeitschrift)
NZS	Neue Zeitschrift für Sozialrecht (Zeitschrift)
OR	Obligationenrecht (Schweiz)
p.a.	per anno
Para.	Paragraph
PA 1995	Pensions Act 1995 (England)
RdA	Recht der Arbeit (Zeitschrift)
RegE	Regierungsentwurf
RGZ	Entscheidungen des Reichsgerichts in Zivilsachen
Rn.	Randnummer
S.	Seite
Sched.	Schedule
SchKG	Schuldbeitreibungs- und Konkursgesetz (Schweiz)
Sec.	Section(s)
SGB	Sozialgesetzbuch (Deutschland)
SJZ	Schweizerische Juristen-Zeitung
SSCBA 1992	Social Security Contributions and Benefits Act 1992 (England)
sog.	so genannte(r)
Sp.	Spalte
SZ	Süddeutsche Zeitung

TUPE	Transfer of Undertakings (Protection of Employment) Regulations 1981 (England)
TzBfG	Teilzeit- und Befristungsgesetz (Deutschland)
u. a.	unter anderem
v.	versus
VAG	Versicherungsaufsichtsgesetz (Deutschland)
VerglO	Vergleichsordnung (Deutschland)
vgl.	vergleiche
Vorb.	Vorbemerkung
VVG	Versicherungsvertragsgesetz (Deutschland)
WM	Wertpapier Mitteilungen, Zeitschrift für Wirtschafts- und Bankrecht (Zeitschrift)
ZInsO	Zeitschrift für das gesamte Insolvenzrecht (Zeitschrift)
ZIP	Zeitschrift für Wirtschaftsrecht (Zeitschrift)
zit.	zitiert

Literaturverzeichnis

Abeln, Christoph/Gaudernack, Sven, Keine Altersrente nach Altersteilzeit bei völliger Freistellung schon während der Arbeitsphase im so genannten Blockmodell, in: BB 2005, 43

Adrian, Reinhold/Heidorn, Thomas, Der Bankbetrieb, Lehrbuch und Aufgaben, 15. Aufl., Wiesbaden 2000

Ahlbrecht, Silke/Ickenroth, Nicole, Altersteilzeit im Blockmodell – Rechtlicher Rahmen und Sonderprobleme, in: BB 2002, 2440

von Ahsen, Helge Bernd/Nölle, Jens-Uwe, Risiko Altersteilzeit? – Insolvenzschutz der Wertguthaben bei Altersteilzeitvereinbarungen, in: DB 2003, 1384

Amonn, Kurt/Walther, Fridolin, Grundriss des Schuldbetreibungs- und Konkursrechtes, 7. Aufl., Bern 2003

Armbrüster, Christian, Die treuhänderische Beteiligung an Gesellschaften, Köln Berlin Bonn München 2001

Armbrüster, Christian, Anmerkung zu BGH, Urteil vom 7. April 2005 – IX ZR 138/04, in: DZWIR 2005, 385

Armbrüster, Christian/Pilz, Knut, Schicksal des Lebensversicherungsvertrages in der Insolvenz des Versicherungsnehmers, in: KTS 2004, 481

Arteaga, Marco S., Endlich Konkurssicherheit für Unternehmer-Pensionszusagen, in: ZIP 1998, 276

Bachmann, Roland, Das Arbeitsverhältnis im Konkurs des Arbeitgebers, Bern 2005

Baldringer, Sebastian/Jordans, Roman, Altersteilzeit in der Insolvenz, Betriebsübergang und Sicherung von Wertguthaben, in: AuR 2005, 429

Bamberger, Heinz Georg/Roth, Herbert, Kommentar zum Bürgerlichen Gesetzbuch, Band 1, §§ 1 – 610, München 2003, Band 2, §§ 611- 1296, München 2003, (zit. *Bamberger/Roth/Bearbeiter)*

Bankrecht und Bankpraxis, Hellner, Thomas/Steuer, Stephan ((Hrsg.), (Loseblattwerk), Köln, (zit. BuB/*Bearbeiter*)

Bärenz, Christian, Von der Erlöschenstheorie zur Theorie der insolvenzrechtlichen Modifizierung – zur Dogmatik der neuen BGH-Rechtsprechung zu § 103 InsO, in: NZI 2006, 72

Barkholdt, Corinna, Umgestaltung der Altersteilzeit von einem Ausgliederungs- zu einem Eingliederungsinstrument – Expertise im Auftrag der Altenberichtskommission, Dortmund 2004

Bauer, Jobst-Hubertus, Rechtliche und taktische Probleme der Altersteilzeit, in: NZA 1997, 401

Baumbach, Adolf/Hopt, Klaus J., Handelsgesetzbuch, 32. Aufl., München 2006

Baur, Jürgen/Stürner, Rolf, Sachenrecht, 17. Auflage, München 1999

Beckmann, Michael/Matusche-Beckmann, Annemarie, Versicherungsrechts-Handbuch, München 2004

Berscheid, Ernst-Dieter, Arbeitsverhältnisse in der Insolvenz, Herne Berlin 1999

Betz, Stefan, Mehrjährige Arbeitszeitkonten in Forschung und Praxis, in: DB 2001, 215

Bichlmeier, Wilhelm/Engberding, Antonius/Oberhofer, Hermann, Insolvenzhandbuch, Ein rechtlicher und betriebswirtschaftlicher Leitfaden, 2. Aufl., Frankfurt am Main 2003

Binder, Jens-Hinrich, Bankeninsolvenzen im Spannungsfeld zwischen Bankaufsichts- und Insolvenzrecht, Berlin 2005

Bley, Erich/Mohrbutter, Jürgen, Vergleichsordnung, Erster Band, §§ 1 – 81, 4. Aufl., Berlin New York 1979

Blomeyer, Wolfgang, Die Verpfändung von Rückdeckungsversicherungen an Versorgungsanwärter der betrieblichen Altersversorgung, in: BetrAV 1999, 293

Blomeyer, Wolfgang/Otto, Klaus, BetrAVG, Gesetz zur Verbesserung der betrieblichen Altersversorgung, 3. Aufl., München 2004

Blumenstein, Ernst/Locher, Peter, System des schweizerischen Steuerrechts, 6. Aufl., Zürich 2002

Bode, Christoph/Bergt, Volker H./Obenberger, Thomas, Doppelseitige Treuhand als Instrument der privatrechtlichen Insolvenzsicherung im Bereich der betrieblichen Altersversorgung, in: DB 2000, 1864

Boecken, Winfried, Das Altersteilzeitgesetz 1996, in: NJW 1996, 3386

Bork, Reinhard, Einführung in das Insolvenzrecht, 4. Aufl., Tübingen 2005

ders., Die Verbindung, Vermischung und Verarbeitung von Sicherungsgut durch den Insolvenzverwalter, in: FS Gaul, Hans Friedhelm, 1997, S. 71

ders., Die Doppeltreuhand in der Insolvenz, in: NZI 1999, 337

Boos, Karl-Heinz/Fischer, Reinfried/Schulte-Mattler, Hermann, Kreditwesengesetz, Kommentar zu KWG und Ausführungsvorschriften, 2. Aufl. München 2004, (zit. *Boos/Fischer/Schulte-Mattler/Bearbeiter*)

Braun, Axel, Anmerkung zu BAG, Urteil vom 18.11.2003 – 9 AZR 270/03, in: ArbRB 2004, 169

Braun, Martin, Arbeits- und sozialrechtliche Probleme der Altersteilzeitarbeit, Bremen Oldenburg 2004

Brinkhaus, Josef/Scherer, Peter, KAGG, München 2003, (zit. *Brinkhaus/Scherer/Bearbeiter*)

Brox, Hans, Handels- und Wertpapierrecht, 18. Aufl., München 2005

van Bühren, Hubert W., Handbuch Versicherungsrecht, 2. Aufl., Bonn 2003, (zit. *van Bühren/Bearbeiter)*

Burgherr, Urs, Die Insolvenzentschädigung. Zahlungsunfähigkeit des Arbeitgebers als versichertes Risiko, Zürich Basel Genf 2004

Canaris, Claus-Wilhelm, Großkommentar Handelsgesetzbuch, Bankvertragsrecht, 3. Aufl., Berlin New York 1981

Castendiek, Johann H., Anmerkung zu BAG Urteil vom 19.03.2002 – 9 AZR 16/01, in: ZIP 2002, 2189

Claussen, Carsten Peter, Bank- und Börsenrecht, 3. Aufl., München 2003

Coenenberg, Adolf G., Einführung in das Rechnungswesen, Stuttgart 2004

Coing, Helmut, Die Treuhand kraft privaten Rechtsgeschäfts, München 1973

Creifelds, Carl, Rechtswörterbuch, 18. Aufl., München 2004

Derleder, Peter/Knops, Kai-Oliver/Bamberger, Heinz Georg (Hrsg.), Handbuch zum deutschen und europäischen Bankrecht, Berlin Heidelberg New York Hongkong London Mailand Paris Tokio 2004, (zit. Derleder/Knops/Bamberger/*Bearbeiter*)

Deutsch, Erwin, Versicherungsvertragsrecht, 5. Aufl., Karlsruhe 2005

Diller, Martin, Das neue Altersteilzeitgesetz sowie die begleitenden Änderungen im Rentenrecht, in: NZA 1996, 847

ders., Das neue Gesetz zur Absicherung flexibler Arbeitszeitregelungen („Flexi-Gesetz"), in: NZA 1998, 762

Elfring, Claus, Die Verwertung verpfändeter und abgetretener Lebensversicherungsansprüche in der Insolvenz des Versicherungsnehmers, in: NJW 2005, 2192

ders., Versicherungsverträge im Insolvenzrecht, in: BB 2004, 617

Emmerich, Hugo, Die Sanierung, I. Teil, Mannheim Berlin Leipzig 1930

Erfurter Kommentar zum Arbeitsrecht, Dieterich, Thomas/Hanau, Peter/Schaub, Günter (Hrsg.), 6. Aufl., München 2006 (zit. ErfK/*Bearbeiter*)

Erman, Bürgerliches Gesetzbuch, Handkommentar, Band 1, 11. Aufl., Köln 2004, (zit. *Ermann/Bearbeiter*)

Fahr, Ulrich/Kaulbach, Detlef/Bähr, Gunne W., Versicherungsaufsichtsgesetz, 3. Aufl., München 2003, (zit. *Fahr/Kaulbach/Bähr/Bearbeiter)*

Federmann, Rudolf, IAS/IFRS-stud., International Accounting Standards/International Financial Reporting Standards mit SIC/IFRIC-Interpretationen, 2. Aufl., Berlin 2004

Finch, Vanessa, Corporate Insolvency Law. Perspectives and Principles, Cambridge 2002

Fischer, Gerhard/Thoms-Meyer, Dirk, Privatrechtlicher Insolvenzschutz für Arbeitnehmeransprüche aus deferred compensation, in: DB 2000, 1861

Fischer, Gerhard, Insolvenzsicherung für Altersteilzeit, Arbeitszeitkonten und Altersversorgung – Vermögensdeckung mit doppelseitiger Treuhand in der Praxis, in DB 2001, 21

Fischer, Reinfrid/Klanten, Thomas, Bankrecht, 3. Aufl., Köln 2000

Fletcher, Ian F., The Law of Insolvency, 2. Aufl., London 1996

Flitsch, Michael, Anmerkung zu BAG, Urteil vom 5. 12. 2002 – 2 AZR 571/01, in: DZWIR 2003, 288

Foerste, Ulrich, Insolvenzrecht, 3. Auf., München 2006

Förster, Wolfgang/Heger, Heinz-Josef, Altersteilzeit und betriebliche Altersversorgung, in: DB 1998, 141

Frankfurter Kommentar zur Insolvenzordnung, Wimmer, Klaus (Hrsg.), 4. Aufl., München 2006 (zit. FK-InsO/*Bearbeiter*)

Fröhling, Jörg, Die Behandlung gegpfändeter Lebensversicherungen in der Insolvenz des Versicherungsnehmers, in: ZInsO 2006, 249.

Ganter, Hans Gerhard, Die ursprüngliche Übersicherung, in: WM 2001, 1

Gaul, Björn/Süßbrich, Katrin, Verschärfung der Insolvenzsicherung bei Altersteilzeit, in: ArbRB 2004, 149

Geiser, Thomas, Flexibilisierung der Arbeitszeit und des Lohnes, ArbR 2000, 77

ders., Lebensarbeitszeit, in: ArbR 2000, 51

Geiser, Thomas/Müller, Roland, Arbeitsrecht in der Schweiz, Bern 2005

Gernhuber, Joachim, Die fiduziarische Treuhand, in: JuS 1988, 355

Gottwald, Peter, Insolvenzrechts-Handbuch, 3. Aufl., München 2006

Gottwald, Peter/Adolphsen, Jens, Die Rechtsstellung dinglich gesicherter Gläubiger in der Insolvenzordnung, in: Kölner Schrift zur Insolvenzordnung, 2. Aufl., Herne Berlin 2000, S. 1043

Grabmaier, Sebastian J., Insolvenzschutz von Arbeitszeitkonten durch Anlage der Wertguthaben in Investmentfonds, München 2003

Grob-Andermacher, Béatrice, Die Rechtslage des Arbeitnehmers bei Zahlungsunfähigkeit und Konkurs des Arbeitgebers, Zürich 1982

Gursky, Karl-Heinz, Wertpapierrecht, 2. Aufl., Heidelberg 1997

Gussone, Max/Voelzke, Thomas, Altersteilzeitrecht, Frankfurter Kommentare, Frankfurt am Main 2000

Hamburger Kommentar zum Insolvenzrecht, *Schmidt, Andreas* (Hrsg.), Recklinghausen 2006, (zit. HK-InsO/*Bearbeiter*)

Hampel, Peter, Die Änderung des Altersteilzeitgesetzes durch Hartz III und IV, in: DB 2004, 706 ff.

Handbuch zum Sozialrecht, Hrsg. Hennig, Werner, Ordner 6, (Loseblattwerk, Stand 2003), Neuwied, (zit. HzS/*Bearbeiter*)

Hanau, Peter, Entgeltverzicht, Entgeltstundung, Arbeitszeitkonten und Altersteilzeit in der Insolvenz, in: ZIP 2002, 2028

Hanau, Peter/Arteaga, Marco S., Gehaltsumwandlung zur betrieblichen Altersversorgung, Köln 1999

dies., Insolvenzsicherung und Lohnbesteuerung von Arbeitszeitkonten, in: BB 1998, 2054

Harth, Angela/Taggart, Andrew, Arbeitsrecht in Großbritannien, in: *Henssler, Martin/Braun, Axel*, Arbeitsrecht in Europa, Köln 2003, S. 397

Häsemeyer, Ludwig, Insolvenzrecht, 3. Aufl., München 2003

Hauck, Karl/Noftz, Wolfgang, Sozialgesetzbuch, Gesamtkommentar, SGB III, §§ 116 – 202, (Loseblattwerk, Stand April 2006), SGB IV, §§ 1 - 42, (Loseblattwerk, Stand Dezember 2005), SGB VI, §§ 1 – 49, (Loseblattwerk, Stand Februar 2006), Berlin, (zit. *Hauck/Noftz/Bearbeiter*)

Henrich, Dieter/Huber, Peter, Einführung in das englische Privatrecht, 3. Aufl., Heidelberg 2003

Hess, Harald, Insolvenzarbeitsrecht, Kommentar, 2. Aufl., Heidelberg 2000

Hessling, Michael, Finanzierung und Insolvenzsicherung von Arbeitszeitkonten, in: FS für Wolfgang Förster, (2001), S. 405 ff.

Hirschberger, Helge, Die Doppeltreuhand in der Insolvenz und Zwangsvollstreckung, Köln Berlin München 2005

Hofmann, Edgar, Privatversicherungsrecht, 4. Aufl. München 1998

Höhns, Stefan, Die Aufsicht über Finanzdienstleister, Berlin 2002

Hollich, Markus, Die Absicherung von Arbeitszeitguthaben für den Fall der Insolvenz des Arbeitgebers, München 2003

ders., Anmerkung zu BAG Urteil vom 23.2.2005 – 10 AZR 602/03, in: DZWIR 2005, 379

Hoß, Axel, Neue Spielregeln für die Altersteilzeit, in: ArbRB 2004, 146

IDS Employment Law Handbook, London 2003

Jakob, Wolfgang, Einkommensteuer, 3. Aufl., München 2003

Jaeger, Ernst, Insolvenzordnung, Henckel, Wolfram/Gerhardt, Walter (Hrsg.), Erster Band, §§ 1 – 55, 1. Aufl., Berlin 2004, (zit. *Jaeger/Bearbeiter*)

Karvani, Selina, Die Rechtsstellung des im verblockten Arbeitszeitmodell beschäftigten Altersteilzeitarbeitnehmers während der Freistellungsphase, Bonn 2005

Kayser, Godehard, Die Lebensversicherung im Spannungsfeld der Interessen von Insolvenzmasse, Bezugsberechtigtem und Sicherungsnehmer – eine Zwischenbilanz, in: Festschrift für Gerhart Kreft, 2004, S. 341.

Keller, Erich, Der Grundsatz I der Bankenaufsicht, Stuttgart 2002

Kerschbaumer, Judith/Tiefenbacher, Torsten, Altersteilzeit in „Blockmodellen", in: ArbuR 1998, 58

Kirchhof, Paul, Einkommensteuergesetz, 5. Aufl., Heidelberg 2005, (zit.: *Kirchhof/Bearbeiter*)

Klöti-Weber, Marianne/Siegrist, Dave/Weber, Dieter, Kommentar zum Aargauer Steuergesetz, Band 1, §§ 1 bis 111, 2. Aufl., Muri-Bern 2004, (zit. *Klöti-Weber/Siegrist/Weber/Bearbeiter*)

Knospe, Armin, Gesetzgeberische Aspekte im Beschäftigungsbegriff der §§ 7 und 8 SGB IV, in: NZS 2004, 638

ders., Die Verpflichtung zum Insolvenzschutz für Vertragsparteien einer Wertguthabenvereinbarung im Rahmen flexibler Arbeitszeitgestaltung, in: NZA 2006, 187

Köbler, Gerhard, Juristisches Wörterbuch, 12. Aufl., München 2003

Koller, Ingo/Roth, Wulf-Henning/Morck, Winfried, Handelsgesetzbuch, Kommentar, 4. Aufl., München 2003, (zit. *Koller/Roth/Morck/Bearbeiter*)

Kolmhuber, Martin, Die Durchsetzung der Insolvenzsicherung gemäß § 8a Abs. 4 ATG, in: ArbRB 2004, 354

Kossen, Klaus C., Die Kautionsversicherung, Frankfurt am Main Berlin Bern New York Paris Wien 1996

Kovács, Thomas/Koch, Roland, Insolvenzsicherung nach dem Altersteilzeitgesetz ab dem 1.7.2004, in: NZI 2004, 415

Kroll, Oliver, Arbeitszeitkonten und ihre Abwicklung, Berlin 2004

Krüger, Stefan/Marx, Kirsten, Anmerkung zu BAG, Urteil vom 16.08.2005, in: NZI 2006, 307

Kübler, Bruno M./Prütting, Hans, InsO: Kommentar zur Insolvenzordnung, Band I (Loseblattwerk, Stand März 2006), Köln, (zit. *Kübler/Prütting/Bearbeiter*)

Kuhn, Georg/Uhlenbruck, Wilhelm, Konkursordnung, 11. Aufl., München 1994, (zit. *Kuhn/Uhlenbruck/Bearbeiter*)

Uhlenbruck, Wilhelm, Insolvenzordnung, 12. Aufl., München 2004, (zit. *Uhlenbruck/Bearbeiter*)

Kümpel, Siegfried, Bank- und Kapitalmarktrecht, 3. Aufl., Köln 2004

Küppers, Christoph/Louven, Christoph, Outsourcing und Insolvenzsicherung von Pensionsverpflichtungen durch Contractual „Trust" Arrangements (CTA's), in: BB 2004, 337

Küppers, Christoph/Louven, Christoph/Schröder, Jan, Contractual Trust Arrangements – Insolvenzusicherung und Bilanzverkürzung, in: BB 2005, 763

Larenz, Karl/Wolf, Manfred, Allgemeiner Teil des Bürgerlichen Rechts, 9. Aufl., München 2004

Larenz, Karl, Lehrbuch des Schuldrechts, Zweiter Band, Besonderer Teil, 1. Halbband, 13. Aufl., München 1986

Langohr-Plato, Uwe/Morisse, Torsten, Insolvenzschutz von Wertguthaben aus Altersteilzeit, in: BB 2002, 2330

Leisbrock, Thorsten, Altersteilzeitarbeit, Köln 2001

Liebich, Dieter/Mathews, Kurt, Treuhand und Treuhänder in Recht und Wirtschaft, 2. Aufl., Herne Berlin 1983

Link, Peter, Insolvenzsicherung – aber wie?, in: AuA 2004, Nr. 9, S. 22

Locher, Thomas, Grundriss des Sozialversicherungsrechts, 3. Aufl., Bern 2003

Lohmann, Astrid, Insolvenzsicherung von Arbeitszeitkonten, Meerbusch 2004

Lorandi, Franco, Arbeitsverträge im Konkurs des Arbeitgebers, SJZ 96 (2000), 150

Lueg, Heinz-Werner/von Maydell, Bernd Baron/Ruland, Franz (Hrsg.), Gemeinschaftskommentar zum Sozialgesetzbuch – Gesetzliche Rentenversicherung, (Loseblattwerk, Stand April 2006), Neuwied, (zit. GK-SGB VI/*Bearbeiter*)

Lwowski, Hans-Jürgen, Die anfängliche Übersicherung als Grund für die Unwirksamkeit von Sicherheitenbestellungen (§ 138 BGB), in: Festschrift für Herbert Schimansky, 1999, S. 389

Lüdenbach, Norbert/Hoffmann, Wolf-Dieter (Hrsg.), *Haufe* IAS/IFRS-Kommentar, 2. Aufl., Freiburg Berlin München Zürich 2004, (zit. Haufe/*Bearbeiter*)

Lüönd, Kirstin Maria, Der Sicherheitsfonds BVG, Zürich Basel Genf 2004

Manes, Alfred, Versicherungs-Lexikon, Tübingen 1909

Marotzke, Wolfgang, Das neue Insolvenzrecht, Regensburg 1999

Mayne, Susan/Malyon, Susan/Onslow-Cole, Julia, England and Wales, in: *Mayne, Susan/Malyon, Susan*, Employment Law in Europe, London Dublin Edinburgh 2001

Medicus, Dieter, Bürgerliches Recht, 20. Aufl., München 2004

ders., Schuldrecht II, Besonderer Teil, 13. Aufl., München 2006

Meyer-Löwy, Bernd/Poertzgen, Christoph/de Vries, Tillman, Einführung in das englische Insolvenzrecht, in: ZInsO 2005, 293 ff.

Milman, David/Durrant, Christopher, Corporate Insolvency: Law and Practice, 2. Aufl., London 1994

Mitlehner, Stephan, Umsatzsteuer bei Immobiliarverwertung in der Insolvenz, in: NZI 2002, 534

Mittermaier, Christoph/Böhme, Timo, Auslagerung von Pensionsverpflichtungen im Rahmen eines CTA: Bilanzverkürzung unter Verwendung alternativer Vermögenswerte, in: BB 2006, 203

Moll, Wilhelm/Henke, Stefan, Anmerkung zu LAG Düsseldorf, Urteil vom 17.09.2003, Entgeltanspruch bei Altersteilzeit als Masseverbindlichkeit, in: EWiR 2004, 77

Moll, Wilhelm/Leisbrock, Thorsten, Anmerkung zu LAG Düsseldorf, Urteil vom 10.12.2004, in: EWiR 2005, 757

Münchener Kommentar zum Bürgerlichen Gesetzbuch, Rebmann, Kurt/Säcker, Franz Jürgen/Rixecker, Roland (Hrsg.), Band 2, §§ 241 – 432, 4. Aufl., München 2003, Band 4, §§ 611 – 704, 4. Aufl., München 2005, Band 5, §§ 705 – 853, 4. Aufl., München 2004, Band 6, §§ 854 – 1296, 4. Aufl., München 2004; (zit. MüKo/*Bearbeiter*, BGB)

Münchener Kommentar zur Insolvenzordnung, Kirchhof, Hans-Peter/Lwowski, Hans-Jürgen/Stürner, Rolf (Hrsg.), Band 1, §§ 1 – 102, München 2001, Band 2, §§ 103 – 269, München 2002, (zit. MüKo/*Bearbeiter*, InsO)

Nerlich, Jörg/Römermann, Volker, Insolvenzordnung, Kommentar, (Loseblattwerk, Stand Oktober 2004), (zit. *Nerlich/Römer-mann/Berarbeiter*)

Niesel, Klaus, Sozialgesetzbuch, Arbeitsförderung – SGB III – Kommentar, 3. Aufl. München 2005 (zit. *Niesel/Bearbeiter*)

Niesert, Burkhard, Aus- und Absonderungsrechte in der Insolvenz, Andersen Freihalter Rechtsanwaltsgesellschaft mbH (Hrsg.), Herne Berlin 1999

Nimscholz, Bernhard, Altersteilzeit in der Insolvenz, in: ZIP 2002, 1936

Nimscholz, Bernhard/Oppermann, Klaus/Ostrowicz, Alexander, Altersteilzeit: Handbuch für die Insolvenz und Abrechungspraxis, 4. Aufl., Frechen 2004

Oberhofer, Hermann, Ansprüche von Altersteilzeit-Beschäftigten in der Insolvenz, in: ZInsO 2003, 591

Oberhofer, Hermann/Wroblewski, Andrej, Die Altersteilzeit und das BAG in der Insolvenz, in: ZInsO 2005, 695

Obermüller, Manfred, Insolvenzrecht in der Bankpraxis, 6. Aufl., Köln 2002

ders., Bestellung von Kreditsicherheiten an einen Treuhänder, in: DB 1973, 1833

Onusseit, Dietmar, Die Freigabe aus dem Insolvenzbeschlag: eine umsatzsteuerliche Unmöglichkeit?, in: ZIP 2002, 1344

ders., Die insolvenzrechtlichen Kostenbeiträge unter Berücksichtigung ihrer steuerrechtlichen Konsequenzen sowie Massebelastungen durch Grundstückseigentum, in: ZIP 2000, 777

Padeck, Ekkehard, Rechtsprobleme des sog. Streckengeschäfts, in: Jura 1987, 454

Palandt, Kommentar zum Bürgerlichen Gesetzbuch, 65. Aufl., München 2006, (zit. Palandt/*Bearbeiter*)

Pape, Gerhard/Uhlenbruck, Wilhelm, Insolvenzrecht, München 2002

Passarge, Malte, Contractual Trust Agreements als Instrumente zur Insolvenzsicherung von Pensionsverpflichtungen, Wertguthaben aus Altersteilzeit und von Arbeitszeitkonten, in: NZI 2006, 20

Perker, Susanne, Das Reorganisationsverfahren im englischen Insolvenzrecht, München 1994

Peters-Lange, Susanne, Sozialrecht in der Insolvenz, München 2005

Pitschas, Rainer, (Hrsg.), Integrierte Finanzdienstleistungsaufsicht, Berlin 2002

Podewin, Anke, Die Insolvenzsicherung von Wertguthaben in Arbeitszeitkonten – Parallelen und Unterschiede von § 7d SGB IV und § 8a ATG, in: RdA 2005, 295

Prölss, Erich R., Versicherungsaufsichtsgesetz, 12. Aufl., München 2005, (zit. *Prölss/Bearbeiter*)

Prölss, Erich R./Martin, Anton, Versicherungsvertragsgesetz, 27. Aufl., München 2004, (zit. *Prölss/Martin/Bearbeiter*)

Rechmann, Susanne, Alterssicherung in der Europäischen Union VI, Alterssicherung in Großbritannien und Irland, Berlin 2001

Recht, Georg, Das Ende der Frühverrentung?, in: NZS 1996, 552

Rehbinder, Manfred, Schweizerisches Arbeitsrecht, 15. Aufl., Bern 2002

Rittweger, Stephan, Sonderfragen der tariflichen Altersteilzeit, in: NZS 1999, 126

ders., Personalabbau durch Altersteilzeit, in: NZA 1998, 918

Rittweger, Stephan/Petri, Ulrich/Schweikert, Franz-Josef, Altersteilzeit, Kommentar, 2. Aufl., München 2002, (zitiert: *Rittweger/Petri/Schweikert/Be-arbeiter*)

Rolfs, Christian, Insolvenzschutz für Wertguthaben aus Altersteilzeit, in: NZS 2004, 561

Römer, Wolfgang/Langheid, Theo, Versicherungsvertragsgesetz, 2. Aufl., München 2003

Rößler, Norbert/Doetsch, Peter A./Heger, Heinz-Josef, Auslagerung von Pensionsverpflichtungen im Rahmen einer Bilanzierung gemäß SFAS bzw. IAS, in: BB 1999, 2498

Rottke, Carolin, Das Modell der Altersteilzeitarbeit, Bedeutung, System und Auswirkungen, Bonn 2004

Schaub, Günter/Koch, Ulrich/Linck, Rüdiger, Arbeitsrechts-Handbuch, 11. Aufl., München 2005, (zitiert: *Schaub/Bearbeiter*)

Schierenbeck, Henner, Bank- und Versicherungslexikon, 2. Aufl., München Wien 1994

Schimansky, Herbert/Bunte, Hermann-Josef/Lwowski, Hans-Jürgen (Hrsg.), Bankrechts-Handbuch, Band II, 2. Aufl., München 2001, (zit. *Schimansky/Bunte/Lwowski/Bearbeiter*)

Schimikowski, Peter, Versicherungsvertragsrecht, 3. Aufl., München 2004

Schmidt, Karsten, Das Insolvenzrisiko der Banken zwischen ökonomischer Vernunft und Rechtssicherheit, in: WM 1983, 490

Schmidt, Ludwig, Einkommensteuergesetz, Kommentar, 23. Aufl., München 2004, (zit. *Schmidt/Bearbeiter*)

Schmitz, Claus, Anmerkung zu BGH, Beschluss vom 24.05.2005 – IX ZR 77/03 (KG), NJW-RR 2005, 1283, in: EWiR 2005, 771

Schnapp, Friedrich E., Die arbeitsrechtliche Fürsorgepflicht – Legitimation für den Arbeitgeberanteil in der gesetzlichen Rentenversicherung, in: Gedächtnisschrift Meinhard Heinze, S. 815

Schrader, Peter/Straube, Gunnar, Die Behandlung von Entgeltansprüchen aus einem Altersteilzeitverhältnis nach Insolvenzeröffnung und nach einem Betriebsübergang (Teil 2), in: ZInsO 2005, 234

Schweig, Elke/Eisenreich, Albrecht H., Ist die betriebsbedingte Kündigung eines Arbeit-nehmers in Altersteilzeit während der Freistellungsphase möglich?, in: BB 2003, 1434

Schwintowski, Hans-Peter/Schäfer, Frank A., Bankrecht, 2. Aufl., Köln Berlin Bonn München 2003

Seifert, Achim, Die insolvenzrechtliche Einordnung der Entgeltansprüche von Altersteilzeitarbeitnehmern in der Freistellungsphase, in: DZWIR 2004, 103

Serick, Rolf, Eigentumsvorbehalt und Sicherungsübertragung: Neue Rechtsentwicklungen, 2. Aufl., Heidelberg 1993

Siebert, Wolfgang, Das rechtsgeschäftliche Treuhandverhältnis, 2. Aufl., Marburg 1933

Smid, Stefan, Insolvenzordnung (InsO) mit insolvenzrechtlicher Vergütungsverordnung (InsVV), Kommentar, 2. Aufl., Stuttgart 2001

Smid, Stefan/Lindenberg, Katrin, Die insolvenzrechtliche Sicherung von Wertguthaben aus Altersteilzeit durch Verwaltungs-, Treuhand- und Sicherungsvertrag, in DZWIR 2006, 133

Staehelin, Adrian, Konkurs und Sanierung des Arbeitgebers, ArbR 2000, 71

von Staudinger, Julius, Kommentar zum Bürgerlichen Gesetzbuch mit Einführungsgesetz und Nebengesetzen, Buch 1, Allgemeiner Teil, §§ 164 – 240, Neubearbeitung 2004 Berlin, Buch 2, Recht der Schuldverhältnisse, §§ 328 – 359, Neubearbeitung 2004 Berlin, §§ 397 – 432 (Erlass, Abtretung, Schuldübernahme, Mehrheit von Schuldnern und Gläubigern), Neubearbeitung 2005 Berlin, §§ 611 – 615 (Dienstvertragsrecht 1), Neubearbeitung 2005 Berlin, §§ 765 – 778, 13. Aufl., Berlin 1997, §§ 779 – 811, Neubearbeitung 2002 Berlin, Buch 3, Sachenrecht, §§ 1204 – 1296, Neubearbeitung 2002 Berlin, (zit. *Staudinger/Bearbeiter*)

Steffen, Thomas, Versicherungsaufsicht im europäischen Wandel, in: Frankfurter Vorträge zum Versicherungswesen (Vol. 36), Karlsruhe 2005

Stein, Rolf/Rabe v. Pappenheim, Henning, Arbeitsrecht in Großbritannien, 2. Aufl., München 2000

Stief, Volker, Altersteilzeit in der Praxis, 2. Aufl., Berlin 2006

Stoffel, Walter A., Voies d'exécution. Poursuite pour dettes, exécution de jugements et faillite en droit suisse, Berne 2002

Stredwick, John/Ellis, Steve, Flexible Working Practices, London 1998

Uhlenbruck, Wilhelm, Insolvenzordnung, Kommentar, 12. Aufl., München 2003 (zit. *Uhlenbruck/Bearbeiter*)

Vach, Michael, Aspekte der Insolvenzrechtsreform von 1986 in England, Frankfurt am Main Bern New York Paris 1991

Vischer, Frank B., Der Arbeitsvertrag, 3. Aufl., Basel 2005

Vogel, Andreas/Neufeld, Tobias, Verblockte Altersteilzeit in der Insolvenz, in: ZIP 2004, 1938

Vosberg, Till, Die Kautionsversicherung in der Insolvenz des Unternehmers, in: ZIP 2002, 968

Waas, Bernd, Konzernarbeitsrecht in Großbritannien, Baden-Baden 1993

Wallington, Peter (Hrsg.), Butterworths Employment Law Handbook, 14. Aufl., London 2006

Waltermann, Raimund, Sozialrecht, 4. Aufl., Heidelberg, 2004

Wannagat, Georg, Sozialgesetzbuch, Kommentar zum Recht des Sozial-gesetzbuchs, (Loseblattwerk, Stand Februar 2006), Köln, (zit. *Wannagat/Bearbeiter*)

Wellisch, Dietmar/Moog, Manfred, Arbeitszeitkonten und Portabilität, in: BB 2005, 1790 *von Wick, Hansjoachim/Feldmann, Dieter,* Neue Rahmenbedingungen für die Kredit- und Kautionsversicherung, Karlsruhe 1998

Widmer, Dieter, Die Sozialversicherung in der Schweiz, 5. Aufl., Zürich Basel Genf 2005

Wiezer, Christina Sabine, Insolvenzsicherung von Arbeitszeitkonten, Baden-Baden 2004

Wiley, IAS 2004, Interpretation and Application of International Accounting and Financial Reporting Standards, Somerset New Jersey 2004

Zimmermann, Reimar/Reyher, Ulrich/Janetzko, Annette/Hottmann, Jürgen, Einkommensteuer, 16. Aufl., Stuttgart 2004

Zwanziger, Bertram, Das Arbeitsrecht der Insolvenzordnung, 2. Aufl., Heidelberg 2002

Einleitung

Gegenstand der vorliegenden Arbeit ist die Insolvenzsicherung von Ansprüchen aus Altersteilzeitarbeit, die auf Arbeitszeitkonten gespeichert sind. Diese Arbeitszeitkonten, im deutschen Sozialrecht als Wertguthaben bezeichnet (§ 7 Abs. 1a SGB IV), resultieren in aller Regel aus Arbeitsleistungen, für die der Arbeitnehmer vereinbarungsgemäß noch keine Vergütung erhalten hat. Dazu erbringt der Arbeitnehmer gezielte Vorleistungen – sei es durch zunächst unbezahlte Arbeit, Überstunden oder nicht in Anspruch genommenen Urlaub. Diese Vorleistungen füllen das Wertguthaben im Laufe der Zeit an.

In Deutschland nehmen die Arbeitsvertragsparteien im Hinblick auf Altersteilzeit vor allem ein gesetzlich gefördertes Altersteilzeitprogramm in Anspruch, das vornehmlich im sog. Blockmodell abgeleistet wird.[1] Nach einer Umfrage von Gesamtmetall aus dem Jahre 2001 bestehen in 60 % der befragten Unternehmen Altersteilzeitvereinbarungen. Durchschnittlich war 2001 jeder vierzigste Beschäftigte in einem Altersteilzeitarbeitsverhältnis tätig, während es im Jahre 1999 nur jeder 185. Beschäftigte war.[2] Nach einer Pressemitteilung des Statistischen Bundesamtes vom 3. Dezember 2003 erreichen Altersteilzeitbeschäftigte im Durchschnitt 77 Prozent des Bruttomonatsverdienstes eines Vollzeitbeschäftigten, während ihr Nettomonatsverdienst auf Grund der staatlichen Förderung und bestimmter Steuervorteile bei 94 Prozent dessen liegt, was deren Kollegen in Vollzeit verdienen.[3]

Wertguthaben entstehen gerade bei jener Form des Blockmodells, bei dem der Arbeitnehmer in einem ersten Block zu halbiertem Lohn in Vollzeit arbeitet, um damit die Freizeitphase in einem zweiten Block zu finanzieren (§ 7 Abs. 1a SGB IV). Auf diese Weise erbringen Arbeitnehmer oftmals erhebliche Vorleistungen gegenüber ihrem Arbeitgeber, für die sie zunächst keinen Lohn erhalten. Ohne einen effektiven Schutz gegen den Verlust der Entgeltforderungen im Falle der Arbeitgeberinsolvenz – sei er gesetzlicher oder individualvertraglicher Natur – besteht ein erhebliches Verlustrisiko dieser oftmals über viele Jahre erarbeiteten Guthaben auf den Arbeitszeitkonten. Es wird daher zunächst zu klären sein, ob und in welchem Umfang gesetzliche Insolvenz-

---

1 Vgl. ErfK/*Rolfs*, 6. Aufl. 2006, § 2 ATG Rn. 9.

2 Vgl. *Schweig/Eisenreich*, BB 2003, 1434, Fn. 1. Im Übrigen bietet das Projekt *Arbeits- und Sozialrecht Innovativ* der Universität Köln, Lehrstuhl von Prof. Dr. Ulrich Preis, zahlreiche Statistiken zum Thema flexible Arbeitszeit an, abrufbar unter: http://www.aus-innovativ.de/datenbanken/statistiken.htm.

3 Vgl. die Pressemitteilung des Statistischen Bundesamtes vom 3. Dezember 2003, abrufbar unter: http://www.destatis.de/presse/deutsch/pm2003/p4890042.htm.

schutzmechanismen bestehen, und ob neben den bestehenden zusätzliche Maßnahmen notwendig sind, um eine bestmögliche Sicherung der Arbeitszeitkonten zu gewährleisten.

Der Gesetzgeber selbst sieht in Deutschland Handlungsbedarf, da er durch § 7d SGB IV einen generellen Insolvenzschutz für Arbeitszeitkonten bestimmter Größe anordnet. Speziell für die gesetzlich geförderte Altersteilzeitarbeit schreibt er seit dem 1. Juli 2004 in § 8a ATG eine verbindliche Insolvenzsicherung derjenigen Arbeitszeitkonten vor, die einen gewissen Umfang erreichen. Die Wahl des einzelnen Sicherungsmodells überlässt er in beiden Bestimmungen den jeweiligen Normadressaten.

Das Thema gewinnt zusätzlich an Brisanz, da die Zahl der Unternehmensinsolvenzen in Deutschland seit einigen Jahren sehr hoch ist:

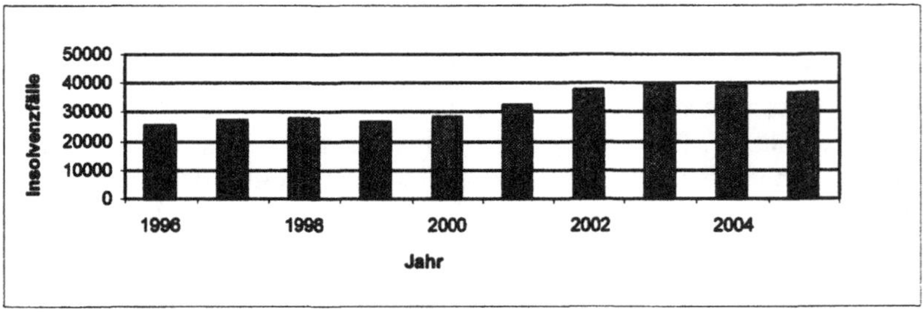

Abbildung 1: Unternehmensinsolvenzen in Deutschland[4]

Auch wegen der gesetzlichen Insolvenzschutzgebote für Arbeitszeitkonten bestimmter Größe sind zahlreiche praktizierte Sicherungslösungen auf ihre Durchführbarkeit und Insolvenzfestigkeit hin zu analysieren. Dies gilt sowohl für Sicherungslösungen, die auf das Vermögen des Arbeitgebers zurückgreifen als auch für solche, die gegen Entgelt das Vermögen Dritter zu Hilfe nehmen.

Vor dem Hintergrund zunehmender Internationalisierung und zur Erlangung möglicher Rückschlüsse für die verschiedenen Sicherungsmodelle in Deutschland befasst sich die folgende Untersuchung einleitend mit der Situation der Altersteilzeitarbeit in der Schweiz (Teil I) und in England (Teil II). In einem kurzen Überblick wird die Entwicklung der letzen Jahre in diesen Ländern dar-

---

4 Quelle: Statistisches Bundesamt Deutschland, abrufbar unter: http://www.destatis.de.

gestellt und die rechtlichen Rahmenbedingungen von Altersteilzeitarbeit bzw. flexiblen Arbeitszeitmodellen analysiert.

Den Schwerpunkt der Arbeit bildet Teil III, in dem der rechtliche Rahmen der Altersteilzeit bzw. der verringerten Beschäftigung unter Verwendung von Arbeitszeitkonten in Deutschland näher erläutert wird, wobei neben der Darstellung arbeits- und sozialrechtlicher Hintergründe insbesondere auf die insolvenzrechtliche Einordnung der Ansprüche der Arbeitnehmer eingegangen wird (§ 1). Sodann werden das Bestehen eines gesetzlichen Insolvenzschutzes und das Vorliegen gesetzlicher Verpflichtungen zur Insolvenzsicherung untersucht (§ 2). Eine Aussage über das Sicherungsbedürfnis für die Arbeitnehmeransprüche wird im folgenden Kapitel (§ 3) getroffen. Die der nachfolgenden Untersuchung zu Grunde gelegten allgemeinen Kriterien der Bewertung werden im Anschluss daran vorgestellt (§ 4). Gegenwärtig praktizierte Sicherungsmodelle werden in den §§ 5 bis 8 unter Berücksichtigung bestimmter Kriterien unter die Lupe genommen. Den Abschluss der Arbeit bildet eine Zusammenfassung der wesentlichen Ergebnisse (Teil IV).

Teil I Überblick über die Situation der Altersteilzeit in der Schweiz

§ 1 Einführung

In der Schweiz sind seit einigen Jahren Bestrebungen zur Flexibilisierung der Arbeitszeit festzustellen.[5] Insbesondere sehen Art. 319 Abs. 2, 323 Abs. 1 Obligationenrecht (OR) i.V.m. Art. 19 Abs. 1 OR unterschiedlichste Lösungen hinsichtlich der Verteilung von Arbeitszeit vor. Dabei steht zunächst das Arbeitgeberinteresse nach Kostensenkung durch Anpassung der Arbeitszeiten an den tatsächlichen Arbeitsanfall im Vordergrund.[6] Gleichzeitig kann durch die Berücksichtigung der Interessen der Arbeitnehmer im Rahmen dieser neuen Entwicklung eine höhere Mitarbeiterzufriedenheit erreicht werden. Die Arbeitnehmer könnten beispielsweise den Wunsch haben, aus familiären Gründen (Pflege, Kindesbetreuung) die Arbeitszeiten zu verlagern, eine Weiterbildung zu verfolgen oder auch einen flexiblen Eintritt in den Ruhestand vorzunehmen. Die auf diesem Wege bewirkte Steigerung der Mitarbeitermotivation kann wiederum zu einer Produktivitätssteigerung führen, wovon die Arbeitgeber erneut profitieren.[7] In diesem Zusammenhang wird mit Blick auf die Arbeitnehmer von Lebensarbeitszeit gesprochen, die über die Verwendung von Langzeitkonten gesteuert werden soll.[8]

Einzelne staatliche Unternehmen, wie beispielsweise die Berufsfeuerwehr der Stadt Bern, setzen Arbeitszeitkonten bereits ein.[9] Auch der Gesamtarbeitsvertrag der Maschinenindustrie sieht in Art. 12 dieser Vereinbarung Langzeitkonten vor.

Diese Arbeitszeitkonten sollen im Zusammenspiel mit Altersteilzeitarbeit darüber hinaus auch in der Schweiz im Hinblick auf den demographischen Wandel und der gleichzeitig erfolgenden Frühpensionierung älterer Arbeitnehmer eine Entlastung der Sozialkassen bringen.[10] Je nach Art ihrer Finan-

---

[5] *Geiser*, ArbR 1998, 77 ff.; *Geiser*, ArbR 2000, 51 ff.; *Rehbinder*, Schweizerisches Arbeitsrecht, Rn. 8, 79, 101; *Bachmann*, S. 231.

[6] *Geiser*, ArbR 2000, 51, 52 f.

[7] *Geiser*, ArbR 2000, 51 f.

[8] *Geiser*, ArbR 2000, 53; vgl. auch Art. 12.7. der Vereinbarung in der Maschinenindustrie (Gesamtarbeitsvertrag (GAV) Maschinenindustrie), abrufbar unter: http://www.sozialpartner.ch/index.htm.

[9] *Geiser*, ArbR 2000, 51, 53.

[10] Vgl. die Studie des Arbeitgeberverbandes *AvenirSuisse* vom 19.02.2003, abrufbar unter: www.avenir-suisse.ch; *Bühlmann*, Tages-Anzeiger vom 16.10.2004, abrufbar unter: www.tagesanzeiger.ch/dyn/news/print/schweiz/427139.html; *Brunetti*, NZZ

zierung (Umlageverfahren oder Kapitaldeckung) leiden die Sozialkassen mehr oder weniger stark unter der relativen Zunahme älterer Leistungsempfänger gegenüber einer gleich bleibenden oder sinkenden Zahl von Beitrag zahlenden Arbeitnehmern. Die Verbreitung von Teilzeitarbeit im Alter wird daher teilweise als 4. Säule des Sozialversicherungssystems – in Anlehnung an das 3-Säulen Modell der schweizerischen Sozialversicherung – bezeichnet.[11]

Es ist jedoch bereits an dieser Stelle festzustellen, dass die herkömmliche Verteilung der Arbeitszeit erst allmählich eine Veränderung erfährt. Wie aus der Untersuchung in Teil III zu sehen sein wird, hat die Flexibilisierung der Arbeitszeit noch keinen mit der Situation in Deutschland vergleichbaren legislativen Niederschlag gefunden hat. Zahlreiche Rechtsfragen aus dem Arbeits-, Sozial-, Steuer- und Konkursrecht sind ungeklärt. Eine vergleichende Darstellung der Situation in der Schweiz mit der in Deutschland ist aus diesem Grund nicht möglich.

Daher werden nur in einem kurzen Überblick die gegenwärtigen rechtlichen Rahmenbedingungen der flexiblen Arbeitszeit in der Schweiz dargestellt (§ 2). Es wird zunächst das 3-Säulen Modell vorgestellt, das auch Grundlage der Alterssicherung in der Schweiz ist (I.). Sodann werden die Rechtsfolgen des Konkurses des Arbeitgebers für das Arbeitsverhältnis untersucht (II.) und auf bestehende gesetzliche Sicherungsmechanismen eingegangen (III.) Schließlich wird auf noch ungeklärte Rechtsfragen und den Regelungsbedarf hingewiesen (IV.) Den Abschluss bildet eine Zusammenfassung (§ 3).

Online vom 24.11.2000, abrufbar unter: www.nzz.ch/2000/11/24/wi/pagearticle 6XHYS.html.

11 Vgl. *Barkholdt*, Umgestaltung der Altersteilzeit von einem Ausgliederungs- zu einem Eingliederungsinstrument, S. 22 f.; Studie des Arbeitgeberverbandes *AvenirSuisse* vom 19.02.2003, abrufbar unter: www.avenir-suisse.ch; NZZ Online vom 11.06.2005, abrufbar unter: www.nzz.ch/2005/06/11/wi/articleCVQM7.html.

§ 2 Rechtliche Rahmenbedingungen der flexiblen Arbeitszeit in der Schweiz

I. Das Drei-Säulen Konzept

Kurz dargestellt sei das System der Alters-, Hinterbliebenen- und Invalidensicherung in der Schweiz, das möglicherweise bestimmte Rückschlüsse für die rechtliche Einordnung der flexiblen Arbeitszeit zulässt. Dieses Drei-Säulen Modell verbindet eine staatliche Grundrente zur Existenzsicherung mit einer betrieblichen und privaten Vorsorge.[12] Der Grundstein dieses Systems befindet sich in Art. 111 der Bundesverfassung vom 1. Januar 2000[13].

Die 1. Säule soll den Existenzbedarf der gesamten Bevölkerung im Alter, bei Invalidität oder bei Tod bestimmter Angehöriger decken.[14] Sie ist für alle Bürger verpflichtend und im Bundesgesetz über die Alters- und Hinterlassenenversicherung (AHVG) und im Bundesgesetz über die Invalidenversicherung (IVG) näher geregelt.

Die 2. Säule wird als berufliche Vorsorge bezeichnet und soll im Zusammenspiel mit der 1. Säule allen Arbeitnehmern, die einen gewissen Mindestlohn[15] erzielen, die Fortsetzung des bis zum Versicherungsfall gewohnten Lebensstandards in angemessener Weise ermöglichen (Art. 1 Abs. 2 Bundesgesetz über

---

12 *Widmer*, Die Sozialversicherung in der Schweiz, S. 31 ff.; *Locher*, Grundriss des Sozialversicherungsrechts, S. 56 f.

13 Art. 111 der Bundesverfassung besagt:

[1] Der Bund trifft Maßnahmen für eine ausreichende Alters-, Hinterlassenen- und Invalidenvorsorge. Diese beruht auf drei Säulen, nämlich der eidgenössischen Alters-, Hinterlassenen- und Invalidenversicherung, der beruflichen Vorsorge und der Selbstvorsorge.

[2] Der Bund sorgt dafür, dass die eidgenössische Alters-, Hinterlassenen- und Invalidenversicherung sowie die berufliche Vorsorge ihren Zweck dauernd erfüllen können.

[3] Er kann die Kantone verpflichten, Einrichtungen der eidgenössischen Alters-, Hinterlassenen- und Invalidenversicherung sowie der beruflichen Vorsorge von der Steuerpflicht zu befreien und den Versicherten und ihren Arbeitgeberinnen und Arbeitgebern auf Beiträgen und anwartschaftlichen Ansprüchen Steuererleichterungen zu gewähren.

[4] Er fördert in Zusammenarbeit mit den Kantonen die Selbstvorsorge namentlich durch Maßnahmen der Steuer- und Eigentumspolitik.

14 *Widmer*, Die Sozialversicherung in der Schweiz, S. 31; *Locher*, Grundriss des Sozialversicherungsrechts, S. 316 ff.

15 Dieser betrug im Januar 2005: Jahreslohn 19.350 Franken (Art. 2 Abs. 1 BVG).

die berufliche Alters-, Hinterlassenen- und Invalidenvorsorge – BVG).[16] Insgesamt soll durch die 1. und 2. Säule eine Ersatzquote von mindestens 60 Prozent des bisherigen Einkommens erreicht werden.[17] Einige Pensionskassen sehen über dieses gesetzliche Minimum hinausgehende Vorsorgelösungen vor, was gerade für kleinere und mittlere Einkommen von großer Bedeutung ist.[18] Die betriebliche Vorsorge ist für den Arbeitnehmerkreis, deren Verdienst den Mindestlohn erreicht, verbindlich.[19] Dabei muss das für die berufliche Vorsorge bereitgestellte Geld auf eine Vorsorgeeinrichtung in der Rechtsform einer Stiftung, einer Genossenschaft oder einer Einrichtung des öffentlichen Rechts übertragen werden (Art. 48 BVG). Diese wiederum finanzieren zur Sicherung der Ansprüche der Versorgungsberechtigten den sog. Sicherheitsfonds, der u. a. bei Zahlungsunfähigkeit einer Vorsorgeeinrichtung eintritt (Art. 54 ff BVG).[20]

Bei der 3. Säule handelt es sich um die individuelle Vorsorge der Bürger. Sie basiert vollständig auf Freiwilligkeit und wird gemäß Art. 111 Abs. 4 Bundesverfassung von Bund und Kantonen, insbesondere durch Maßnahmen der Fiskal- und Eigentumspolitik, gefördert.[21] So kann beispielsweise der in die private Vorsorge einbezahlte Betrag bis zu einer gewissen Höchstgrenze vom zu versteuernden Einkommen abgezogen werden und ist erst bei der späteren Auszahlung der Rente zu versteuern.[22]

Im Hinblick auf die Finanzierung der verschiedenen Säulen ist zu erwähnen, dass die 1. Säule – vergleichbar mit der Situation bei der gesetzlichen Rente in Deutschland – nach dem Umlageverfahren finanziert wird.[23] Demnach müssen

---

16 *Widmer*, Die Sozialversicherung in der Schweiz, S. 31 f.; *Locher*, Grundriss des Sozialversicherungsrechts, S. 56 f.

17 *Widmer*, Die Sozialversicherung in der Schweiz, S. 32.

18 *Widmer*, Die Sozialversicherung in der Schweiz, S. 32.

19 *Widmer*, Die Sozialversicherung in der Schweiz, S. 32; *Locher*, Grundriss des Sozialversicherungsrechts, S. 57.

20 Vgl. zum Sicherheitsfonds: *Lüönd*, Der Sicherheitsfonds BVG.

21 Vgl. zu einzelnen Förderbeispielen: *Widmer*, Die Sozialversicherung in der Schweiz, S. 32 f.

22 *Widmer*, Die Sozialversicherung in der Schweiz, S. 33. Vgl. allgemein zur Besteuerung der Vorsorgeeinkünfte: Art. 80 – 84 BVG; *Blumenstein/Locher*, System des schweizerischen Steuerrechts, S. 262 f. Beispielhaft für den Kanton Aargau: *Klöti-Weber/Siegrist/Weber/Heuscher*, Kommentar zum Aargauer Steuergesetz, § 31 Rn. 1 ff.

23 *Widmer*, Die Sozialversicherung in der Schweiz, S. 38; *Locher*, Grundriss des Sozialversicherungsrechts, S. 67.

die Einnahmen eines Jahres ausreichen, um die Ausgaben in der gleichen Zeitspanne zu decken. Auch in der Schweiz wirkt sich daher die demographische Entwicklung der relativen Zunahme der Anzahl älterer Bürger, die nicht mehr im Erwerbsleben stehen, gegenüber einer gleich bleibenden oder gar sinkenden Anzahl von Bürgern, die einer sozialversicherungspflichtigen Beschäftigung nachgehen, für die Sozialkassen der 1. Säule negativ aus.[24]

Für die 2. Säule ist diese Entwicklung nur ein untergeordnetes Problem, da diese Form der Vorsorge kapitalgedeckt ist. Jede versicherte Person spart für sich bis zum Renteneintritt (§ 13 BVG) selbst an und verbraucht sodann das bis zum Renteneintritt angesparte Altersguthaben (§ 15 BVG) bis zu ihrem Ableben.[25] Ein Defizit kann demnach nur ab dem Zeitpunkt entstehen, ab dem das Lebensalter der versicherten Person die statistische Lebenserwartung übertrifft, da diese für die Berechung des Rentenbetrages maßgeblich ist. Die Kapitaldeckung bringt durch die Erwirtschaftung von Erträgen auch nach dem Renteneintritt eine gewisse Erleichterung. Die prozentuale Auszahlung des Altersguthabens – auch Umwandlungssatz (§ 14 BVG) genannt –, die sich an die statistische Lebenserwartung anpasst, versucht, einer solchen Fehlentwicklung bei der 2. Säule entgegen zu wirken.

Somit führt auch in der Schweiz der demographische Wandel zu einer immer größeren Belastung von Teilen der Sozialkassen, da einer größer werdenden Anzahl von Leistungsempfängern nur eine gleich bleibende bis sinkende Anzahl von Beitragszahlern gegenübersteht. Eine flexible Altersteilzeitregelung kann somit dazu beitragen, dass ältere Beschäftigte länger im Erwerbsleben stehen und dadurch der Kreis der Beitragszahler vergrößert wird. Eine solche Maßnahme kann freilich nur greifen, wenn trotz des langfristig sinkenden Anteils jüngerer Beschäftigter auch tatsächlich Arbeit für ältere Arbeitnehmer angeboten wird. Denn anderenfalls besteht die Gefahr, dass dieses Instrument vorrangig zur Ausgliederung von Arbeitnehmern verwendet wird.

II. Rechtsfolgen des Konkurses des Arbeitgebers für das Arbeitsverhältnis

Wie in Deutschland wirkt sich auch in der Schweiz die Konkurseröffnung (Art. 175 Schuldbetreibungs- und Konkursgesetz – SchKG) in verschiedener

---

24 *Widmer*, Die Sozialversicherung in der Schweiz, S. 34; *Locher*, Grundriss des Sozialversicherungsrechts, S. 62 ff.

25 *Widmer*, Die Sozialversicherung in der Schweiz, S. 34.

Hinsicht auf die Vertragsparteien und das Vertragsverhältnis aus.[26] Das gesamte Vermögen des Schuldners fällt unter den sog. Konkursbeschlag (Art. 197 ff. SchKG), wodurch der Schuldner die Verfügungsmacht über sein Vermögen verliert (Art. 204 SchKG).[27]

Grundsätzlich bleibt die persönliche Haftung des Arbeitgebers auch nach Konkurseröffnung bestehen, allerdings können ihn seine Gläubiger nicht mehr auf die gleiche Art und Weise in Anspruch nehmen.[28] Auch nach dem Schweizer Recht sollen die zur Zeit der Konkurseröffnung vorhandenen Gläubiger grundsätzlich gleichzeitig und gleichmäßig befriedigt werden.[29] Die Forderungen der Gläubiger werden entweder als Konkursforderungen (Art. 208 ff. SchKG) oder als Masseschulden behandelt.[30] Bestanden die Forderungen bereits im Zeitpunkt der Konkurseröffnung, sind sie grundsätzlich in die erste Gruppe der Konkursforderungen einzuordnen.[31] Masseschulden sind hingegen – vergleichbar mit der Situation in Deutschland – auf Handlungen der Konkursverwaltung nach Konkurseröffnung zurückzuführen (Art. 211 Abs. 2, 240 SchKG). Sie sind vorrangig zu befriedigen.[32] Bemerkenswert ist dabei, dass die Masseschulden im Gesetz keine Erwähnung finden, sondern von Lehre und Rechtsprechung – angelehnt an Art. 262 Abs. 1 SchKG (Verfahrenskosten) – entwickelt worden sind.[33]

---

26 Vgl. zum schweizerischen Konkursrecht: *Amonn/Walther*, Grundriss des Schuldbetreibungs- und Konkursrechts. Vgl. zum schweizerischen Konkursrecht im Zusammenhang mit dem schweizerischen Arbeitsrecht: *Bachmann*, Das Arbeitsverhältnis im Konkurs des Arbeitgebers.

27 *Amonn/Walther*, Grundriss des Schuldbetreibungs- und Konkursrechts, § 41 Rn. 6.

28 *Bachmann*, S. 35; *Amonn/Walther*, Grundriss des Schuldbetreibungs- und Konkursrechts, § 41 Rn. 21.

29 *Amonn/Walther*, Grundriss des Schuldbetreibungs- und Konkursrechts, § 41 Rn. 21, § 42 Rn. 54.

30 *Bachmann*, S. 35; *Amonn/Walther*, Grundriss des Schuldbetreibungs- und Konkursrechts, § 42 Rn. 5 f.

31 *Amonn/Walther*, Grundriss des Schuldbetreibungs- und Konkursrechts, § 42 Rn. 12 f.; *Lorandi*, SJZ (96) 2000, 150.

32 *Amonn/Walther*, Grundriss des Schuldbetreibungs- und Konkursrechts, § 48 Rn. 6; *Stoffel*, Voies d'exécution, Poursuite pour dettes, exécution de jugements et faillite en droit suisse, § 10 Rn. 67.

33 BGE 102 II 297, 300; 106 III 118, 124 f.; *Amonn/Walther*, Grundriss des Schuldbetreibungs- und Konkursrechts, § 48 Rn. 2; *Stoffel*, Voies d'exécution, Poursuite pour dettes, exécution de jugements et faillite en droit suisse, § 10 Rn. 68.

Das schweizerische Konkursrecht ordnet grundsätzlich keine besonderen Rechtsfolgen für bestehende Verträge mit dem Schuldner an.[34] Vielmehr verweist es in § 211 Abs. 3 SchKG auf die Gesetzeswerke, die auf die jeweiligen Vertragstypen anzuwenden sind. Für das Arbeitsverhältnis, das als Einzelarbeitsvertrag[35] bezeichnet wird und in Art. 319 ff. OR ausführlich geregelt ist, bedeutet dies, dass es als Dauerschuldverhältnis zunächst fortbesteht.[36] Seine Beendigung richtet sich ausschließlich nach den obligationsrechtlichen Bestimmungen (Art. 211 Abs. 3 SchKG i.V.m. Art. 334 ff. OR).[37] Die Konkursverwaltung hat jedoch die Möglichkeit zu entscheiden, auf welche Art und Weise sie das Arbeitsverhältnis im Konkurs behandeln bzw. abwickeln will (Art. 211 Abs. 2 SchKG).[38] Gemäß Art. 211 Abs. 2 SchKG kann die Konkursverwaltung das Arbeitsverhältnis entweder anstelle des Schuldners erfüllen, oder aber eine Erfüllung ablehnen. Im ersten Fall werden die Forderungen der Arbeitnehmer dadurch in ihrer Gesamtheit zu Masseschulden (Art. 211 Abs. 2 SchKG), unabhängig davon, wann sie entstanden oder fällig geworden sind.[39] Im zweiten Fall konkurrieren die Arbeitnehmer mit ihren Ansprüchen mit allen übrigen Konkursgläubigern im sog. Kollokationsverfahren (Art. 244 ff. i.V.m. 219 f. SchKG). Bei diesem Verfahren werden Umfang und Rangordnung (Art. 219 f. SchKG) der Forderungen festgelegt, wobei die nicht pfandgesicherten Arbeitnehmerforderungen, die in den letzten sechs Monaten vor der Konkurseröffnung entstanden sind, den ersten Rang einnehmen (Art. 219 Abs. 4 SchKG).[40] Forderungen des Arbeitnehmers aus dem Arbeitsverhältnis, die mehr als sechs Monate vor der Konkurseröffnung entstanden sind, bilden den dritten Rang (Art. 219 Abs. 4 SchKG).[41] Im Konkurs des Arbeitgebers hat der einzelne Arbeitnehmer schließlich die Möglichkeit, von seinem Kündigungsrecht nach Art. 337a OR (Kündigung wegen Zahlungsunfähigkeit) bzw. Art. 337 OR

---

34 *Amonn/Walther*, Grundriss des Schuldbetreibungs- und Konkursrechts, § 42 Rn. 1.

35 Vgl. zum schweizerischen Arbeitsrecht: *Rehbinder*, Schweizerisches Arbeitsrecht; *Geiser/Müller*, Arbeitsrecht in der Schweiz; *Vischer*, Der Arbeitsvertrag.

36 *Bachmann*, S. 62; *Grob-Andermacher*, S. 35; *Staehelin*, ArbR 2000, 71, 74; *Lorandi*, SJZ (96) 2000, 150, 152.

37 *Bachmann*, S. 106.

38 *Bachmann*, S. 62 ; *Staehelin*, ArbR 2000, 71, 76.

39 *Bachmann*, S. 68 f.; *Staehelin*, ArbR 2000, 71, 78 f.; *Lorandi*, SJZ (96) 2000, 150, 153.

40 *Amonn/Walther*, Grundriss des Schuldbetreibungs- und Konkursrechts, § 42 Rn. 69 ff.; *Lorandi*, SJZ (96) 2000, 150 f.

41 *Amonn/Walther*, Grundriss des Schuldbetreibungs- und Konkursrechts, § 42 Rn. 82 ff.; *Lorandi*, SJZ (96) 2000, 150, 151.

(Kündigung aus wichtigem Grund) Gebrauch zu machen.[42] Dies gilt allerdings nur, sofern nicht zuvor der Schuldner bzw. die Konkursverwaltung (Art. 240 SchKG) ohnehin schon die Kündigung zum nächst zulässigen Termin unter gleichzeitiger Freistellung der Arbeitnehmer ausgesprochen hat (Art. 335 ff. OR).[43]

Daraus folgt für flexible Arbeitszeitmodelle, in denen der Arbeitnehmer in Vorleistung gegangen ist, dass er regelmäßig wohl nur als Konkursgläubiger am Konkursverfahren über das Vermögen des Arbeitnehmers teilnehmen wird. Die Konkursverwaltung wird in den meisten Fällen kein Interesse daran haben, die Konkursmasse für Lohn- und Gehaltsforderungen zu verbrauchen, die sich auf Arbeitsleistungen beziehen, die bereits lange Zeit zuvor erbracht worden sind. Bei langfristigen Arbeitszeitkonten, die Arbeitsleistungen speichern, die länger als sechs Monate in die Vergangenheit zurückreichen, haben jedenfalls die darin enthaltenen drittrangigen Konkursforderungen nur geringe Chancen auf vollständige Erfüllung.[44]

Aus der konkursrechtlichen Einordnung folgt daher eine hohe Verlustwahrscheinlichkeit für unbezahlte und länger zurück liegende Arbeitsleistungen. Die Akzeptanz von langfristigen Arbeitszeitkonten dürfte sich somit in der Schweiz ohne eine ausreichende Konkurssicherung nicht verstärken.

III. Gesetzliche Sicherungsmechanismen

1. Insolvenzentschädigung

Speziell für den Fall der Zahlungsunfähigkeit des Arbeitgebers sieht die Schweiz die sog. Insolvenzentschädigung[45] vor. Sie ist im *Bundesgesetz über die obligatorische Arbeitslosenversicherung und die Insolvenzentschädigung (AVIG)* geregelt und mit dem deutschen Insolvenzgeld nach den §§ 183 ff. SGB III vergleichbar. Es handelt sich dabei um eine öffentlich-rechtliche Versicherungsleistung, die für einen gewissen zurückliegenden Zeitraum die zivilrechtliche Lohnzahlung anstelle des insolventen Arbeitgebers übernimmt.[46] Da-

---

42 Vgl. *Staehelin*, ArbR 2000, 71, 74 f.; *Lorandi*, SJZ (96) 2000, 150, 152.

43 Vgl. *Staehelin*, ArbR 2000, 71, 75.

44 *Geiser*, ArbR 2000, 51, 58.

45 Vgl. dazu ausführlich: *Burgherr*, Die Insolvenzentschädigung, S. 6 ff.

46 BGE 127 V 183, 185; *Burgherr*, S. 6 f.

durch sollen der Lebensunterhalt des Arbeitnehmers und seiner Familie sichergestellt und soziale Härten vermieden werden (Art. 1a AVIG).[47]

Gemäß Art. 51 AVIG sind beitragspflichtige Arbeitnehmer[48] im Sinne des AVIG anspruchsberechtigt, wenn gegen deren Arbeitgeber der Konkurs eröffnet wurde und ihnen in diesem Zeitpunkt Lohnforderungen zustehen (Art. 51 Abs. 1 lit. a AVIG). In Art. 51 Abs. 1 AVIG sind ferner weitere Tatbestände aufgeführt, die der Konkurseröffnung gleichstehen (Art. 51 Abs. 1 lit. b – c AVIG). Sind die Voraussetzungen erfüllt, werden von der Insolvenzentschädigung maximal bis zu vier Monatsgehälter abgedeckt (Art. 52 Abs. 1 AVIG)[49], sofern der Arbeitnehmer seinen Anspruch spätestens 60 Tage nach der Veröffentlichung des Konkurses im Schweizerischen Handelsamtsblatt bei der zuständigen Stelle geltend gemacht hat (Art. 53 Abs. 1 AVIG). Im Umfang der bezahlten Entschädigung gehen im Gegenzug die Lohnansprüche des Arbeitnehmers auf die zuständige Stelle über (Art. 54 AVIG).

Durch dieses Institut können die Arbeitnehmer eines insolventen Arbeitgebers eine Kompensation für Teile ihrer nunmehr großteils wertlosen Entgeltansprüche erlangen. In Bezug auf Arbeitszeitguthaben kann diese Sicherung jedoch nicht als ausreichend angesehen werden, da Arbeitszeitkonten, die für eine flexible Pensionierung verwendet werden sollen, meist den Umfang von vier Monatsgehältern übersteigen werden.

2. Arbeitslosenversicherung

Verliert der Arbeitnehmer in Folge des Konkurses seines Arbeitgebers seine Anstellung, sieht das Schweizer Sozialrecht in Art. 8 ff. AVIG als weitere Entgeltersatzleistung die Arbeitslosenentschädigung vor.[50] Sie wird als sog. Taggeld (Art. 21 AVIG) in Höhe von 80 bzw. 70 Prozent des versicherten Verdienstes ausgereicht (Art. 22 Abs. 1 AVIG), wobei für eine Woche fünf Taggelder bezahlt werden (Art. 21 AVIG). Ein Taggeld von 70 Prozent erhalten Versicherte, die auf Grund bestimmter gesetzlicher Kriterien weniger bedürftig sind (Art. 22 Abs. 2 AVIG). Je nach Alter und Beitragszeiten des Versicherten können maximal zwischen 400 und 520 Taggelder bezogen werden (Art. 27 AVIG).

---

47 *Burgherr*, S. 7.

48 Vgl. zum Arbeitnehmerbegriff: *Locher*, Grundriss des Sozialversicherungsrechts, S. 167 ff.; *Burgherr*, S. 29 ff.

49 *Locher*, Grundriss des Sozialversicherungsrechts, S. 308; *Widmer*, Die Sozialversicherung in der Schweiz, S. 239.

50 Vgl. dazu ausführlich: *Locher*, Grundriss des Sozialversicherungsrechts, S. 295 ff.; *Widmer*, Die Sozialversicherung in der Schweiz, S. 226 ff.

Den Anspruch auf diese Entschädigungsleistung erwirbt eine versicherte Person, wenn sie den Anspruch gemäß Art. 20 AVIG geltend macht und die Anspruchsvoraussetzungen des Art. 8 Abs. 1 AVIG erfüllt: Dazu muss sie ganz oder teilweise arbeitslos sein (Art. 10 AVIG), einen anrechenbaren Arbeitsausfall erlitten haben (Art 11 AVIG) und in der Schweiz wohnen (Art. 12 AVIG). Ferner muss die obligatorische Schulzeit absolviert worden sein. Zusätzlich darf die versicherte Person weder das Rentenalter der AHV erreicht haben noch eine Altersrente der AHV beziehen. Darüber hinaus muss die Person die Beitragszeit erfüllt haben oder von der Erfüllung der Beitragszeit befreit sein (Art. 13 und 14 AVIG). Schließlich müssen die Vermittlungsfähigkeit gegeben (Art. 15 AVIG) und gewisse Kontrollvorschriften erfüllt sein (Art. 17 AVIG).

Es können somit durch die Arbeitslosenentschädigung Verdienstausfälle in Folge des Verlustes des Arbeitsplatzes teilweise kompensiert werden. Befand sich der Arbeitnehmer bereits in einer Freistellungsphase eines flexiblen Arbeitszeitmodells, ist er nicht auf die Werthaltigkeit seines Arbeitszeitkontos angewiesen, sondern kann grundsätzlich während des Bezugszeitraums mit einer Bezahlung durch den Träger der Arbeitslosenversicherung rechnen. Aber auch diese Entschädigung ist nicht ausreichend, da sie einerseits nur maximal 80 Prozent des zuvor versicherten Verdienstes ausmacht und andererseits höchstens für etwa zwei Jahre (520 Taggelder) gewährt werden kann. Flexible Arbeitszeitmodelle, insbesondere solche, die auf einen vorgezogenen Ruhestand abzielen, können eine längere Laufzeit haben. Darüber hinaus ist der Arbeitnehmer verpflichtet, eine zumutbare Arbeit anzunehmen (Art. 16 AVIG), wodurch die Leistungspflicht der zuständigen Stelle endet. Im Übrigen darf auch diese staatliche Leistung nicht darüber hinwegtäuschen, dass das Arbeitszeitguthaben in aller Regel verloren ist. Denn sie wird ja unabhängig davon gewährt, ob der Arbeitnehmer zuvor Vorleistungen für das Arbeitzeitkonto erbracht hat oder nicht.

3. Zusammenfassung der gesetzlichen Sicherungsmechanismen

Somit ergibt sich auch aus der Untersuchung der bestehenden gesetzlichen Sicherungsmechanismen in der Schweiz, dass Arbeitszeitkonten weitgehend ungesichert sind. Inwieweit sich die Arbeitsvertragsparteien allerdings im Wege der Privatautonomie auf eine Sicherungslösung verständigen können, ist derzeit nicht absehbar. Die Durchsetzung einer solchen Absicherung hängt vor allem in wirtschaftlich schwächeren Zeiten von der Stärke der Verhandlungsposition der Arbeitnehmer ab. Die Einführung einer Konkurssicherung ist einerseits mit Kosten für den Arbeitgeber verbunden und andererseits wird sich für Arbeitsstellen, die eine geringere Qualifikation erfordern, in den meisten Fällen ein Arbeitnehmer finden lassen, der notgedrungen bereit ist, auch ohne eine

Sicherung zu arbeiten. Eine gesetzliche Initiative könnte dabei aber der Flexibilisierung der Arbeitszeit, auch im Hinblick auf Altersteilzeitarbeit, einen Vorschub leisten. *Geiser* regt in diesem Zusammenhang an, einen Vergleich mit der Situation bei der beruflichen Vorsorge (2. Säule) vorzunehmen.[51] Dort werden die Beitragsleistungen zum einen vom Vermögen des Arbeitgebers getrennt und auf eine Stiftung, Genossenschaft oder Einrichtung des öffentlichen Rechts übertragen und zum anderen durch den Sicherheitsfonds geschützt.[52]

IV. Ungeklärte Rechtsfragen – Regelungsbedarf

Im Folgenden werden – ohne den Anspruch auf Vollständigkeit zu erheben – drei Rechtsfragen angesprochen, die hinsichtlich der Flexibilisierung der Arbeitszeit im Raume stehen. Auf Grund der Komplexität der verschiedenen Materien kann jeweils nur ein Problemaufriss unternommen werden. Nochmals wird in diesem Zusammenhang auf *Geiser* verwiesen, der zur Lösung dieser Problemstellungen auf die Entwicklung der beruflichen Vorsorge (2. Säule) verweist.[53] Nachdem die dortigen Ansätze in der Schweiz eingeführt und weitgehend akzeptiert sind, ist es an sich nahe liegend, von den dort beschrittenen Wegen auszugehen und diese gegebenenfalls zu modifizieren.

1. Sozialversicherungsrechtliche Fragestellung

Es müsste zunächst eine genauere Einordnung der flexiblen Arbeitszeit im schweizerischen Sozialversicherungsrecht erfolgen. Soweit ersichtlich, treffen weder das *Bundesgesetz über den Allgemeinen Teil des Sozialversicherungsrechts* (ATSG) noch die verschiedenen Sozialversicherungsgesetze spezielle Regelungen für diese jüngere Erscheinungsform. Für bestimmte Formen der flexiblen Arbeitszeit – insbesondere im Rahmen flexibler Ruhestandslösungen – ist typisch, dass längere Phasen der Erbringung von Arbeitsleistungen von Zeiten der Freistellung abgelöst werden. Da ein Arbeitnehmer in Freistellung tatsächlich keine Tätigkeit für den Arbeitgeber erbringt und eine solche auch nicht schuldet, stellt sich aus sozialversicherungsrechtlichen Gründen die Frage, ob der Arbeitnehmer als erwerbstätiger oder nicht erwerbstätiger Versicherter zu behandeln ist.[54]

---

51 *Geiser*, ArbR 2000, 51, 56 f.

52 Vgl. oben S. 47 ff.

53 *Geiser*, ArbR 2000, 51, 56 f.

54 Vgl. beispielsweise Art. 3 AHVG (Beitragspflichtige Personen). Vgl. zum Beitragsrecht allgemein: *Locher*, Grundriss des Sozialversicherungsrechts, S. 403 ff.; *Widmer*, Die Sozialversicherung in der Schweiz, S. 43 ff.

Ferner ist auch zu klären, zu welchem Zeitpunkt im Rahmen eines flexiblen Beschäftigungsmodells eine Beitragspflicht ausgelöst wird. Denkbar wäre einerseits, dass eine solche Pflicht bereits mit Gutschrift auf dem Arbeitszeitkonto entsteht, und nicht erst mit der Auszahlung des späteren Freistellungsgehaltes. Im Hinblick auf einen kontinuierlichen Versicherungsschutz erscheint es jedoch sachgemäß, eine Beitragspflicht erst bei Auszahlung des Freistellungsentgeltes anzunehmen.[55]

2. Steuerrechtliche Behandlung

Fraglich ist zudem, wie die Verwendung von Arbeitszeitkonten einkommensteuerrechtlich[56] einzuordnen ist. Klärungsbedürftig ist dabei, ob bereits das Erbringen der Arbeitsleistung unter gleichzeitiger Gutschrift auf dem Arbeitszeitkonto einen steuerbaren Vorgang bedeutet (Art. 16 f. Bundesgesetz über die direkte Bundessteuer – DBG).[57] In der Schweiz gilt das sog. Realisierungsprinzip, wonach es darauf ankommt, wann eine steuerpflichtige Person über einen bestimmten Einkommensbestandteil disponieren kann.[58] Dies ist dann gegeben, wenn sie Leistungen vereinnahmt oder einen festen Rechtsanspruch auf diese Leistungen erwirbt, über den sie tatsächlich verfügen kann.[59] *Geiser* sieht bei der Verwendung von Arbeitszeitkonten die letzte Alternative als erfüllt an, da der Arbeitnehmer ja jederzeit seine Ansprüche aus den Wertguthaben abrufen könne.[60] Demnach wäre der Arbeitnehmer bereits mit Erbringen der Vorleistung für diese steuerpflichtig. Drastische Folgen zeigen sich, wenn die Gutschrift auf dem Arbeitszeitkonto zwar einerseits steuerpflichtig ist, aber der Arbeitnehmer andererseits für den Fall des Konkurses des Arbeitgebers nicht darauf vertrauen darf, das Entgelt für seine Arbeitsleistungen tatsächlich ausbezahlt zu bekommen. Dieser Ansicht kann jedoch entgegengehalten werden, dass auch in der Schweiz bei Einkünften aus unselbständiger Erwerbstätigkeit grundsätzlich auf den Zeitpunkt der Zahlung bzw. der Gutschrift abgestellt wird.[61] Im Hinblick auf eine möglichst gleichmäßige Steuerbelastung und zur Vermeidung von Härten, ist der letzten Ansicht der Vorzug zu geben. Dennoch verbleibt auch in dieser Frage eine Unsicherheit, die einer Klärung bedarf.

---

55 *Geiser*, ArbR 2000, 51, 68.

56 Vgl. zum Begriff des Einkommens: *Blumenstein/Locher*, System des schweizerischen Steuerrechts, S. 170 ff.

57 *Geiser*, ArbR 2000, 51, 67.

58 *Blumenstein/Locher*, System des schweizerischen Steuerrechts, S. 267.

59 *Blumenstein/Locher*, System des schweizerischen Steuerrechts, S. 267 m. w. N.

60 *Geiser*, ArbR 2000, 51, 67.

61 *Blumenstein/Locher*, System des schweizerischen Steuerrechts, S. 268 m. w. N.

3. Insolvenzrechtliche Absicherung

Wie sich bereits aus der obigen Untersuchung ergeben hat, besteht ein dringendes Bedürfnis der Insolvenzsicherung der Arbeitszeitguthaben in der Schweiz. Insoweit wird auf die obigen Ausführungen verwiesen. Ob dies – vergleichbar mit der Situation in Deutschland – durch eine allgemeine Insolvenzsicherungspflicht unter freier Wahl der Sicherungsmittel (§ 7d SGB IV, § 8a ATG), oder durch eine eindeutige gesetzliche Vorgabe wie bei der beruflichen Vorsorge (2. Säule)[62] erreicht wird, kann letztlich offen bleiben. Da jedoch aus der 2. Säule ein großer Erfahrungsschatz resultiert, wäre wohl der letzteren Variante der Vorzug zu geben.

§ 3 Zusammenfassung

Die Darstellung hat aufgezeigt, dass in der Schweiz Bestrebungen zur Flexibilisierung der Arbeitszeit im Gange sind und diese teilweise auch in die Tat umgesetzt werden. Eine besondere Brisanz erwirbt dieser Themenkreis in der Schweiz im Zusammenhang mit der demographischen Entwicklung. Diese führt zu einer immer stärkeren Belastung von Teilen der Sozialkassen. In diesem Zusammenhang könnte die Altersteilzeit ein wirksames Mittel sein, den langfristigen Rückgang jüngerer Beschäftigter unter gleichzeitiger Berücksichtigung der körperlichen Leistungsfähigkeit älterer Arbeitnehmer aufzufangen. Sie wird deshalb vereinzelt auch als 4. Säule des Sozialversicherungssystems bezeichnet. Dabei eröffnen sich Rechtsfragen, die in weiten Teilen keine Antworten im Gesetz finden. Klärungsbedürftig sind insbesondere sozial-, steuer- und konkursrechtliche Probleme. Im Hinblick auf die konkursrechtliche Einordnung der Arbeitnehmerforderungen wurde festgestellt, dass Arbeitnehmer mit ihren Forderungen aus den Arbeitszeitkonten regelmäßig nur als (nachrangige) Konkursgläubiger am Konkursverfahren über das Vermögen des Arbeitgebers teilnehmen. Außer der Insolvenzentschädigung und dem nur der Existenzsicherung dienenden Arbeitslosengeld, sieht die schweizerische Rechtsordnung keine umfangreiche Insolvenzsicherung vor. Zur Stärkung der Akzeptanz der flexiblen Arbeitszeit unter Verwendung von Arbeitszeitkonten besteht in diesem Bereich daher starker Handlungsbedarf.

---

62 Vgl. dazu oben S. 47 ff.

Teil II Überblick über die Situation der Altersteilzeit in England

§ 1 Einführung

Die folgende Darstellung bezieht sich nur auf die Situation in England (und Wales), ohne aber auch für Schottland und Nordirland Geltung zu beanspruchen. Alle vier Landesteile zählen zu Großbritannien, jedoch gilt nur in England und Wales ein einheitliches Rechtssystem. Schottland und Nordirland besitzen jeweils eigenständige Rechtsordnungen.[63]

Bereits an dieser Stelle ist festzustellen, dass das Institut der Altersteilzeit unter Verwendung von Arbeitszeitkonten bislang in England in keinem nennenswerten Umfang Anwendung findet. Soweit ersichtlich, gibt es weder eine mit Deutschland vergleichbare gesetzliche Grundlage – sei es im gemeinen Recht (*common law*) oder im kodifizierten Recht (*statute*)[64] – noch gibt es eine verbreitete Praxis der Altersteilzeitarbeit zwischen den Arbeitsvertragsparteien. Dies kann möglicherweise auf ein Rentensystem zurückgeführt werden, das auch nach Erreichen des gesetzlichen Rentenalters die flexible Erbringung von Arbeitsleistung zulässt (*phased retirement* oder *flexible retirement*).[65] Auch in England sind der demographische Wandel und die damit verbundenen Probleme Gegenstand einer seit längerem andauernden Debatte.[66] Ein weiterer Grund für die erst am Anfang stehende Entwicklung von Altersteilzeit bzw. flexiblen Arbeitszeitmodellen könnte der Umstand sein, dass erst seit Mai 1997 nach 18 Jahren einer konservativen Regierung die arbeitnehmerfreundlichere Regierung von Tony Blair (*Labour*) die Geschicke des Landes bestimmt.[67]

---

63 Vgl. zum Ganzen: *Harth/Taggart*, Arbeitsrecht in Großbritannien, in: *Henssler/Braun*, Arbeitsrecht in Europa, S. 400.

64 Vgl. zu den Rechtsquellen des englischen Rechts, *Henrich/Huber*, Einführung in das englische Privatrecht, S. 11 ff.

65 Vgl. die Studie „*Flexible Retirement – A snapshot of large employers' initiatives*" des *Employers Forum on Age* (*EFA*), abrufbar unter: http://www.efa.org.uk/publications/default.asp; die Studie „*Five Year Strategy. Opportunity and security throughout life*" des *Department of Work and Pensions*, abrufbar unter: http://www.dwp.gov.uk/publications/dwp/2005/5_yr_strat/pdf/report.pdf.

66 Vgl. die Studie „*Flexible Retirement – A snapshot of large employers' initiatives*" des *Employers Forum on Age* (*EFA*), abrufbar unter: http://www.efa.org.uk/publications/default.asp und die Studie „*Simplicity, security and choice, working and saving for Retirement*" des *Department of Work and Pensions*, abrufbar unter: http://www.dwp.gov.uk/resourcecentre/archive/.

67 Vgl. zur Einführung verschiedener Schutzrechte der Arbeitnehmer die Aufstellung von *Stein/Rabe v. Pappenheim*, S. V.

Festgestellt werden kann allerdings auch, dass unter den Oberbegriffen *annual hours*, *flextime* oder *work-life balance* die Idee flexibler Arbeitszeitregelungen verfolgt wird.[68] Dies kann einerseits den Bedürfnissen eines Arbeitgebers entgegenkommen, der bei schwankender Auftragslage dadurch die Bezahlung der vergleichsweise teureren Überstunden vermeidet. Aber auch für den Arbeitnehmer kann sich der Vorteil bieten, durch dieses Plus an Flexibilität persönliche Interessen mit seinem Arbeitsleben zu verbinden. Die rechtliche Umsetzung sozial-, steuer- und arbeitsrechtlicher Fragen bleibt bislang noch dem jeweiligen Einzelfall überlassen.[69]

Im Folgenden werden in einem kurzen Überblick die gegenwärtigen rechtlichen Rahmenbedingungen eines flexiblen Arbeitsverhältnisses in England dargestellt (§ 2). Dabei wird zunächst das Konzept der *annual hours* vorgestellt (I.). Sodann wird auf die Rechtsgrundlagen eines Arbeitsverhältnisses verwiesen (II.), mögliche Insolvenzfolgen für das Arbeitsverhältnis untersucht (III.) und bestehende gesetzliche Absicherungsmechanismen dargestellt (IV.). Anschließend wird kurz auf das System der gesetzlichen und betrieblichen Altersversorgung in England eingegangen, die eine mögliche Ursache für die vergleichsweise zurückhaltende Entwicklung der Altersteilzeit in England sein kann (§ 3). Den Abschluss bildet eine Zusammenfassung (§ 4).

68 *Stredwick/Ellis*, Flexible Working Practices, S. 13 ff.; vgl. im Übrigen die verschiedenen Studien der Organisation *European Industrial Relations Observatory* (EIRO) zu Großbritannien, wie beispielsweise: „Government calls for better work-life balance", abrufbar unter: http://www.eiro.eurofound.eu.int/2001/02/feature/uk 0102115f.html, oder „Progress on work-life balance?", im Internet abrufbar unter: http://www.eiro.eurofound.eu.int/2003/02/feature/uk0302103f.html, oder „Annualised hours in Europe", im Internet abrufbar unter: http://eiro.eurofound. Eu.int/2003/08/ study/index.html, sowie „Progressive retirement in Europe", abrufbar unter: http://www.eiro.eurofound.eu.int/2001/09/study/tn0109184s.html.

69 Vgl. dazu insbesondere die vergleichende Studie der EIRO: „Annualised hours in Europe", abrufbar unter: http://www.eiro.eurofound.eu.int/2003/08/study/index.html.

§ 2 Rechtliche Rahmenbedingungen eines flexiblen Arbeitsverhältnisses in England

I. Konzept der *annual hours*

Das Konzept der *annual hours*[70] gewinnt gerade bei Arbeitgebern besondere Bedeutung, die stets mit einer schwankenden Auftragslage konfrontiert sind. Dies kann saisonale Ursachen haben, wie beispielsweise in der Landwirtschaft und Lebensmittelindustrie, aber auch auf Gründe der allgemeinen wirtschaftlichen Lage zurückzuführen sein. Das Kernelement dieses flexiblen Arbeitszeitmodells ist die Abkehr von der herkömmlichen Wochenarbeitszeit – beispielsweise 38 Stunden pro Woche – zu einer Jahresarbeitszeit – beispielsweise 1.976 Stunden pro Jahr. Unabhängig davon, wie viele Arbeitsstunden der Arbeitnehmer in einem Monat geleistet hat, erhält er ein monatlich gleich bleibendes Arbeitsentgelt. Der Hauptvorteil ergibt sich vor allem für den Arbeitgeber, der durch dieses Modell in Spitzenzeiten die Bezahlung der relativ teuren Überstunden vermeidet und durch die Vorleistungen seiner Arbeitnehmer Zeiten der schlechteren Auftragslage ausgleichen kann. Für den Arbeitnehmer bietet sich die Möglichkeit, in Zeiten der schwächeren Auslastung bei gleich bleibendem Lohn, verstärkt private Interessen zu verfolgen.

Vergleichbar mit der Situation der Arbeitszeitmodelle in Deutschland, die zur Bildung von Wertguthaben führen, erbringt der Arbeitnehmer damit Vorleistungen, die in der Insolvenz des Arbeitgebers gefährdet sind. Unabhängig davon, wie die Arbeitnehmeransprüche insolvenzrechtlich einzuordnen sind[71] und welche gesetzlichen Schutzmechanismen vorhanden sind[72], kann ein Verlust der Vorleistung allerdings keine Existenz gefährdenden Ausmaße annehmen. Einerseits ist der Ansparzeitraum insgesamt auf wenige Monate pro Jahr beschränkt und andererseits erhält der Arbeitnehmer eine durchgehend Bezahlung, die sich in etwa an seinem bisherigen Lohn ohne Überstunden orientiert. Sollte dieser auf Grund der wirtschaftlichen Lage des Arbeitgebers ausbleiben, verliert er nur den Wert seiner Überstunden, die zuvor auf Grund ihrer Unvorhersehbarkeit nicht wesentlich zur Existenz des Arbeitnehmers beitragen konnten. Es stellt sich damit in England im Rahmen der *annual hours* kein mit der Situation der langfristigen Arbeitszeitkonten in Deutschland vergleichbares Verlustrisiko.

---

70 Vgl. zum Ganzen: *Stredwick/Ellis*, Flexible Working Practices, S. 17 ff.

71 Vgl. dazu sogleich unten S. 64.

72 Vgl. dazu sogleich unten S. 65.

II. Rechtsgrundlagen eines Arbeitsverhältnisses

Das englische Arbeitsrecht ist im ansonsten stark vom Richterrecht geprägten England weitgehend durch eine Vielzahl von Gesetzen geregelt.[73] Zu erwähnen ist beispielsweise das Arbeitsrechtsgesetz von 1996 (*Employment Rights Act 1996* – ERA 1996), das die wesentlichen Rechte der Arbeitnehmer enthält, das Gesetz zur Sicherstellung gleichen Entgelts von Männern und Frauen aus dem Jahr 1970 (*Equal Pay Act 1970*) oder das Gewerkschaftsgesetz aus dem Jahr 1992 (*Trade Union Labour Relations (Consolidation) Act 1992*), das die wesentlichen gesetzlichen Rechte der Gewerkschaften sowie Rechte der Arbeitnehmer, die sich im Zusammenhang mit Arbeitskämpfen ergeben, beinhaltet.[74] Zahlreiche Ergänzungen zum ERA 1996 hat der *Employment Relations Act 1999* (ERelA) gebracht. Als Mitgliedstaat der EU ist Großbritannien ferner verpflichtet, die Bestimmungen des EG-Vertrages einzuhalten. Der Einfluss des Europarechts auf die arbeitsrechtliche Gesetzgebung ist nicht zu übersehen.

Für die Rechte des Arbeitnehmers und Arbeitgebers ist grundsätzlich der Arbeitsvertrag entscheidend, der schriftlich oder mündlich geschlossen werden kann.[75] Der Arbeitgeber ist jedoch verpflichtet, bestimmte Bestandteile des Vertrages, wie beispielsweise die Arbeitsvertragsparteien, den Beginn des Arbeitsverhältnisses, die Höhe der Vergütung und die Arbeitszeiten, schriftlich niederzulegen (Sec. 1 ERA 1996). Der Vertragsfreiheit werden einerseits im Hinblick auf die Höhe des Arbeitsentgelts durch einen gesetzlichen Mindestlohn[76] und andererseits im Hinblick auf die Arbeitszeitverteilung durch eine maximal zulässige Arbeitszeit[77] Grenzen gesetzt. Die Arbeitsbedingungen kön-

---

73 *Harth/Taggart*, Arbeitsrecht in Großbritannien, in: *Henssler/Braun*, Arbeitsrecht in Europa, S. 400; *Mayne/Malyon/Onslow-Cole*, England and Wales, in: *Mayne/Malyon*, Employment Law in Europe, S. 151; *Waas*, S. 1 ff.

74 *Harth/Taggart*, Arbeitsrecht in Großbritannien, in: *Henssler/Braun*, Arbeitsrecht in Europa, S. 400 f. Eine umfangreiche Sammlung der wichtigsten arbeitsrechtlichen Gesetze enthält das Butterworths Employment Law Handbook.

75 *Harth/Taggart*, Arbeitsrecht in Großbritannien, in: *Henssler/Braun*, Arbeitsrecht in Europa, S. 405; *Mayne/Malyon/Onslow-Cole*, England and Wales, in: *Mayne/Malyon*, Employment Law in Europe, S. 151.

76 Vgl. den *National Minimum Wage Act 1998* oder die *National Minimum Wage Regulations 1999*, die beispielsweise für einen Arbeiter über 22 Jahre einen Mindeststundenlohn von £ 5.05 (ab 1. Oktober 2006: £ 5.35) vorsehen. Vgl. dazu und zu weiteren Abstufungen die Aufstellung des *Department of Trade and Industry*, abrufbar unter: http://www.dti.gov.uk/er/nmw/index.htm.

77 Vgl. die *Working Time Regulations 1998*, die grundsätzlich nur eine maximale Arbeitszeit von 48 Stunden pro Woche zulassen. Vgl. dazu und zu weiteren

nen ferner durch kollektivrechtliche Vereinbarungen (*collective agreements*) näher definiert sein, die aber grundsätzlich nur einzelvertraglich zwischen Arbeitgeber und Arbeitnehmer in den Arbeitsvertrag miteinbezogen werden können.[78] In Ausnahmefällen kann eine Gewerkschaft auch als Vertreter der Arbeitnehmer angesehen werden, wodurch eine getroffene kollektivrechtliche Vereinbarung direkt anwendbar ist.[79]

Das Arbeitsverhältnis endet entweder mit Ablauf der Zeit, für die es eingegangen wurde, oder durch Kündigung (Sec. 86 ff. ERA 1996).[80] Dabei ist der Arbeitgeber grundsätzlich verpflichtet, eine gesetzliche Mindestkündigungsfrist einzuhalten (Sec. 86 und 87 ERA 1996). Bei bestimmten Fällen ist allerdings auch eine fristlose Kündigung vorgesehen, wie beispielsweise bei schwerwiegendem Fehlverhalten (*gros misconduct*) oder Inkompetenz (*incompetence*) des Arbeitnehmers.[81] Bei Missachtung der Kündigungsfristen können dem Arbeitnehmer Schadensersatzansprüche wegen sog. *wrongful dismissal* zustehen.[82] Ferner muss die Kündigung auch gerechtfertigt sein, um nicht dem Vorwurf des sog. *unfair dismissal* ausgesetzt zu sein (Sec. 94 und 98 ERA 1996). Vergleichbar mit dem Kündigungsschutz in Deutschland können zur Rechtfertigung vor allem personenbezogene, verhaltensbezogene oder betriebsbedingte Gründe angeführt werden. Erfüllt der Arbeitgeber diese Vorgaben nicht, können ihm erneut Schadensersatzansprüche drohen.[83] Nach englischem Arbeitsrecht führt eine Kündigung unabhängig von ihrer Rechtmäßigkeit stets zur Beendigung des Arbeitsverhältnisses.[84] Alternativ können die Arbeits-

---

Abstufungen die Aufstellung des *Department of Trade and Industry*, abrufbar unter: http://www.dti.gov.uk/er/work_time_regs/index.htm.

78 *Harth/Taggart*, Arbeitsrecht in Großbritannien, in: *Henssler/Braun*, Arbeitsrecht in Europa, S. 435 f.; *Stein/Rabe v. Pappenheim*, S. 21.

79 *Harth/Taggart*, Arbeitsrecht in Großbritannien, in: *Henssler/Braun*, Arbeitsrecht in Europa, S. 436; *Mayne/Malyon/Onslow-Cole*, England and Wales, in: *Mayne/Malyon*, Employment Law in Europe, S. 233.

80 Vgl. ausführlich *Harth/Taggart*, Arbeitsrecht in Großbritannien, in: *Henssler/Braun*, Arbeitsrecht in Europa, S. 417 ff.; *Mayne/Malyon/Onslow-Cole*, England and Wales, in: *Mayne/Malyon*, Employment Law in Europe, S. 189 ff.; *Stein/Rabe v. Pappenheim*, S. 56 ff.

81 *Harth/Taggart*, Arbeitsrecht in Großbritannien, in: *Henssler/Braun*, Arbeitsrecht in Europa, S. 418 f.

82 *Harth/Taggart*, Arbeitsrecht in Großbritannien, in: *Henssler/Braun*, Arbeitsrecht in Europa, S. 417.

83 *Harth/Taggart*, Arbeitsrecht in Großbritannien, in: *Henssler/Braun*, Arbeitsrecht in Europa, S. 421; *Stein/Rabe v. Pappenheim*, S. 67 ff.

84 *Stein/Rabe v. Pappenheim*, S. 56.

vertragsparteien auch einen Aufhebungsvertrag vereinbaren (Sec. 203 ERA 1996).[85]

III. Insolvenzfolgen für das Arbeitsverhältnis

Gerät eine Person in Insolvenz[86], wird nach englischem Recht grundsätzlich danach unterschieden, ob der Insolvenzschuldner eine natürliche Person (*individual*) oder eine Kapitalgesellschaft (*company*) ist.[87] Unter die letzte Kategorie fallen auch die von Einzelpersonen gebildeten Personengesellschaften (*partnerships/limited partnerships*). Auf natürliche Personen finden die Regelungen des *bankruptcy law* Anwendung, während die Gesellschaften u. a. nach einem eigenen Insolvenzrecht, dem *Insolvency Act 1986* (IA 1986) behandelt werden.[88] Dieser ist durch den *Enterprise Act 2002* in vielen Bereichen ergänzt und verändert worden.[89] Da vor allem die *companies* im englischen Wirtschaftsverkehr eine große Bedeutung haben, wird in der folgenden kurzen Darstellung nicht auf die Rechtsfolgen der Insolvenz einer natürlichen Person eingegangen.

Generell kann gesagt werden, dass die Insolvenz des Arbeitgebers grundsätzlich nicht zu einer automatischen Beendigung des Arbeitsvertrages führt.[90] Regelmäßig müssen die Arbeitnehmer aber befürchten, auf Grund der wirtschaftlichen Lage des Arbeitgebers betriebsbedingt entlassen zu werden. Dies gilt vor allem dann, wenn der Betrieb des Arbeitgebers vollständig liquidiert wird. Denkbar sind darüber hinaus die teilweise Reduzierung der Belegschaft oder allgemeine Veränderungen der Arbeitsvertragsbedingungen durch vertragliche Änderungsvereinbarungen.[91] Hervorzuheben ist in diesem Zusammenhang die Einführung der *Transfer of Undertakings (Protection of Employment) (TUPE) Regulations 1981*, die bei Betriebsübergang den Bestand des Arbeitsverhältnisses gewährleistet. Unter dem zuvor anzuwendenden *common law* endete demgegenüber der

85 *Harth/Taggart*, Arbeitsrecht in Großbritannien, in: *Henssler/Braun*, Arbeitsrecht in Europa, S. 426.

86 Vgl. zum englischen Insolvenzrecht: *Meyer-Löwy/Poertzgen/de Vries*, ZInsO 2005, 293 ff.

87 Vgl. zu dieser Unterscheidung und den Hintergründen: *Fletcher*, The Law of Insolvency, S. 4 ff., 33 ff., 357 ff.

88 Vgl. zum Ganzen: *Vach*, S. 8 ff.; *Perker*, S. 3 ff.

89 *Meyer-Löwy/Poertzgen/de Vries*, ZInsO 2005, 293.

90 *Perker*, S. 114; *Milman/Durrant*, Corporate Insolvency: Law and Practice, S. 56.

91 *Finch*, Corporate Insolvency Law, S. 556.

Arbeitsvertrag automatisch mit der Übertragung des Unternehmens.[92] Erwähnenswert ist ferner, dass nach Sec. 188 ff. *Trade Union Labour Relations (Consolidation) Act 1992* der Arbeitgeber frühzeitig die Arbeitnehmervertreter konsultieren muss, wenn er beabsichtigt, mehr als 20 Arbeitnehmer aus wirtschaftlichen Gründen zu entlassen. Dies soll dem Arbeitgeber und den Arbeitnehmervertretern Gelegenheit geben, Maßnahmen zu treffen, Entlassungen noch zu verhindern oder sonstige negative Konsequenzen zu vermeiden.[93]

Im Hinblick auf die Einordnung der Entgeltansprüche der Arbeitnehmer sieht Sec. 175, 386, Sched. 6 Para. 9 IA 1986 vor, dass die Arbeitnehmer für die letzten vier Monate vor Eröffnung des Verfahrens bis zu einem derzeitigen Höchstbetrag von £ 800[94] bevorrechtigt sind (*preferential debts)*. Darüber hinausgehende Ansprüche der Arbeitnehmer sind nicht bevorrechtigte Forderungen im letzten Rang.[95] Eine Besonderheit besteht, falls im Rahmen des Insolvenzverfahrens[96] ein Zwangsverwalter (*adminstrative receiver* – Sec. 42 IA 1986) bestellt wird. Dieser ist für jeden von ihm übernommenen (*adopted*) Arbeitsvertrag persönlich haftbar (Sec. 44 IA 1986).[97]

Damit ist ein Arbeitnehmer in der Insolvenz seines Arbeitgebers bei rückständigem Lohn grundsätzlich nur mit einem geringen Teil seiner Forderungen privilegiert.

IV. Gesetzliche Absicherungsmechanismen

Als besondere Absicherung im Falle der Insolvenz des Arbeitgebers sieht das Arbeitsrecht in Sec. 182 ERA 1996 eine gesetzliche Garantiezahlung des *National Insurance Fund* vor. Dazu müssen der Arbeitgeber im Sinne von Sec. 182, 183 ERA 1996 „insolvent", der Arbeitsvertrag des Arbeitnehmers beendet worden sein und zu einem bestimmten Zeitpunkt (Sec. 185 ERA 1996) offene Lohnzahlungen (Sec. 184 ERA 1996) bestehen. Sind diese Voraussetzungen erfüllt, kann der Arbeitnehmer ausstehenden Lohn für maximal acht

---

92 *Finch*, Corporate Insolvency Law, S. 557; *Nokes v. Doncaster Amalgamated Collieries Limited* [1940] AC 1014.

93 *Finch*, Corporate Insolvency Law, S. 567.

94 Art. 4 *Insolvency Proceedings (Monetary Limits) Order 1986*; IDS Employment Law Handbook, S. 176 f.

95 *Perker*, S. 114; *Finch*, Corporate Insolvency Law, S. 554.

96 Vgl. zu den verschiedenen Verfahrensvarianten des englischen Insolvenzrechts: *Perker*, S. 15 ff.

97 *Finch*, Corporate Insolvency Law, S. 555 f.; *Perker*, S. 115.

Wochen und in einer Höhe von derzeit bis zu £ 290[98] pro Woche beanspruchen (Sec. 186 ERA 1996).

Folgt aus der Insolvenz des Arbeitgebers der Verlust des Arbeitsplatzes, können arbeitsfähige Arbeitnehmer, die dem Arbeitsmarkt zur Verfügung stehen und tatsächlich Arbeit suchen, eine sog. *jobseeker's allowance* beanspruchen.[99] Diese wird vom *Departement of Work and Pensions* für maximal 182 Tage ausgezahlt.

98 Dieser Betrag wird jährlich neu festgesetzt und beträgt seit dem 1. Februar 2006 £ 290, vgl. die Angaben des *Department of Trade and Industry*, abrufbar unter: http://www.dti.gov.uk/er/pay/limits-pl827b.htm#2.

99 Die genauen Anforderungen können bei den Arbeitsämtern (*jobcenterplus) unter: http://www.jobcentreplus.gov.uk/JCP/Customers/WorkingAgeBenefits/Jobseekerallowance/index.html oder* beim *Department of Social Development* unter: http://www.dsdni.gov.uk/index/ssa/benefit_information/a-z_of_benefits/jobseekers_allowance_gbi/jobseekers_allowance_general_info.htm abgerufen werden.

§ 3 System der gesetzlichen und betrieblichen Alterssicherung in England

Der englischen Altersversorgung[100] liegt zunächst eine gesetzliche Altersrente zu Grunde, die als *Basic Retirement Pension* bezeichnet wird. Deren gesetzliche Grundlagen finden sich vor allem im *Social Security Contributions and Benefits Act 1992* (SSCBA 1992) und dem *Pensions Act 1995* (PA 1995). Sie wird an Männer ausbezahlt, die das 65. Lebensjahr vollendet (Sec. 122 SSCBA 1992, Sched. 4 Para. 1 PA 1995) und mindestens 44 Jahre gearbeitet und Sozialversicherungsbeiträge geleistet haben. Frauen können diese Sozialleistung bereits mit Ablauf des 60. Lebensjahres beanspruchen (Sec. 122 SSCBA 1992, Sched. 4 Para. 1 PA 1995), wenn Sie mindestens 39 Jahre gearbeitet und in dieser Zeit Sozialversicherungsbeiträge einbezahlt haben.[101]

Zusätzlich erwerben die Beitragszahler einen gehaltsbezogenen Pensionsanspruch aus der *Additional State Pension* (Sec. 44 SSCBA 1992), dem sog. *State Earnings Related Pension Scheme*, der im April 2002 in die sog. *State Second Pension* umbenannt worden ist.[102] Allerdings ist es möglich, aus dieser staatlichen Zusatzversorgung auszutreten (*contracting out)*, wenn die ersparten Beiträge in einen betrieblichen oder persönlichen Pensionsplan einbezahlt werden.[103]

Bei einem betrieblichen und persönlichen Pensionsplan handelt es sich um eine freiwillige Form der Alterssicherung, die unter bestimmten Bedingungen durch steuerliche Anreize staatlich gefördert wird. Der Arbeitgeber kann unter bestimmten Voraussetzungen seine Beiträge zur Betriebsrente von der Gewerbesteuer (*corporation tax*) voll absetzen. Auch die Arbeitnehmer erhalten die Möglichkeit, ihre Beiträge zur Altersversorgung einkommensteuerwirksam abzusetzen.[104] Geschützt werden die einbezahlten Beiträge für ein *occupational pension scheme* durch den *Pension Protection Fund* (Sec. 120 ff. *Pensions Act 2004*).

---

100 Vgl. zur Altersversorgung in England: *Rechmann*, Alterssicherung in der Europäischen Union VI – Alterssicherung in Großbritanien und Irland; *Stein/Rabe v. Pappenheim*, S. 113 f. Vgl. im Übrigen die Übersicht *NP 46* der Organisation *The Pension Service* (Teil des *Department of Work and Pensions*), abrufbar unter: http://www.thepensionservice.gov.uk/pdf/np46/np46apr05.pdf oder die weiteren Angaben des *Department of Work and Pensions*, abrufbar unter: http://www.dwp.gov.uk/lifeevent/penret/.

101 *Rechmann*, S. 94 ff.

102 *Rechmann*, S. 96.

103 *Rechmann*, S. 108.

104 Vgl. dazu: *Stein/Rabe v. Pappenheim*, S. 114.

Um dem auch in England eintretenden demographischen Wandel zu begegnen, der für einen gleich bleibenden oder gar sinkenden Personenkreis von Beitragszahlern zur Sozialversicherung gegenüber einer steigenden Anzahl von Leistungsbeziehern eine sich ständig erhöhende Belastung bedeutet, besteht für die rentenversicherten Personen die Möglichkeit, sowohl den Eintritt in die staatliche, als auch in die betriebliche Altersrente hinauszuzögern.[105] Unter dem Stichwort *flexible retirement* oder *phased retirement* können sich die Versicherten entscheiden, ob sie teilweise oder vollständig den Bezug von Rentenleistungen verlagern, um weiterhin in Voll- oder Teilzeit berufstätig zu sein. Für die Sozialkassen soll dies den positiven Effekt bewirken, dass möglichst viele Beitragszahler im Sozialversicherungssystem gehalten werden. Im Hinblick auf die Arbeitgeber soll erreicht werden, dass diese weiterhin auf die Erfahrungen und Talente älterer Arbeitnehmer zurückgreifen können, während der Generationenwechsel im Betrieb vorangetrieben wird. Für den Arbeitnehmer bietet sich die Möglichkeit, entsprechend der eigenen Leistungsfähigkeit schrittweise aus dem Erwerbsleben auszuscheiden.

---

105 Vgl. die Studie „*Simplicity, security and choice, working and saving for Retirement*" des *Department of Work and Pensions*, abrufbar unter: http://www.dwp.gov.uk/resourcecenter/archive, die Veröffentlichung der Organisation *The Pension Service „Flexible Retirement – deferring your State Pension", abrufbar unter:* http://www.thepensionservice.gov.uk/aboutus/2005/feb/spd.asp, und die Veröffentlichung der Organisation *Age Positive* (Teil des *Department of Work and Pensions)*, abrufbar unter: http://www.agepositive.gov.uk/lifecycle.cfm?sectionID=41&id=6.

§ 4 Zusammenfassung

Die Übersicht zur Situation der Altersteilzeitarbeit in England hat gezeigt, dass es dort derzeit keine gesetzlich geregelte und auch keine weit verbreitete Praxis der Alterteilzeitarbeit gibt.

Im Rahmen des Konzepts der *annual hours* kann allerdings auch in England die Situation auftreten, dass Arbeitnehmer Vorleistungen gegenüber ihrem Arbeitgeber erbringen, für die sie erst zu einem späteren Zeitpunkt bezahlt werden sollen. Ein Existenz gefährdender Verlust dieser Arbeitsleistungen in Folge der Insolvenz des Arbeitgebers ist jedoch auf Grund des relativ geringen Umfanges der Vorleistungen nicht zu befürchten.

Ferner konnte festgestellt werden, dass das Arbeitsrecht im ansonsten stark vom Richterrecht geprägten England weitgehend kodifiziert ist. Die Eröffnung des Insolvenzverfahrens bleibt für das Arbeitsverhältnis grundsätzlich ohne Folge, wenngleich der Arbeitnehmer infolgedessen verstärkt mit einer betriebsbedingten Kündigung rechnen muss. Im Hinblick auf die insolvenzrechtliche Einordnung der Arbeitnehmeransprüche sieht der IA 1986 verschiedene Privilegierungen für Teile der Arbeitnehmerforderungen vor.

Sollte es in der zukünftigen Entwicklung Englands zu einem Einsatz von langfristigen Arbeitszeitkonten kommen, bieten dennoch weder diese insolvenzrechtlichen Privilegierungen noch die gesetzlichen Garantiezahlungen des *National Insurance Fund* eine ausreichende Sicherung dieser umfangreichen Vorleistungen. Demnach müssten weitergehende Sicherungsmaßnahmen getroffen werden.

Auch in England wird der demographische Wandel, der für die Sozialkassen und in der Folge für die Beitragszahler eine immer höhere Belastung bedeutet, mit Sorge betrachtet. Um diesem Problem zu begegnen, streben die Engländer eine Lösung an, die den flexiblen Eintritt in den Ruhestand vorsieht. Mit Erreichen des Renteneintrittsalters kann dann der Versicherte entscheiden, ob er in den Ruhestand tritt, weiterhin in Vollzeit arbeitet oder sich im Rahmen eines Teilzeitprogramms schrittweise aus dem Erwerbsleben verabschiedet. Aus Sicht der Sozialkassen soll dadurch eine möglichst große Zahl von Beitragszahlern im Sozialversicherungssystem gehalten werden.

Teil III Insolvenzsicherung der Altersteilzeitarbeit in Deutschland

§ 1 Rechtlicher Rahmen der Altersteilzeit in Deutschland

Allgemein kann man die Altersteilzeit als die vor dem Eintritt in den Ruhestand auf einen Teil der Arbeitszeit beschränkte Arbeit definieren.[106] Dabei ist nach deutschem Recht ein Arbeitnehmer in Teilzeit beschäftigt, wenn dessen regelmäßige Wochenarbeitszeit kürzer ist als die eines vergleichbaren vollzeitbeschäftigten Arbeitnehmers (§ 2 Abs. 1 S. 1 TzBfG).[107]

Von dieser einleitenden Definition ausgehend, werden nun zunächst die im Rahmen der Altersteilzeit vielfach entstehenden so genannten Wertguthaben nach § 7 Abs. 1a SGB IV vorgestellt. Sodann wird auf die gesetzlich geförderte und anschließend auf die gesetzlich nicht geförderte Altersteilzeit eingegangen. Dabei werden jeweils Entwicklung, Voraussetzung und Erscheinungsform näher erläutert. Schließlich wird eine insolvenzrechtliche Einordnung der Ansprüche aus den Arbeitszeitkonten und der sog. Aufstockungsleistungen nach dem ATG vorgenommen.

I. Wertguthaben nach § 7 Abs. 1a SGB IV

1. Allgemeines

Ein Wertguthaben nach § 7 Abs. 1a SGB IV entsteht entsprechend der gesetzlichen Definition, wenn in Zeiten, in denen der Arbeitnehmer von der Arbeitsleistung freigestellt ist, Arbeitsentgelt fällig wird, das mit einer vor oder nach dieser Zeit erbrachten Arbeitsleistung erzielt wird.[108] Danach sind folglich sowohl positive als auch negative Wertguthaben denkbar.[109] Dies entspricht der Idee flexibler Arbeitszeitmodelle unter Verwendung zivilrechtlicher Arbeitszeitkonten, die bei gleich bleibender Lohnzahlung ungleichmäßige Arbeitsbelastungen ausgleichen wollen.[110] Für das Entstehen von positiven Wertguthaben sind damit Arbeitsleistungen notwendig, für die der Arbeitnehmer zunächst nicht bezahlt wird. Aus der Sicht des Arbeitnehmers ist der Zweck des positiven

---

106 Vgl. *Köbler*, Juristisches Wörterbuch, S. 14; *Creifelds*, Rechtswörterbuch, S. 45 f.

107 *Hauck/Noftz/Sehnert*, SGB VI, K § 7 Rn. 29.

108 *Knospe*, NZA 2006, 187.

109 *Hauck/Noftz/Sehnert*, SGB VI, K § 7 Rn. 29.

110 Vgl. ausführlich zu dem zivilrechtlichen Begriff der Arbeitszeitkonten: *Kroll*, S. 38 ff.

Wertguthabens im Rahmen eines Altersteilzeitprogramms, durch vorgeleistete Arbeit Zeiten der Freistellung zu finanzieren.[111]

Diese Wertguthaben bzw. Arbeitszeitkonten lassen sich in Zeit- oder Geldkonten einteilen.[112] Bei Zeitkonten wird das Mehr an erbrachter Arbeitsleistung durch die Gutschrift von Stunden und Minuten ausgedrückt und später in das entsprechende Entgelt umgewandelt.[113] Bei Geldkonten wird der Überschuss an Arbeitsleistung sogleich in Geldbeträgen ausgewiesen, der regelmäßig mit einem bestimmten Prozentsatz verzinst wird.[114] Im Rahmen des Sozialversicherungsrechts ist es jedoch gleichgültig, welche Kontenform von den Arbeitsvertragsparteien gewählt wird. Beide Arten werden allgemein als Wertguthaben bezeichnet (§ 7 Abs. 1a S. 1 SGB IV).[115] Die Unterscheidung wirkt sich vor allem bei der Berücksichtigung von Lohnsteigerungen je gearbeiteter Zeiteinheit aus. Da diese Frage für die vorliegende Arbeit jedoch nicht von Relevanz ist, wird von einer Vertiefung abgesehen.[116]

2. Negatives Wertguthaben

Für die vorliegende Arbeit sind ausschließlich positive Wertguthaben oder Gutschriften auf Arbeitszeitkonten von Bedeutung, da nur diese von einer Arbeitgeberinsolvenz bedroht sein können. Dennoch soll kurz auf die insolvenzrechtliche Konsequenz einer Arbeitgeberinsolvenz für den Fall eingegangen werden, dass der Arbeitnehmer ein negatives Wertguthaben oder Arbeitszeitkonto angehäuft haben sollte.

---

111 *Hauck/Noftz/Sehnert*, SGB VI, K § 7 Rn. 34a. Vgl. zur einkommensteuerrechtlichen Behandlung von Wertguthaben: unten S. 114.

112 *Kroll*, S. 58 ff.; *Schaub/Schaub*, ArbR-Hdb., 11. Aufl. 2005, § 160 Rn. 42; *Hauck/Noftz/Sehnert*, SGB VI, K § 7 Rn. 34; *Betz*, DB 2001, 215; *Vogel/Neufeld*, ZIP 2004, 1938, 1941.

113 *Kroll*, S. 61; *Wiezer*, S. 35.

114 *Kroll*, S. 62; *Schaub/Schaub*, ArbR-Hdb., § 160 Rn. 42 ff.; *Bichelmeier/Engberding/Oberhofer*, Insolvenzhandbuch, S. 406; *Betz*, DB 2001, 215 ff.

115 *Hauck/Noftz/Sehnert*, SGB IV, K § 7 Rn. 34; *Gussone/Voelzke/Voelzke*, Altersteilzeitrecht, 2000, B., Rn. 41.

116 Vgl. zu dieser Thematik: *Kroll*, S. 62 ff.; *Betz*, DB 2001, 215 ff.

Klargestellt sei entgegen *Knospe*[117], dass auch ein „umgedrehtes" Blockmodell – die Freistellungsphase geht einer Arbeitsphase voraus – die Voraussetzungen der §§ 2, 3 ATG erfüllen kann. § 2 Abs. 1 Nr. 2, Abs. 2 S. 1 Nr. 1 ATG fordert für die gesamte Altersteilzeit eine durchschnittliche Halbierung der bisherigen wöchentlichen Arbeitszeit.[118] Wann der Arbeitnehmer auf Grund der schriftlichen Altersteilzeitvereinbarung seine Arbeitsleistungen im genannten Umfang erbringt, ist für die gesetzliche Altersteilzeit ohne Bedeutung.

Befand sich ein Arbeitnehmer bei Eröffnung des Insolvenzverfahrens über das Vermögen seines Arbeitgebers in einer Freizeitphase, ohne zuvor korrespondierende Arbeitsleistungen erbracht zu haben, kann der Insolvenzverwalter bei Betriebsfortführung die Erbringung der vereinbarten Arbeitsleistungen fordern. Wird das Arbeitsverhältnis in Folge der Insolvenz beendet, wird die Erbringung der Arbeitsleistungen im Sinne von § 275 Abs. 1 BGB unmöglich. Einen Schadensersatzanspruch aus §§ 280 Abs. 1, Abs. 3, 283 BGB kann der Insolvenzverwalter gegenüber dem Arbeitnehmer nicht geltend machen, da der Arbeitnehmer die Unmöglichkeit nicht zu vertreten hat. Sofern der Arbeitsvertrag keine ausdrückliche Rückzahlungsvereinbarung für den Fall der vorzeitigen Beendigung des Arbeitsverhältnisses enthält[119], kann in der Arbeitszeitvereinbarung jedoch die konkludente Verpflichtung der Arbeitsvertragsparteien gesehen werden, das Arbeitszeitkonto mit Beendigung des Arbeitsvertrages auszugleichen.[120] Ein Rückzahlungsanspruch soll jedoch dann ausgeschlossen sein, wenn der Arbeitgeber das von ihm zu tragende Wirtschaftsrisiko aus seiner Geschäftstätigkeit durch einen Rückzahlungsanspruch auf den Arbeitnehmer abwälzen könnte.[121] Dem ist zuzustimmen.

---

117 *Knospe*, NZA 2006, 187, 189, der davon ausgeht, dass im Rahmen der gesetzlichen Altersteilzeit auf Grund der §§ 2, 3 ATG die Arbeitsphase zwingend der Freistellungsphase vorangehen müsse. Anderenfalls läge keine wirksame Altersteilzeitvereinbarung mehr vor.

118 Vgl. BAG NZA 2004, 606, 609 f.; *Leisbrock*, S. 59. Vgl. zu den Voraussetzungen der gesetzlich geförderten Altersteilzeit: sogleich unten S. 78 ff. und S. 13.

119 Vgl. zur Wirksamkeit von Rückzahlungsvereinbarungen: *Kroll*, S. 143 ff., 183.

120 BAG, Urteil vom 13.12.2000, 5 AZR 334/99; *Kroll*, S. 143 ff.

121 Vgl. zum Ganzen: *Kroll*, S. 160 ff.

II. Gesetzlich geförderte Altersteilzeit

1. Entwicklung der gesetzlich geförderten Altersteilzeit

In Art. 1 des Gesetzes zur Förderung eines gleitenden Übergangs in den Ruhestand vom 23. Juli 1996[122] war das derzeit gültige Altersteilzeitgesetz (ATG) enthalten. Es löste das Gesetz zur Förderung eines gleitenden Übergangs älterer Arbeitnehmer in den Ruhestand (Altersteilzeitgesetz) vom 20. Dezember 1988[123] ab[124], das auf Grund verschiedener Schwächen nicht den erhofften Erfolg brachte.[125]

Das ATG wurde mit Wirkung zum 1. August 1996 verkündet und fördert durch die Gewährung von Erstattungsleistungen der Bundesagentur für Arbeit die Altersteilzeit von Arbeitnehmern, die das 55. Lebensjahr vollendet haben (§§ 1 Abs. 2, 2 Abs. 1 S. 1 Nr. 1, 4 Abs. 1 ATG).[126] Der Arbeitgeber erhält auf der Grundlage des ATG von der Bundesagentur für Arbeit Ersatz für Zahlungen, mit denen er zuvor das Altersteilzeitentgelt eines Arbeitnehmers um mindestens 20 Prozent aufgestockt (§ 3 Abs. 1 S. 1 Nr. 1 lit. a ATG) und zusätzliche Beiträge zu dessen gesetzlicher Rentenversicherung erbracht hat (§ 3 Abs. 1 S. 1 Nr. 1 lit. b ATG). Somit erhält nur der Arbeitgeber und nicht der Arbeitnehmer Förderleistungen der Bundesagentur für Arbeit (§§ 1 Abs. 2, 4 ATG). Diese Konzeption ist von *Rittweger* daher als Umwegfinanzierung der Altersteilzeiteinkommen der Arbeitnehmer bezeichnet worden.[127] Die Förderung ist zeitlich befristet und wird ab dem 1. Januar 2010 nur noch gewährt werden, wenn die

---

122 BGBl. I S. 1078; Art. 1 des *Gesetzes zur Förderung eines gleitenden Übergangs in den Ruhestand*, das ATG, wurde seit seinem Inkrafttreten mehrfach geändert. Besonders bekannt sind in diesem Zusammenhang das *Dritte* und *Vierte Gesetz für Moderne Dienstleistungen am Arbeitsmarkt* (Hartz III und Hartz IV) vom 23. und 24. Dezember 2003 (BGBl. I S. 2848, 2910 und BGBl. I S. 2954, 2993). Zuletzt wurde das ATG durch Art. 14 des *Gesetzes zur Intensivierung der Bekämpfung der Schwarzarbeit und damit zusammenhängender Steuerhinterziehung* vom 23. Juli 2004, BGBl. I S. 1842, 1854 geändert.

123 BGBl. I S. 2343, 2348.

124 BGBl. I S. 1078, 1087.

125 Vgl. *Rittweger/Petri/Schweikert/Rittweger*, Altersteilzeit, 2. Aufl. 2002, A., Vorb. § 1 ATG Rn. 9; *Leisbrock*, S. 6 f.; *Recht*, NZS 1996, 552, 553. Vgl. zum diesem ersten Altersteilzeitgesetz: *Braun*, S. 15 ff.

126 Begr. RegE zum ATG, BR-Drucks. 208/96 S. 24; *Schaub/Schaub*, ArbR-Hdb., § 44 Rn. 122.

127 *Rittweger*, NZA 1998, 918, 919. Ebenso *Diller*, NZA 1996, 847, 848.

Voraussetzungen der gesetzlichen Altersteilzeit vor diesem Zeitpunkt erstmals vorgelegen haben (§ 16 ATG).

Hauptgrund für den Erlass des *Gesetzes zur Förderung eines gleitenden Übergangs in den Ruhestand* – und damit auch des ATG – war das Bestreben, eine sozialverträglichere Alternative zu der in den neunziger Jahren gängigen betrieblichen Praxis der Frühverrentung zu schaffen, die die gesetzliche Renten- und Arbeitslosenversicherung finanziell stark belastete.[128] Unter der bis zum 31. Juli 1996 geltenden Rechtslage hatten gesetzlich rentenversicherte Personen, die das 60. Lebensjahr vollendet hatten, gemäß § 38 SGB VI a. F.[129] schon vor Erreichen des Regelalters von 65 Jahren (§ 35 Nr. 1 SGB VI) einen Anspruch auf ungeminderte[130] Altersrente, wenn sie arbeitslos und innerhalb der letzten eineinhalb Jahre vor Beginn der Rente für 52 Wochen arbeitslos gemeldet waren. Zusätzlich mussten sie gewisse Pflichtbeitrags- und Wartezeiten erfüllt haben. Jene in den 90er Jahren in großem Umfang von Betrieben zur Veränderung ihrer Personalstruktur durchgeführte Inanspruchnahme der rentenrechtlichen Ausnahmeregelung des § 38 SGB VI a. F. – Altersrente wegen Arbeitslosigkeit –, setzte die Bundesanstalt für Arbeit und die gesetzliche Rentenversicherung großen finanziellen Belastungen aus.[131] Das zahlreiche Ausscheiden älterer Arbeitnehmer aus dem Erwerbsleben – bei Vorliegen eines besonderen Kündigungsschutzes vielfach gegen Erhalt einer Abfindung[132] – hatte für die Sozialversicherungen zum einen den Ausfall von Beitragszahlungen zur Folge. Zum anderen entstanden bei den Sozialkassen durch die Zahlung von Arbeitslosengeld und durch den vorgezogenen Rentenbezug stark erhöhte Kosten.[133] Dies hätte letztlich nur durch höhere Beitragssätze zu den Sozialver-

---

128 Begr. RegE des *Gesetzes zur Förderung eines gleitenden Übergangs in den Ruhestand*, BR-Drucks. 208/96, S. 22 f.; *Hauck/Noftz/Klattenhoff*, SGB VI, K § 38 Rn. 2b; *Recht*, NZS 1996, 552.

129 Zum 1. Januar 2000 wurde § 38 SGB VI aufgehoben und im Wesentlichen als § 237 Abs. 1 SGB VI übernommen (*Gesetz zur Reform der gesetzlichen Rentenversicherung* [*Rentenreformgesetz 1999 – RRG 1999*] vom 16. Dezember 1997, BGBl. I S. 2998), vgl. GK-SGB VI/*Kreikebohm*, § 237 Rn. 3, 9.

130 *Hauck/Noftz/Klattenhoff*, SGB VI, K § 38 Rn. 2a; GK-SGB VI/*Seiter*, § 77 Rn. 7.

131 *Hauck/Noftz/Klattenhoff*, SGB VI, K § 38 Rn. 2b; *Recht*, NZS 1996, 552; Begr. RegE des *Gesetzes zur Förderung eines gleitenden Übergangs in den Ruhestand*, BR-Drucks. 208/96, S. 22 f.

132 *Hauck/Noftz/Klattenhoff*, SGB VI, K § 38 Rn. 2a.

133 Begr. RegE des *Gesetzes zur Förderung eines gleitenden Übergangs in den Ruhestand*, BR-Drucks. 208/96, S. 23: Kostenbeispiel; *Hauck/Noftz/Klattenhoff*, SGB VI, K § 38 Rn. 2a.

sicherungen aufgefangen werden können, wodurch die gesamte Volkswirtschaft belastet worden wäre.[134]

Um dieser negativen Entwicklung entgegenzuwirken, erließ der Gesetzgeber das ATG und nahm verschiedene Änderungen des Rentenversicherungsrechts vor. So führte er in Art. 2 Nr. 4 des *Gesetzes zur Förderung eines gleitenden Übergangs in den Ruhestand*, zeitgleich mit dem Erlass des ATG, eine weitere Anspruchsalternative für einen früheren Bezug der gesetzlichen Rente in § 38 SGB VI ein (§ 1 ATG, § 38 S. 1 Nr. 2 SGB VI a. F.).[135] Demnach war ein vorzeitiger Eintritt in die Altersrente nicht nur nach einjähriger Arbeitslosigkeit möglich, sondern auch dann, wenn der Arbeitnehmer vor Rentenbeginn seine Arbeit mindestens 24 Monate in Altersteilzeit abgeleistet hatte. Dadurch erreichte der Gesetzgeber, dass der Zeitpunkt des Rentenbezugs keinen Grund mehr darstellte, die bisherige Frühverrentungspraxis weiterhin einer Altersteilzeitvereinbarung vorzuziehen.[136] Gleichzeitig legte man ab dem 1. Januar 1997 bei der Altersrente wegen Arbeitslosigkeit oder nach Altersteilzeit durch Art. 2 Nr. 5 des *Gesetzes zur Förderung eines gleitenden Übergangs in den Ruhestand* die schrittweise Anhebung der Altersgrenze von 60 auf 65 Jahre fest (§ 41 Abs. 1a SGB VI i.V.m. Anlage 19 zum SGB VI).[137] Diese Anhebung war mit dem 1. Januar 2002 beendet.[138] Möglich war zwar noch eine vorzeitige Inanspruchnahme der Altersrente ab Vollendung des 60. Lebensjahres, allerdings nur unter Berücksichtigung eines Rentenabschlags von 0,3 Prozent je Kalendermonat des vorzeitigen Renteneintritts (§§ 63 Abs. 5 SGB VI i.V.m. § 77 Abs. 2 Nr. 1 SGB VI[139]).[140]

---

134 *Hauck/Noftz/Klattenhoff*, SGB VI, K § 38 Rn. 2b; Begr. RegE des *Gesetzes zur Förderung eines gleitenden Übergangs in den Ruhestand*, BR-Drucks. 208/96, S. 23.

135 *Hauck/Noftz/Klattenhoff*, SGB VI, K § 38 Rn. 32a.

136 *Boecken*, NJW 1996, 3386.

137 *Hauck/Noftz/Klattenhoff*, SGB VI, K § 41 Rn. 3. Durch das *Gesetz zur Reform der gesetzlichen Rentenversicherung* (*Rentenreformgesetz 1992 – RRG 1992*) vom 18. Dezember 1989, BGBl. I S. 2261, wurde bereits eine Anhebung der Altersgrenzen eingeleitet, die allerdings erst ab 1. Januar 2001 beginnen sollte. Es trat damit eine Beschleunigung der Altersanhebung ein.

138 GK-SGB VI/*Kreikebohm*, § 237 Rn. 22; *Rittweger/Petri/Schweikert/Rittweger*, Altersteilzeit, A., Einleitung Rn. 13; *Boecken*, NJW 1996, 3386, 3386. Vgl. verschiedene Tabellen zur Anhebung der Altersgrenzen bei: *Stief*, Altersteilzeit in der Praxis, S. 109 ff.

139 Ab dem 1. Januar 2001: § 77 Abs. 2 Nr. 2 lit. a SGB VI.

140 Dieser Rentenabschlag war auf die Regelungen des *Rentenreformgesetzes 1992* zurückzuführen.

Im Rahmen des *Gesetzes zur Reform der gesetzlichen Rentenversicherung (Rentenreformgesetz 1999 – RRG 1999)* vom 16. Dezember 1997[141] wurden § 38 SGB VI und § 41 Abs. 1a SGB VI mit Wirkung zum 1. Januar 2000 aufgehoben und im Wesentlichen als § 237 Abs. 1 SGB VI bzw. als § 237 Abs. 3 SGB VI i.V.m. Anlage 19 zum SGB VI übernommen.[142] Unter Berücksichtigung des oben genannten Abschlags (§ 63 Abs. 5 SGB VI i.V.m. § 77 Abs. 2 Nr. 1 SGB VI) ist nach § 237 Abs. 3 S. 2 SGB VI nun nur noch Versicherten, die vor dem 1. Januar 1952 geboren wurden, die vorzeitige Inanspruchnahme der Altersrente ab Vollendung des 60. Lebensjahres wegen Arbeitslosigkeit oder nach Altersteilzeit gestattet.[143] Der Rentenabschlag kann bis zu 18 Prozent der Rentenhöhe betragen.[144] Durch diese Maßnahmen wurde erreicht, dass eine dennoch vorgenommene Frühverrentung nicht mehr zu Lasten der Rentenkassen geht, sondern sich nur noch auf die Rentenhöhe der einzelnen Versicherten auswirkt.

Die Attraktivität der Altersrente wegen Arbeitslosigkeit wurde somit insgesamt verringert und im Gegenzug die der Altersrente nach Altersteilzeit erhöht. Entscheiden sich Arbeitgeber und Arbeitnehmer nun für die Altersteilzeit, befindet sich der Arbeitnehmer für die Dauer der gesamten Altersteilzeit in einem sozialversicherungspflichtigen Beschäftigungsverhältnis[145] und erwirbt weiterhin Rentenanwartschaften. Auf Grund des späteren Rentenbeginns fallen außerdem wesentlich geringere Abschläge auf die Rentenhöhe an. Darüber hinaus erfährt der Arbeitnehmer auch während der gesetzlich geförderten Altersteilzeit auf Grund der Arbeitszeitverringerung keine allzu großen finanziellen Einbußen. Er erhält indirekt eine staatliche Förderung, die seine Bezüge dem ehemaligen

---

141 BGBl. I S. 2998.

142 BGBl. I S. 2998, 3000, 3010, 3037.

143 *Hauck/Noftz/Klattenhoff*, SGB VI, K § 41 Rn. 3; *Rittweger/Petri/Schweikert/Rittweger*, Altersteilzeit, A., Einleitung Rn. 13.

144 *Rittweger/Petri/Schweikert/Rittweger*, Altersteilzeit, A., Einleitung Rn. 13; *Stief*, Altersteilzeit in der Praxis, S. 108; Dieser Prozentsatz ergibt sich aus der Anzahl der Kalendermonate, die die Altersrente vor Vollendung des 65. Lebensjahres in Anspruch genommen wird (frühestens ab Vollendung des 60. Lebensjahres), multipliziert mit 0,3 %, maximal also: 5 Jahre x 12 Monate x 0,3 % = 18 %.

145 Zur Beschäftigung im Sinne der Sozialversicherung, vgl. § 2 Abs. 2 S.2 ATG a. F. bzw. seit 1. Januar 1998: § 7 Abs. 1a SGB IV, eingeführt durch Art. 1 Nr. 1 des *Gesetzes zur sozialrechtlichen Absicherung flexibler Arbeitszeitregelungen* vom 6. April 1998.

Vollzeitentgelt annähern und die gleichzeitig als steuerfreies Einkommen qualifiziert werden.[146]

2. Voraussetzungen der gesetzlich geförderten Altersteilzeit

Rechtsgrund der gesetzlich geförderten Altersteilzeit ist das schon mehrfach erwähnte ATG. Es regelt u. a. die individuellen Voraussetzungen auf Arbeitnehmer- und Arbeitgeberseite (§§ 2, 3 ATG), die für das Abrufen der Erstattungsleistungen der Bundesagentur für Arbeit notwendig sind (§ 4 ATG). Derzeit müssen für einen Anspruch auf Förderung nach dem ATG gegenüber der Bundesanstalt für Arbeit folgende Voraussetzungen erfüllt sein:

a) Arbeitnehmerseite (§ 2 ATG)

- Der Arbeitnehmer muss bei Beginn des Altersteilzeitverhältnisses das 55. Lebensjahr vollendet haben (§ 2 Abs. 1 Nr. 1 ATG).

- Der Arbeitnehmer hat eine schriftliche einzelvertragliche Vereinbarung mit seinem Arbeitgeber hinsichtlich der Altersteilzeitbeschäftigung abgeschlossen, wobei die Altersteilzeit zwingen nahtlos in die Altersrente führt (§ 2 Abs. 1 Nr. 2 ATG). Das Schriftformerfordernis folgt zum einen aus § 623 BGB, da in einem Altersteilzeitvertrag eine zulässige Befristung eines Arbeitsverhältnisses (§ 8 Abs. 3 ATG) liegt[147], zum anderen verlangt auch § 7 Abs. 1a Nr. 1 SGB IV eine schriftliche Vereinbarung, damit während einer möglichen Freistellung von der Arbeit im Rahmen des Altersteilzeitprogramms eine Beschäftigung im Sinne der Sozialversicherung gegeben ist.

Inhaltlich sind die Parteien verpflichtet, die bisherige wöchentliche Arbeitszeit, definiert in § 6 Abs. 2 ATG, bis zum frühest möglichen Bezug einer Altersrente durchschnittlich auf die Hälfte zu reduzieren (§ 2 Abs. 1 Nr. 2 ATG). Während dieser Zeit muss der Arbeitnehmer weiterhin sozialversicherungspflichtig im Sinne des SGB III (§§ 24 – 28 SGB III) beschäftigt sein (§ 2 Abs. 1 Nr. 2 ATG).

- Der Altersteilzeitarbeitnehmer muss darüber hinaus innerhalb der letzten fünf Jahre vor Beginn der Altersteilzeit mindestens 1080 Kalendertage in einer sozialversicherungspflichtigen Beschäftigung nach dem SGB III (§§ 24 – 28 SGB III) oder nach den Vorschriften eines Mitgliedstaates, in dem die Verord-

---

[146] Vgl. zur Steuerfreiheit der Aufstockungsleistung nach § 3 Abs. 1 Nr. 1 ATG: § 3 Nr. 28 EStG.

[147] BAG DB 2004, 2534; *Rittweger/Petri/Schweikert/Rittweger*, Altersteilzeit, A., § 2 Rn. 23; *Nimscholz*, ZIP 2002, 1936.

nung (EWG) Nr. 1408/71 des Rates der Europäischen Union Anwendung findet, gestanden haben (§ 2 Abs. 1 Nr. 3 ATG).

b) Arbeitgeberseite (§ 3 ATG)

- Der Arbeitgeber muss das zu zahlende Regelarbeitsentgelt (§ 6 Abs. 1 ATG)[148] für die Altersteilzeitbeschäftigung um mindestens 20 Prozent des bisherigen pauschalierten Nettoarbeitsentgelts aufstocken (§ 3 Abs. 1 Nr. 1 lit. a ATG).

- Der Arbeitgeber hat für den Arbeitnehmer zusätzlich Beiträge zur gesetzlichen Rentenversicherung mindestens in Höhe des Beitrags zu entrichten, der auf 80 Prozent des Regelarbeitsentgelts für die Altersteilzeitarbeit entfällt. Diese zusätzliche Beitragszahlung ist jedoch auf den Unterschiedsbetrag zwischen 90 Prozent der monatlichen Beitragsbemessungsgrenze und dem Regelarbeitsentgelt begrenzt und darf höchstens bis zur Beitragsbemessungsgrenze gehen (§ 3 Abs. 1 Nr. 1 lit. b ATG).[149]

- Weiter ist der Arbeitgeber verpflichtet, aus Anlass des Übergangs des Arbeitnehmers in die Altersteilzeit auf dem freigemachten oder auf einem in diesem Zusammenhang durch Umsetzung frei gewordenen Arbeitsplatz einen arbeitslos gemeldeten oder einen von Arbeitslosigkeit bedrohten Arbeitnehmer oder einen Arbeitnehmer nach Abschluss einer Ausbildung oder bei Unternehmen mit in der Regel nicht mehr als 50 Arbeitnehmern, einen Auszubildenden sozialversicherungspflichtig im Sinne des SGB III einzustellen (sog. Wiederbesetzung nach § 3 Abs. 1 Nr. 2 lit. a und lit. b ATG).[150]

- Schließlich muss zum Schutz des Arbeitgebers seine freie Entscheidung auf Gewährung von Altersteilzeit sichergestellt sein, wenn beispielsweise durch Tarifvertrag ein Anspruch auf Altersteilzeit besteht und wenn mehr als fünf vom Hundert der Arbeitnehmer des Betriebes Altersteilzeit in Anspruch nehmen

---

148 Nach § 6 Abs. 1 ATG ist unter Regelarbeitsentgelt das während der Altersteilzeitarbeit auf einen Monat entfallende vom Arbeitgeber regelmäßig zu zahlende sozialversicherungspflichtige Arbeitsentgelt zu verstehen, soweit es die Beitragsbemessungsgrenze des SGB III (im Jahr 2005 EUR 5200/West, EUR 4400/Ost) nicht überschreitet. Entgeltbestandteile, die nicht laufend gewährt werden, wie beispielsweise Gratifikationen (Weihnachts- und Urlaubsgeld) und Prämien, sind dabei nicht zu berücksichtigen, vgl.: ErfK/*Rolfs*, ATG, § 6 Rn. 1; *Stief*, Altersteilzeit in der Praxis, S. 51 ff.

149 Vgl. zur Aufstockung der Rentenbeiträge ausführlich: *Stief*, Altersteilzeit in der Praxis, S. 61 ff.

150 Vgl. zur Wiederbesetzungspflicht ausführlich: *Stief*, Altersteilzeit in der Praxis, S. 70 ff.

wollen (§ 3 Abs. 1 Nr. 3 ATG).[151] Der Arbeitgeber hat dann das Recht, einem Arbeitnehmer die Umwandlung seines bisherigen Arbeitsverhältnisses in ein Altersteilzeitverhältnis zu verweigern.

c) Zusätzliche Anforderungen und Zusammenfassung

Sind die genannten Voraussetzungen auf Arbeitnehmer- und Arbeitgeberseite erfüllt, erstattet die Bundesagentur für Arbeit dem Arbeitgeber auf Antrag die Aufstockungsbeträge auf das Regelarbeitsentgelt (§ 6 Abs. 1 ATG) nach § 3 Abs. 1 Nr. 1 lit. a ATG sowie die zusätzlichen Beiträge zur gesetzlichen Rentenversicherung nach § 3 Abs. 1 Nr. 1 lit. b ATG (§§ 4, 12 Abs. 1 S. 1 ATG).

Nach § 2 Abs. 3, Abs. 2 Nr. 1 ATG ist es möglich, eine Altersteilzeitvereinbarung auf über sechs Jahre auszudehnen, wobei § 4 ATG jedoch klarstellt, dass eine Förderung nur für längstens sechs Jahre gewährt werden kann. Die gesetzliche Altersteilzeit, die zwingend in die Altersrente münden muss (§ 2 Abs. 1 Nr. 2 ATG), kann damit längstens 10 Jahre betragen, da ein Arbeitnehmer nicht vor Vollendung des 55. Lebensjahres in ein Altersteilzeitverhältnis wechseln kann und gemäß § 237 SGB VI i.V.m. Anhang 19 zum SGB VI bzw. § 35 SGB VI das Regelalter der Altersrente nach Altersteilzeit nunmehr bei 65 Jahren liegt.[152]

Ferner dürfen dem Arbeitnehmer aus der Inanspruchnahme der Altersteilzeit im Rahmen des Kündigungsschutzes nach dem *Kündigungsschutzgesetz* (KSchG) keine Nachteile entstehen (§ 8 Abs. 1 ATG).

Die Förderleistungen, die der Arbeitgeber unter den genannten Voraussetzungen erlangen kann, wirken sich im Hinblick auf die Lohn- und Gehaltskosten ergebnisneutral aus, da die Erstattungsleistungen als durchlaufender Posten anzusehen sind. In der Summe ist der Arbeitgeber entsprechend den erhaltenen Arbeitsleistungen auch zur Zahlung des Arbeitsentgeltes verpflichtet. Die Arbeit verbilligt sich also nicht durch die Förderleistungen. Allerdings bekommt er ein weiteres Flexibilisierungsinstrument an die Hand, um sozialverträgliche und kostenneutrale Umstrukturierungsmaßnahmen seines Personalbestandes vornehmen zu können. Die gesetzliche Altersteilzeit kann damit auch eine Alter-

---

151 *Rittweger/Petri/Schweikert/Rittweger*, Altersteilzeit, A., § 3 Rn. 133; *Ahlbrecht/Ickenroth*, BB 2002, 2440, 2443.

152 ErfK/*Rolfs*, § 2 ATG Rn. 12; *Rittweger/Petri/Schweikert/Rittweger*, Altersteilzeit, A., § 2 Rn. 57; *Leisbrock*, S. 19; *Diller*, NZA 1998, 792, 796.

native zu kostenintensiven Aufhebungsverträgen bei der Verabschiedung von unter Kündigungsschutz stehenden Arbeitnehmern sein.[153]

Ferner ist festzustellen, dass der Arbeitnehmer vom Arbeitgeber nach dem ATG nicht zur Eingehung eines Altersteilzeitverhältnisses verpflichten werden kann.[154] Allerdings gewährt das ATG dem Arbeitnehmer im Gegenzug auch keinen Anspruch auf Altersteilzeitarbeit.[155]

3. Erscheinungsformen der gesetzlichen Altersteilzeit

Die Altersteilzeitarbeit wird von § 2 Abs. 1 Nr. 1 und Nr. 2 ATG als die ab dem 55. Lebensjahr halbierte Arbeitszeit definiert.[156] Dabei kann die wöchentliche Arbeitszeit unterschiedlich verteilt werden, wenn sich nur im Durchschnitt des gesamten Förderungszeitraums eine Halbierung der wöchentlichen Arbeitszeit ergibt (§ 2 Abs. 1 Nr. 2, Abs. 2 Nr. 1, Abs. 3 ATG). Werden die Schutzbestimmungen des *Arbeitszeitgesetzes* (ArbZG) berücksichtigt[157], haben die Arbeitsvertragsparteien einen großen Spielraum bei der Verteilung der Arbeitszeit des Arbeitnehmers in Altersteilzeit.[158]

Im Folgenden werden nun das Grundmodell – kontinuierliche Verteilung der Arbeitszeit – und das Blockmodell – Gliederung der Arbeitszeit in eine Arbeits- und eine Freistellungsphase – vorgestellt.

a) Grundmodell

Beim Grundmodell wird die Arbeitszeit um 50 Prozent reduziert und gleichmäßig auf die gesamte Laufzeit der Altersteilzeit verteilt.[159] Entsprechend erhält der Arbeitnehmer neben den Aufstockungsbeträgen nach § 3 Abs. 1 S. 1 Nr. 1

---

153 *Stief*, Altersteilzeit in der Praxis, S. 23; *Abeln/Gaudernack*, BB 2005, 43.

154 *Rittweger/Petri/Schweikert/Rittweger*, Altersteilzeit, A., Vorb. § 1 Rn. 5; *Ahlbrecht/Ickenroth*, BB 2002, 2440.

155 *Rittweger/Petri/Schweikert/Rittweger*, Altersteilzeit, A., Vorb. § 1 Rn. 5; *Ahlbrecht/Ickenroth*, BB 2002, 2440.

156 *Rittweger/Petri/Schweikert/Rittweger*, Altersteilzeit, A., § 2 Rn. 29.

157 *Kroll*, S. 81 ff.; *Schaub/Schaub*, ArbR-Hdb., § 160 Rn. 49.

158 *Kroll*, S. 32; *Stief*, Altersteilzeit in der Praxis, S. 30 ff.; *Rottke*, S. 5; *Leisbrock*, S. 77; *Ahlbrecht/Ickenroth*, BB 2002, 2440.

159 *Schaub/Schaub*, ArbR-Hdb., § 44 Rn. 130; *Rittweger/Petri/Schweikert/Rittweger*, Altersteilzeit, A., Vorb. § 1 Rn. 2; *Stief*, Altersteilzeit in der Praxis, S. 30 ff.; *Rottke*, S. 35.

ATG den halbierten Lohn. Bis zum Ende der Altersteilzeitvereinbarung arbeitet der Arbeitnehmer dann zu diesen Bedingungen. Das Grundmodell entspricht der beabsichtigten Konzeption des ATG, das durch diese Halbtagstätigkeit einen gleitenden Übergang vom Arbeitsleben in die Altersrente anstrebt (§ 1 Abs. 1 ATG).[160] Dadurch wird der Wille des Gesetzgebers verwirklicht, den Arbeitnehmer mit seinen Kenntnissen und Erfahrungen während der gesamten Laufzeit der Altersteilzeit für den Betrieb zu erhalten.[161] Da der Arbeitnehmer beim Grundmodell der Altersteilzeitarbeit nicht in Vorleistung gegenüber dem Arbeitgeber tritt, ergibt sich bei dieser Variante keine besondere Gefahr eines insolvenzbedingten Verlustes der Ansprüche des Arbeitnehmers.

b) Blockmodell

In der unternehmerischen Praxis ist die verblockte Altersteilzeit derzeit die am häufigsten auftretende Erscheinungsform.[162] Etwa 90 Prozent der geförderten Altersteilzeitverhältnisse sind als Blockmodell ausgestaltet.[163] Zurückzuführen ist das Blockmodell u. a. auf den Altersteilzeit-Tarifvertrag der Chemischen Industrie vom 29. März 1996, der teilweise Vorbild beim Erlass des ATG war.[164]

Bei dieser Alternative zerfällt das Altersteilzeitverhältnis in zwei gleich lange Phasen. In der ersten Phase arbeitet der Arbeitnehmer weiter zu 100 Prozent, um dann in der zweiten Phase (Freistellungsphase) keine Arbeitsleistung mehr erbringen zu müssen. Während des Arbeits- und Freizeitblocks erhält der Arbeitnehmer neben den Aufstockungsbeträgen nach § 3 Abs. 1 S. 1 Nr. 1 ATG jedoch nur 50 Prozent des bisherigen Bruttolohns.[165] Daraus ergibt sich für die gesamte Laufzeit der Altersteilzeit im Vergleich zur bisherigen Vollzeittätigkeit eine Halbierung der Arbeitszeit, so wie dies von § 2 Abs. 1 S. 1 Nr. 2 ATG ver-

---

160 Vgl. *Ahlbrecht/Ickenroth*, BB 2002, 2440.

161 Vgl. die Zielsetzung des RegE des *Gesetzes zur Förderung eines gleitenden Übergangs in den Ruhestand*, BR-Drucks. 208/96, S. 1; *Rottke*, S. 5.

162 *Rittweger/Petri/Schweikert/Rittweger*, Altersteilzeit, A., Einleitung, Rn. 1; *Stief*, Altersteilzeit in der Praxis, S. 34 ff.; *Ahlbrecht/Ickenroth*, BB 2002, 2440; *Hoß*, ArbRB 2004, 146, 147; *Hampel*, DB 2004, 706.

163 ErfK/*Rolfs*, § 2 ATG Rn. 9; *Ahlbrecht/Ickenroth*, BB 2002, 2440.

164 *Rittweger/Petri/Schweikert/Rittweger*, Altersteilzeit, A., Vorb. § 1 Rn. 18 f.

165 Vgl. zum Blockmodell insgesamt: *Rittweger/Petri/Schweikert/Rittweger*, Altersteilzeit, A., Vorb. § 1 Rn. 2; ErfK/*Rolfs*, § 2 ATG Rn. 9; *Schaub/Schaub*, ArbR-Hdb., § 44 Rn. 131; *Stief*, Altersteilzeit in der Praxis, S. 34 ff.; *Leisbrock*, S. 58; *Rottke*, S. 36; *Karvani*, S. 6 ff.; *Ahlbrecht/Ickenroth*, BB 2002, 2440; *Kerschbaumer/Tiefenbacher*, ArbuR 1998, 58.

langt wird. Durch dieses Mehr an Arbeitsleistung (50 Prozent) entsteht ein Arbeitszeitkonto bzw. Wertguthaben nach § 7 Abs. 1a SGB IV.[166]

Auf Grund der Natur des Blockmodells kann ein Anspruch auf die Förderleistungen der Bundesagentur für Arbeit grundsätzlich erst geltend gemacht werden, wenn der Arbeitnehmer in die Freistellungsphase eintritt und die kausale Wiederbesetzung erfolgt (§ 12 Abs. 3 S. 1 ATG).[167] § 3 Abs. 3 ATG stellt für das Blockmodell klar, dass der Arbeitgeber der Wiederbesetzungspflicht nach § 3 Abs. 1 Nr. 2 ATG dann entspricht, wenn er die Wiederbesetzung, anders als beim Grundmodell, nicht bereits ab Beginn der Altersteilzeit, sondern erst nach Erbringen der Altersteilzeitarbeit vornimmt. Die Höhe der Erstattung richtet sich nach den Entgeltzahlungen in der Freistellungsphase und erfolgt dann in doppelter Höhe.[168]

Der Arbeitnehmer geht damit beim Blockmodell durch das Mehr an Arbeitsleistung in der ersten Phase gegenüber dem Arbeitgeber in Vorleistung. Dadurch entsteht grundsätzlich die Gefahr des insolvenzbedingten Verlustes dieser Vorleistungen.

III. Gesetzlich nicht geförderte Altersteilzeit

Neben der gesetzlichen Altersteilzeit können die Arbeitsvertragsparteien auch eine Altersteilzeitvereinbarung treffen, die die Bildung von Wertguthaben vorsieht, aber nicht den Anforderungen des ATG entspricht.[169] Dies ist beispielsweise dann der Fall, wenn die Altersgrenzen des § 2 Abs. 1 Nr. 1 ATG nicht eingehalten werden können oder die Wiederbesetzung des Arbeitsplatzes nach § 3 Abs. 1 S. 1 Nr. 2 ATG aus wirtschaftlichen Gründen nicht möglich ist. Zu denken ist dabei vor allem an eine Freistellung von der Arbeitsleistung vor Ein-

---

166 *Schaub/Schaub*, ArbR-Hdb., § 44 Rn. 131; *Rottke*, S. 36; *Rittweger/Petri/Schweikert/Rittweger*, Altersteilzeit, B., Rn. 22; *Gussone/Voelzke/Voelzke*, Altersteilzeitrecht, B., Rn. 41, 44; *Vogel/Neufeld*, ZIP 2004, 1938, 1941.

167 Vgl. im Übrigen für Altersteilzeitfälle, die vor dem 1. Juli 2004 begonnen wurden: Ziffer 3.1.7 Abs. 3, Abs. 15 der Durchführungsanweisung der Bundesanstalt für Arbeit zum ATG (Stand: 1. Juli 2004) bzw. für Altersteilzeitfälle, die nach dem 30. Juni 2004 begonnen wurden: Ziffer 12.3 der Durchführungsanweisung der Bundesanstalt für Arbeit zum ATG (Stand 1. Oktober 2005). Ferner *Stief*, Altersteilzeit in der Praxis, S. 85; *Leisbrock*, S. 92 f.; *Rittweger/Petri/Schweikert/Rittweger*, Altersteilzeit, A., § 4 Rn. 9, § 3 Rn. 119.

168 Vgl. Ziffer 12.3 Abs. 1 der Durchführungsanweisung der Bundesanstalt für Arbeit zum ATG (Stand: 1. Juli 2004); *Ahlbrecht/Ickenroth*, BB 2002, 2440, 2443.

169 Vgl. *Karvani*, S. 9; *Knospe*, NZA 2006, 187, 188 f.

tritt in die Altersrente unter Beibehaltung der bisherigen Bezüge durch den Abbau zuvor gebildeter langfristiger Arbeitszeitkonten, wie beispielsweise den sog. Lebensarbeitszeitkonten.[170] Deren Guthaben können beispielsweise durch angesparte Urlaubsansprüche, Überstunden oder vorgeleistete Arbeit erwirtschaftet worden sein.[171] Auch diese Konten stellen Wertguthaben nach § 7 Abs. 1a SGB IV dar, weil in den Zeiten der Freistellung Arbeitsentgelt fällig wird, das mit zuvor erbrachten Arbeitsleistungen korreliert.[172] Daher besteht auch in diesem Fall auf Grund der Verwendung von Arbeitszeitkonten die Gefahr des insolvenzbedingten Verlustes der erarbeiteten Wertguthaben.

Darüber hinaus wurden durch das *Gesetz zur sozialrechtlichen Absicherung flexibler Arbeitszeitregelungen* vom 6. April 1998[173] auch sozialversicherungsrechtliche Hürden beseitigt, wodurch sich die Attraktivität der nicht geförderten Altersteilzeit erhöhte. Wird der Arbeitnehmer von der Arbeitsleistung freigestellt, stellt § 7 Abs. 1a SGB IV inzwischen klar, dass auch in diesen Zeiten, sofern Arbeitsentgelt aus Wertguthaben fällig wird, eine Beschäftigung im Sinne der Sozialversicherung vorliegt.[174] § 23b Abs. 1 S. 1 SGB IV gewährleistet ergänzend, dass das in der Freistellung vom Arbeitgeber bezahlte Arbeitsentgelt erst in diesem Moment beitragspflichtiges Entgelt im Sinne der Sozialversicherung ist (§ 23b Abs. 1 S. 1 SGB IV).[175]

IV. Insolvenzrechtliche Einordnung der Ansprüche aus den Wertguthaben

Um die Gefahr des insolvenzbedingten Verlustes von Arbeitsentgeltansprüchen aus vorgeleisteter Arbeit (Wertguthaben nach § 7 Abs. 1a SGB IV) im Rahmen der geförderten oder nicht geförderten Altersteilzeit besser beurteilen zu können, ist zu klären, wie diese Ansprüche im Falle der Insolvenz des Arbeitgebers zu

---

170 ErfK/*Wank*, § 3 ArbZG Rn. 23; *Schaub/Schaub*, ArbR-Hdb., § 160 Rn. 43; *Rittweger/Petri/Schweikert/Rittweger*, Altersteilzeit, B., Rn. 21 f; *Wellisch/Moog*, BB 2005, 1790. Vgl. zu den Lang- und Lebensarbeitszeitkonten: *Podewin*, RdA 2005, 295.

171 *Schaub/Schaub*, ArbR-Hdb., § 160 Rn. 43 ff.; *Rittweger/Petri/Schweikert/Rittweger*, Altersteilzeit, A., § 2 Rn. 61, B., Rn. 23.

172 *Rittweger/Petri/Schweikert/Rittweger*, Altersteilzeit, A., § 2 Rn. 61, B., Rn. 23; *Vogel/Neufeld*, ZIP 2004, 1938, 1941; *Podewin*, RdA 2005, 295.

173 BGBl. I S. 688.

174 Davor war strittig, ob ein freigestellter Arbeitnehmer, der während dieser Zeit Arbeitsentgelt auf Grund eines Arbeitszeitkontos bezog, in einer Beschäftigung im Sinne der Sozialversicherung (§ 7 SGB IV) stand. Vgl. dazu: *Diller*, NZA 1998, 792 f.; *Knospe*, NZS 2004, 638.

175 *Wannagat/Giesen/Weselski*, Sozialgesetzbuch, § 226 SGB V Rn. 11; *Diller*, NZA 1998, 792, 793.

qualifizieren sind. In Betracht kommt, sie als Insolvenzforderungen (§ 38 InsO) oder als Masseverbindlichkeiten (§§ 53, 55 InsO) einzuordnen. Dazu werden zunächst einige für die Einteilung notwendige Hintergründe erläutert. Danach wird auf die insolvenzrechtliche Zuordnung eingegangen.

1. Hintergründe

Wird über das Vermögen des Arbeitgebers (Insolvenzschuldner) das Insolvenzverfahren eröffnet, verliert dieser das Recht, sein zur Insolvenzmasse gehörendes Vermögen zu verwalten und darüber zu verfügen (§ 80 Abs. 1 InsO).[176] Der Insolvenzverwalter tritt im Hinblick auf die bestehenden Arbeitsverträge umfassend in die arbeitsrechtlichen Bindungen ein.[177] Abweichend zu anderen gegenseitigen Verträgen hat der Insolvenzverwalter bei bestimmten Dauerschuldverhältnissen, insbesondere Dienst- und Arbeitsverhältnissen[178], kein Erfüllungswahlrecht nach § 103 InsO. Diese Verträge bestehen vielmehr zunächst unverändert mit Wirkung für die Insolvenzmasse fort (§§ 108 Abs. 1 S. 1, 113 InsO).[179] Allerdings eröffnet § 113 InsO dem Insolvenzverwalter im Gegenzug erleichterte Kündigungsmöglichkeiten.[180]

Im Rahmen der insolvenzrechtlichen Behandlung der Wertguthaben sind die Arbeitnehmer – wie alle übrigen Gläubiger nach Eröffnung des Insolvenzverfahrens – gehalten, ihre Ansprüche unter Beachtung der insolvenzrechtlichen Bestimmungen geltend zu machen und eine Befriedigung aus der Insolvenzmasse zu suchen. Dabei können die Arbeitnehmer entweder einfache Insolvenzgläubiger (§ 38 InsO) oder privilegierte Massegläubiger (§§ 53, 55 Abs. 1 Nr. 2 InsO) sein.

---

176 FK-InsO/*App*, 4. Aufl. 2006, § 80 Rn. 5; *Bork*, Einführung in das Insolvenzrecht, Rn. 115; *Zwanziger*, Das Arbeitsrecht der Insolvenzordnung, Einleitung Rn. 22.

177 *Gottwald/Heinze/Bertram*, Insolvenzrechts-Handbuch, § 103 Rn. 23 f.; *Zwanziger*, Das Arbeitsrecht der Insolvenzordnung, Einleitung Rn. 93.

178 *Häsemeyer*, Insolvenzrecht, Rn. 20.57; *Gottwald/Heinze/Bertram*, Insolvenzrechts-Handbuch, § 103 Rn. 36; *Hess*, Insolvenzarbeitsrecht, § 113 Rn. 39.

179 MüKo/*Hefermehl*, InsO, 2001, § 55 Rn. 161; *Bork*, Einführung in das Insolvenzrecht, Rn. 172 ff.; *Foerste*, Insolvenzrecht, Rn. 82.

180 Im Rahmen der gesetzlich geförderten Altersteilzeit im Blockmodell ist jedoch zu beachten, dass das BAG mit Urteil vom 05.12.2002 – 2 AZR 571/01 – entschieden hat, dass die Betriebsstilllegung gegenüber einem Altersteilzeitarbeitnehmer, der sich bereits in der Freistellungsphase befindet, keine Kündigung aus betriebsbedingten Gründen rechtfertigt, vgl. BAG BB 2003, 1339. Befand sich der Arbeitnehmer hingegen in der Arbeitsphase, stellt die Betriebsstilllegung ein dringendes betriebliches Erfordernis im Sinne von § 1 Abs. 2 KSchG dar, das die Kündigung rechtfertigt, BAG ZIP 2005, 1842 = BAG BB 2005, 2357.

In einem Insolvenzverfahren stellen die Insolvenzgläubiger regelmäßig die größte Gruppe der Gläubiger dar.[181] Sie zeichnen sich dadurch aus, dass sie zur Zeit der Eröffnung des Insolvenzverfahrens einen begründeten Vermögensanspruch gegen den Insolvenzschuldner, eine Insolvenzforderung, haben (§ 38 InsO).[182] Dazu muss der Rechtsgrund der Forderung bereits vor Verfahrenseröffnung gelegt worden sein.[183] Unter Beachtung dieser Grundsätze regelt § 108 Abs. 2 InsO für bestimmte Dauerschuldverhältnisse, zu denen auch Arbeitsverhältnisse zählen[184], dass Zeiten vor und nach Verfahrenseröffnung zu unterscheiden sind.[185] Ansprüche „für die Zeit vor der Eröffnung des Insolvenzverfahrens" werden als Insolvenzforderungen qualifiziert (§ 108 Abs. 2 InsO). Die Behandlung eines Anspruchs als Insolvenzforderung hat zur Folge, dass diese Forderung nur in einem besonderen Verfahren (§ 87 InsO) verfolgt werden darf und dabei gemäß § 174 InsO beim Insolvenzverwalter zur Tabelle angemeldet und sodann geprüft werden muss (§§ 176 ff. InsO). Unter Beachtung des Prinzips der Gläubigergleichbehandlung[186] ist aber in der Regel nur eine quotale Befriedigung bei der Verteilung des Schuldnervermögens (§§ 187 ff. InsO) zu erreichen.[187]

Können die Forderungen der Arbeitnehmer hingegen als Masseverbindlichkeiten nach §§ 53, 55 InsO eingeordnet werden, so sind diese gemäß § 53 InsO vorweg, d.h. im Rang vor den Insolvenzgläubigern[188], und in voller Höhe aus der Insolvenzmasse zu berichtigen. Die Chance auf Erfüllung einer Masseverbindlichkeit ist daher um ein Vielfaches höher als die Chance auf Befriedigung einer Insolvenzforderung. Dies gilt allerdings nur, sofern das Verfahren nicht mangels Masse eingestellt (§ 207 InsO) oder Masseunzulänglichkeit angezeigt wird (§§ 208 f. InsO). Masseverbindlichkeiten können grundsätzlich erst nach Verfahrenseröffnung begründet werden. [189]Sie werden nicht durch den Schuldner,

---

181 *Foerste*, Insolvenzrecht, Rn. 10.

182 FK-InsO/*Schuhmacher*, § 38 Rn. 5.

183 FK-InsO/*Schuhmacher*, § 38 Rn. 12; *Nerlich/Römermann/Andres*, InsO, § 38 Rn. 13; *Uhlenbruck/Uhlenbruck*, InsO, 12. Auflage 2003, § 38 Rn. 6.

184 *Uhlenbruck/Berscheid*, InsO, § 108 Rn. 38.

185 *Seifert*, DZWIR 2004, 103, 105; FK-InsO/*Wegener*, § 108 Rn. 29.

186 MüKo/*Ehricke*, InsO, § 38 Rn. 4.

187 *Bork*, Einführung in das Insolvenzrecht, Rn. 280; *Foerste*, Insolvenzrecht, Rn. 8.

188 FK-InsO/*Schumacher*, § 53 Rn. 1; *Foerste*, Insolvenzrecht, Rn. 75.

189 Eine Ausnahme besteht bei Verbindlichkeiten, die durch einen vorläufigen „starken" Insolvenzverwalter vor Verfahrenseröffnung begründet worden sind. Diese gelten nach Eröffnung des Verfahrens ebenfalls als Masseverbindlichkeiten (§ 55 Abs. 2 InsO).

sondern durch das Verfahren selbst veranlasst.[190] Sie resultieren aus Handlungen des Insolvenzverwalters oder kraft gesetzlicher Anordnung, wenn ein Vertrag trotz Eröffnung des Verfahrens über diesen Zeitpunkt hinaus fortbesteht. Bei gegenseitigen Verträgen entstehen gemäß § 55 Abs. 1 Nr. 2 InsO Masseverbindlichkeiten, soweit deren Erfüllung zur Insolvenzmasse verlangt wird oder für die Zeit nach der Eröffnung des Insolvenzverfahrens erfolgen muss. Dem liegt der Gedanke zu Grunde, dass der Gläubiger einen privilegierten Anspruch auf die Gegenleistung erhalten soll, wenn er auch nach Insolvenzeröffnung verpflichtet ist, zur Insolvenzmasse zu erfüllen.[191] Aus den §§ 108 Abs. 2, 55 Abs. 1 Nr. 2 InsO ergibt sich folglich für die Ansprüche aus einem Arbeitsverhältnis, die nach Verfahrenseröffnung entstanden sind, dass diese grundsätzlich als Masseverbindlichkeiten einzustufen sind.

a) Einordnung der Ansprüche aus den Wertguthaben bei gesetzlich geförderter Altersteilzeit

Auch wenn die gesetzliche Konzeption eine klare Struktur aufweist, bereitet doch die Einordnung der Ansprüche aus den Wertguthaben gerade bei der gesetzlich geförderten Altersteilzeit im Blockmodell erhebliche Schwierigkeiten. Es werden verschiedene Ansichten vertreten.

(1) Wertguthaben als Masseverbindlichkeiten

Nach einer verbreiteten Ansicht sind die Entgeltansprüche der Arbeitnehmer im Fall der Insolvenz des Arbeitgebers für Zeiten der Freistellung im Blockmodell stets Masseverbindlichkeiten.[192] Dies soll unabhängig davon gelten, ob sich der Arbeitnehmer bei Verfahrenseröffnung in der Arbeits- oder Freistellungsphase befindet.[193]

---

190 *Bork*, Einführung in das Insolvenzrecht, Rn. 71.

191 MüKo/*Hefermehl*, InsO, § 55 Rn. 140; FK-InsO/*Wegener*, § 103 Rn. 1; *Foerste*, Insolvenzrecht, Rn. 208.

192 Vgl. LAG Düsseldorf, DZWIR 2004, 116, 118; LAG Düsseldorf, ZIP 2004, 272, 274; *Moll/Henke*, LAG Düsseldorf, EWiR § 55 InsO 1/04, 77; *Hanau*, ZIP 2002, 2028, 2030; *Leisbrock*, S. 356 f.; *Bichelmeier/Engberding/Oberhofer*, Insolvenzhandbuch, S. 409; *Oberhofer/Wroblewski*, ZInsO 2005, 695, 696; *Oberhofer*, ZInsO 2003, 591, 592; *Nimscholz*, ZIP 2002, 1936, 1937; *Schrader/Straube*, ZInsO 2005, 234, 238.

193 Vgl. LAG Düsseldorf, DZWIR 2004, 116, 118; LAG Düsseldorf, ZIP 2004, 272, 274; *Moll/Henke*, LAG Düsseldorf, EWiR § 55 InsO 1/04, 77 f.; *Hanau*, ZIP 2002, 2028, 2030; *Leisbrock*, S. 354 f.; *Bichelmeier/Engberding/Oberhofer*, Insolvenzhandbuch, S. 409; *Oberhofer/Wroblewski*, ZInsO 2005, 695, 696; *Oberhofer*, ZInsO 2003, 591, 593; *Nimscholz*, ZIP 2002, 1936, 1937; *Schrader/Straube*, ZInsO 2005, 234, 238 f.

Gestützt wird diese Ansicht zunächst darauf, dass die Wertguthaben nicht etwa Entgeltansprüche beinhalten, sondern lediglich Ansprüche auf Freistellung von der Arbeitspflicht ausdrücken.[194] Die Vertreter dieser Auffassung gehen davon aus, dass sich der Arbeitnehmer sowohl in Zeiten der Arbeitsleistung wie auch in Zeiten der Freistellung in einem fortlaufenden Arbeitsverhältnis befinde.[195] Durch das Wertguthaben sei lediglich eine flexible Verteilung der Arbeitszeit vorgesehen.[196] In der Freistellungsphase sei die Hauptleistungspflicht zur Erbringung der Arbeitsleistung suspendiert.[197] Die jeden Monat neu entstehende Verpflichtung des Arbeitgebers zur Zahlung des monatlichen Entgeltes bleibe davon unberührt.[198] Dies ergebe sich im Übrigen auch aus dem neu eingeführten § 7 Abs. 1a SGB IV, der eine durchgehende Beschäftigung im Sinne der Sozialversicherung auch in den Zeiten der Freistellung vorsehe.[199] Nach *Hanau* und *Nimscholz* ergebe sich die Einordnung als Masseverbindlichkeit bei der gesetzlich geförderten Altersteilzeit auch daraus, dass die Ansprüche von Arbeitnehmern im Blockmodell wie die Ansprüche von ihren Kollegen im Grundmodell behandelt werden müssten.[200] Das Blockmodell sei nur eine Variante des Grundmodells und die Ansprüche auf Arbeitslohn seien unstreitig ab Insolvenzeröffnung Masseverbindlichkeiten.[201]

Schrader/Straube führen zur Stützung dieser Ansicht aus, dass ein Arbeitnehmer in einem normalen Beschäftigungsverhältnis hinsichtlich seiner Vergütungsansprüche nach Eröffnung des Insolvenzverfahrens auch dann einen Massean-

---

194 Vgl. LAG Düsseldorf, ZIP 2004, 272, 274; *Hanau*, ZIP 2002, 2028, 2030; *Leisbrock*, S. 67; *Bichelmeier/Engberding/Oberhofer*, Insolvenzhandbuch, S. 409; *Oberhofer*, ZInsO 2003, 591, 593; *Nimscholz*, ZIP 2002, 1936, 1937.

195 Vgl. LAG Düsseldorf, DZWIR 2004, 116, 117; *Hanau*, ZIP 2002, 2028, 2030; *Nimscholz*, ZIP 2002, 1936, 1937; *Oberhofer/Wroblewski*, ZInsO 2005, 695, 696; *Oberhofer*, ZInsO 2003, 591, 593; *Schrader/Straube*, ZInsO 2005, 234, 238; *Hollich*, DZWIR 2005, 379 f.

196 Vgl. LAG Düsseldorf, ZIP 2004, 272, 274; LAG Düsseldorf, DZWIR 2004, 116, 118; *Moll/Henke*, LAG Düsseldorf, EWiR § 55 InsO 1/04, 77; *Nimscholz*, ZIP 2002, 1936, 1937; *Schrader/Straube*, ZInsO 2005, 234, 238; *Oberhofer/Wroblewski*, ZInsO 2005, 695, 696.

197 Vgl. LAG Düsseldorf, DZWIR 2004, 116, 118; *Leisbrock*, S. 67; *Schrader/Straube*, ZInsO 2005, 234, 238.

198 Vgl. LAG Düsseldorf, DZWIR 2004, 116, 117 f.; *Leisbrock*, S. 66; *Nimscholz*, ZIP 2002, 1936, 1937; *Schrader/Straube*, ZInsO 2005, 234, 238; *Hollich*, DZWIR 2005, 379 f.

199 Vgl. *Hanau*, ZIP 2002, 2028, 2030.

200 Vgl. *Hanau*, ZIP 2002, 2028, 2031; *Nimscholz*, ZIP 2002, 1936, 1937.

201 Vgl. *Hanau*, ZIP 2002, 2028, 2031; *Nimscholz*, ZIP 2002, 1936, 1937.

spruch habe, wenn der Insolvenzverwalter die Arbeitsleistung überhaupt nicht annehme und den Arbeitnehmer von der Arbeitsleistung freistelle.[202] Wenn aber die Entgeltansprüche der Arbeitnehmer unstreitig selbst dann Masseverbindlichkeiten seien, wenn die Arbeitnehmer gar keine Arbeitsleistung erbringen müssten, dann müssten die Ansprüche der Arbeitnehmer, die sich ihre Freistellung von der Arbeitsleistung durch eine Vorleistung in der Arbeitsphase der Blockmodells erdient haben, erst recht Masseverbindlichkeiten sein.

(2) Wertguthaben als Masseverbindlichkeiten ab Insolvenzeröffnung

Nach einer anderen Ansicht sind die Entgeltansprüche der Arbeitnehmer im Fall der Insolvenz des Arbeitgebers für Zeiten der Freistellung nur dann Masseverbindlichkeiten, wenn sie nach Eröffnung des Verfahrens erarbeitet worden sind.[203] Die durch vorgeleistete Arbeit bis dahin erarbeiteten Ansprüche würden bei Eröffnung des Insolvenzverfahrens lediglich Insolvenzforderungen darstellen.[204]

Die Vertreter dieser Ansicht stehen auf dem Standpunkt, das Wertguthaben enthalte einerseits den Anspruch auf spätere Freistellung von der Arbeitsleistung und drücke andererseits vor allem den Vergütungsanspruch des Arbeitnehmers nur in anderer Form aus.[205] Der Arbeitnehmer habe sich die Ansprüche durch seine vorgeleisteten Dienste, für die er zunächst keinen Lohn erhalten hatte, erarbeitet.[206] Das in Zeiten der Freistellung bezahlte Arbeitsentgelt sei eine in der

---

[202] Vgl. *Schrader/Straube*, ZInsO 2005, 234, 238.

[203] Vgl. BAG DZWIR 2005, 376, 377; BAG DZWIR 2005, 428, 429; BAG AuR 2005, 109; BAG NZA 2005, 527, 528; BAG NZA 2005, 408, 410; BAG NZA 2004, 980, 981; *Rittweger/Petri/Schweikert/Rittweger*, Altersteilzeit, B., Rn. 34; *Rolfs*, NZS 2004, 561, 562; *Seifert*, DZWIR 2004, 103, 108; *Vogel/Neufeld*, ZIP 2004, 1938, 1944; *Flitsch*, DZWIR 2003, 288, 289.

[204] Vgl. BAG NZA 2005, 527, 528; BAG NZA 2005, 408, 410; BAG NZA 2004, 980, 981 = BAG ZIP 2004. 124, 126; *Zwanziger*, Das Arbeitsrecht der Insolvenzordnung, § 108 Rn. 22; *Rittweger/Petri/Schweikert/Rittweger*, Altersteilzeit, B., Rn. 34; *Rolfs*, NZS 2004, 561, 562; *Seifert*, DZWIR 2004, 103, 108; *Vogel/Neufeld*, ZIP 2004, 1938, 1944; *Flitsch*, DZWIR 2003, 288, 289.

[205] Vgl. BAG NZA 2005, 527, 528; BAG NZA 2005, 408, 410; BAG NZA 2004, 980, 981; BAG NZA 2003, 726, 729; BAG NJW 2002, 2490, 2491; *Rolfs*, NZS 2004, 561, 562; *Seifert*, DZWIR 2004, 103, 104; *Vogel/Neufeld*, ZIP 2004, 1938, 1940.

[206] Vgl. BAG NZA 2005, 527, 528; BAG NZA 2005, 408, 410; BAG NZA 2004, 980, 981; *Rittweger/Petri/Schweikert/Rittweger*, Altersteilzeit, A., § 2 Rn. 61, B., Rn. 23; *Rolfs*, NZS 2004, 561, 562; *Seifert*, DZWIR 2004, 103, 105; *Vogel/Neufeld*, ZIP 2004, 1938, 1941; *Flitsch*, DZWIR 2003, 288, 290.

Fälligkeit hinausgeschobene Vergütung für die zuvor erbrachte Arbeit.[207] Es liege eine Modifizierung der gesetzlichen Fälligkeitsregel von Arbeitsentgeltansprüchen nach § 614 BGB vor.[208]

Sie stützen sich überdies auch auf den Wortlaut des § 108 Abs. 1 InsO, wonach das Arbeitsverhältnis auch nach Eröffnung des Insolvenzverfahrens mit Wirkung für die Masse bestehen bleibe.[209] Ferner folge aus dem Wortlaut des § 108 Abs. 2 InsO, dass Ansprüche aus dem Arbeitsverhältnis Insolvenzforderungen werden, wenn es sich um solche „für die Zeit vor Eröffnung des Insolvenzverfahrens" handele.[210] Hingegen ergebe sich aus § 55 Abs. 1 Nr. 2 Alt. 2 InsO, dass Forderungen aus dem laufenden Arbeitsverhältnis Masseverbindlichkeiten seien, soweit deren Erfüllung zur Insolvenzmasse nach Eröffnung des Insolvenzverfahrens erfolgen muss.[211]

Generell setze sich der Zusammenhang von Leistung und Gegenleistung bei gegenseitigen Dauerschuldverhältnissen im Insolvenzverfahren fort, so dass Vergütungsansprüche dem Zeitraum zuzuordnen seien, in welchem die mit ihnen verknüpfte Leistung erbracht worden sei.[212] Entscheidend für die Einordnung nach § 55 InsO sei, wann die entsprechende Leistung der Masse zugute komme.[213] Für die Annahme einer Insolvenzforderung reiche es dagegen aus, dass der Schuldrechtsorganismus, der die Grundlage des Anspruchs bilde, vor Verfahrenseröffnung entstanden ist, selbst wenn sich hieraus eine Forderung erst nach der Verfahrenseröffnung ergebe.[214] Auf die Durchsetzbarkeit oder Fällig-

207 Vgl. BAG NZA 2005, 527, 528; BAG NZA 2005, 408, 410; BAG NZA 2004, 980, 981; ErfK/*Rolfs*, § 8 ATG Rn. 2.; *Rolfs*, NZS 2004, 561, 562; *Flitsch*, DZWIR 2003, 288, 289.

208 *Seifert*, DZWIR 2004, 103, 104.

209 Vgl. BAG DZWIR 2005; 376, 377; BAG DZWIR 2005, 428, 429; BAG NZA 2005, 527, 528; BAG NZA 2005, 408, 409.

210 Vgl. BAG NZA 2005, 527, 528; BAG NZA 2005, 408, 409; BAG NZA 2004, 651, 653.

211 Vgl. BAG NZA 2005, 527, 528; BAG NZA 2005, 408, 409; Rolfs, NZS 2004, 561, 562.

212 Vgl. BAG DZWIR 2005; 376, 377; BAG DZWIR 2005, 428, 429; BAG NZA 2005, 527, 528; BAG NZA 2005, 408, 410; BAG NZA 2004, 980, 981; *Zwanziger*, Das Arbeitsrecht der Insolvenzordnung, § 108 Rn. 22; *Rolfs*, NZS 2004, 561, 562; *Seifert*, DZWIR 2004, 103, 105; FK-InsO/*Mues*, Anhang zu § 113 Rn. 115 ff.

213 Vgl. BAG NZA 2005, 527, 528; BAG NZA 2005, 408, 409.

214 Vgl. BAG NZA 2005, 527, 528; BAG, NZA 2005, 408, 409 f.; BAG NZA 2004, 980, 981; *Uhlenbruck/Uhlenbruck*, InsO, § 38 Rn. 6; *Zwanziger*, Das Arbeitsrecht der Insolvenzordnung, § 108 Rn. 22.

keit der Forderung vor Eröffnung des Insolvenzverfahrens komme es gerade nicht an.[215]

Werde nun das Insolvenzverfahren über das Vermögen des Arbeitgebers eröffnet, sei damit der Anspruch auf Auszahlung des in diesem Zeitpunkt bestehenden Arbeitszeitguthabens im insolvenzrechtlichen Sinne (§ 108 Abs. 2 InsO) „für die Zeit vor der Eröffnung des Insolvenzverfahrens“ geschuldet. Der Auszahlungsanspruch sei Gegenleistung für die bereits zuvor erbrachte Arbeitsleistung (§ 108 Abs. 2 InsO).[216] Diese komme der Insolvenzmasse nicht mehr zugute.[217] Dem stehe auch nicht entgegen, dass der Arbeitnehmer ein verstetigtes Gehalt beziehe, denn dies diene nur dazu, dem Arbeitnehmer gleichmäßige Einkünfte zu sichern.[218]

Folglich sollen sowohl der rückständige Arbeitslohn aus der Zeit vor Insolvenzeröffnung als auch die bis zu diesem Zeitpunkt erarbeiteten Ansprüche aus den Wertguthaben einfache Insolvenzforderungen darstellen. Erst die ab Verfahrenseröffnung erworbenen Vergütungsansprüche seien Masseverbindlichkeiten.[219]

(3) Stellungnahme

Zu den beiden Ansichten soll nun Stellung genommen werden. Fraglich ist, welcher Ansicht letztlich der Vorzug zu gewähren ist.

Vom Standpunkt der Arbeitnehmer gesehen wäre es vorteilhafter, wenn deren Entgeltansprüche in Zeiten der Freistellung auf Grund der vorgeleisteten Arbeit in der Insolvenz des Arbeitgebers als Masseverbindlichkeiten eingestuft werden könnten. Sie hätten dann eine verbesserte Chance auf Realisierung dieser Vergütungsansprüche, die für den Großteil der Arbeitnehmer existentielle Bedeutung haben, da die Wertguthaben unter Umständen ein Volumen von mehreren Jahresgehältern erreichen. Auch ist der erstgenannten Ansicht, die die

---

215 Vgl. BAG NZA 2005, 527, 528; BAG NZA 2004, 980, 981; *Zwanziger*, Das Arbeitsrecht der Insolvenzordnung, § 108 Rn. 22; *Seifert*, DZWIR 2004, 103, 105.

216 Vgl. BAG NZA 2005, 527, 529; BAG NZA 2005, 408, 410; *Rolfs*, NZS 2004, 561, 562.

217 Vgl. BAG NZA 2005, 527, 528; BAG NZA 2005, 408, 409.

218 Vgl. BAG NZA 2005, 527, 528; BAG NZA 2005, 408, 409; BAG NZA 2004, 980, 981.

219 Vgl. BAG AuR 2005, 109; BAG NZA 2005, 527, 528; BAG NZA 2005, 408, 410; BAG NZA 2004, 980, 981; *Rittweger/Petri/Schweikert/Rittweger*, Altersteilzeit, B., Rn. 34; *Rolfs*, NZS 2004, 561, 562; *Seifert*, DZWIR 2004, 103, 108; *Vogel/Neufeld*, ZIP 2004, 1938, 1944; *Flitsch*, DZWIR 2003, 288, 289.

Zeiten der Arbeitsleistung und der Freistellung als einheitliche Beschäftigung mit laufend neu entstehenden Entgeltansprüchen ansehen, zuzugeben, dass sie dann in insolvenzrechtlicher Hinsicht eine konsequente Lösung darstellt. Bei der entscheidenden Frage nach der Einordnung der Vergütungsansprüche der Arbeitnehmer für Zeiten der Freistellung von der Arbeit gemäß §§ 108 Abs. 2, 55 Abs. 1 Nr. 2 InsO gehen die Vertreter dieser ersten Ansicht allerdings von falschen rechtlichen Annahmen aus. Sie verfolgen einen Ansatz de lege ferenda.

Für die insolvenzrechtliche Einordnung von Arbeitnehmeransprüchen ist in einem herkömmlichen Arbeitsverhältnis gemäß den §§ 108 Abs. 2, 55 Abs. 1 Nr. 2 InsO anerkannt, dass diese grundsätzlich in dem Zeitpunkt entstehen, in dem der Arbeitnehmer die Arbeitsleistung erbringt.[220] Insbesondere kommt es nicht darauf an, wann der Arbeitnehmer Zahlung verlangen kann.[221]

Dies entspricht der gesetzlichen Konzeption des § 611 Abs. 1 BGB, der grundsätzlich von einem Austauschverhältnis von Arbeitsleistung und Vergütung ausgeht.[222] Dabei ist festzustellen, dass die §§ 611 ff., 320 ff. BGB auch für ein Arbeitsverhältnis gelten, das flexible Arbeitszeitregelungen vorsieht, wie dies beispielsweise im Rahmen eines Altersteilzeitprogramms der Fall ist.[223] In der Entstehung bedingen sich daher die Verpflichtung zur Arbeitsleistung und die Verpflichtung zur Gewährung der Vergütung gegenseitig.[224] Nur durch bestimmte Regelungen des Zivil- und Arbeitsrechts – beispielhaft seien §§ 326 Abs. 1, 615 S. 1 BGB und § 3 Abs. 1 S. 1 EFZG erwähnt – wird das Synallagma und damit der Grundsatz „ohne Arbeit kein Lohn" durchbrochen.[225] Allein mit § 7 Abs. 1a SGB IV, der nur eine Regelung des Sozialrechts darstellt und daher keinen Einfluss auf die zivilrechtliche Konzeption eines Arbeitsvertrages haben kann, ist eine Suspendierung der Pflicht zur Arbeitsleistung unter Lohnerhalt nicht zu begründen. Auch gibt es im Rahmen der gesetzlich geförderten Altersteilzeit keinen zwingenden Grund für eine Gleichbehandlung der Vergütungsansprüche im Grundmodell und im Blockmodell. Das ATG regelt vor allem die Voraussetzungen einer Förderung durch die Bundesagentur für Arbeit,

---

220 *Gottwald/Heinze/Bertram*, Insolvenzrechts-Handbuch, § 106 Rn. 18 m. w. N.

221 *Smid/Smid*, InsO, 2. Aufl. 2001, § 38 Rn. 18; *Gottwald/Heinze/Bertram*, Insolvenzrechts-Handbuch, § 106 Rn. 18; *Rolfs*, NZS 2004, 561, 562.

222 MüKo/*Müller-Glöge*, 4. Aufl. 2005, § 611 Rn. 7 ff.; *Staudinger/Richardi*, BGB, Neubearbeitung 2005, § 611 Rn. 4, § 614 Rn. 7.

223 Vgl. BAG NZA 2005, 408, 409; ErfK/*Wank*, ArbZG, § 3 Rn. 18 ff.

224 MüKo/*Müller-Glöge*, § 611 Rn. 7 ff.; *Staudinger/Richardi*, BGB, § 611 Rn. 1.

225 MüKo/*Müller-Glöge*, § 611 Rn. 12 ff.; *Staudinger/Richardi*, BGB, § 611 Rn. 769 ff.; *Palandt/Weidenkaff*, BGB, § 615 Rn. 3.

enthält aber keine schuldrechtlichen Sondervorschriften für das einer Altersteilzeitvereinbarung zu Grunde liegende Arbeitsverhältnis.

Die von *Schrader/Straube*[226] vorgenommene Schlussfolgerung aus dem Vergleich von Arbeitnehmern in Altersteilzeit und Arbeitnehmern in einem herkömmlichen Beschäftigungsverhältnis, deren Ansprüche nach Freistellung von der Arbeitsleistung durch den Insolvenzverwalter dennoch Masseverbindlichkeiten sind, greift ebenso nicht. Denn der Insolvenzverwalter gerät durch die eigenmächtige Freistellung der Arbeitnehmer in Annahmeverzug nach §§ 293 ff. BGB. Speziell für diesen Fall sieht das Gesetz in § 615 S. 1 BGB eine Durchbrechung des Gegenseitigkeitsverhältnisses vor, so dass die Ansprüche der Arbeitnehmer erhalten bleiben und diese folglich als Masseverbindlichkeiten nach § 55 Abs. 1 Nr. 2 Alt. 2 InsO zu qualifizieren sind.[227] Hingegen liegt in Zeiten einer Freistellung im Rahmen einer Altersteilzeitvereinbarung kein Annahmeverzug seitens des Arbeitgebers vor, da vom Arbeitnehmer keine Arbeitsleistung mehr erbracht werden muss. Folglich ist die Situation nicht vergleichbar.

Auch eine analoge Anwendung der Vorschriften, die zur Durchbrechung des „Ohne Arbeit kein Lohn" Prinzips führen, erscheint nicht möglich. Zur Bejahung einer solchen Analogie müsste zunächst für einen bestimmten Tatbestand eine planwidrige Regelungslücke in den gesetzlichen Bestimmungen gegeben sein.[228] Der Gesetzgeber müsste die Entstehung der Vergütungsansprüche bei einem Arbeitsverhältnis, das zur Bildung von Wertguthaben führt, nicht ausreichend geregelt haben. Das Gesetz gewährt im Hinblick auf ein Arbeitsverhältnis nur dann eine Durchbrechung des Synallagmas, wenn der Arbeitnehmer aus besonderen rechtlichen – z. B. Nichtannahme der angebotenen Arbeitsleistungen (§§ 615 S. 1, 293 BGB) – oder aus sozialpolitischen Gründen – z. B. Entgeltfortzahlung im Krankheitsfall (§ 3 Abs. 1 S. 1 EFZG) – ein bestimmtes Risiko nicht übernehmen soll. Der Eintritt der Insolvenz des Vertragspartners und damit auch der Verlust der Wertguthaben zählen jedoch zum allgemeinen Lebensrisiko. Dieses Risiko kann nicht auf die übrigen Insolvenzgläubiger abgewälzt werden, indem die Entgeltansprüche der Arbeitnehmer erst als in Zeiten der Freistellung entstehend angesehen werden mit der Folge, dass diese Arbeitnehmer dann konsequenterweise als Massegläubiger behandelt werden müssen. Folglich ist nicht von einer Lücke in der gesetzlichen Konzeption auszugehen, so dass eine Analogie nicht angenommen werden kann.

---

226 *Schrader/Straube*, ZInsO 2005, 234, 238. Vgl. oben S. 88 f.

227 *Bork*, Einführung in das Insolvenzrecht, Rn. 174; BAG ZIP 2002, 2186, 2187; *Castendiek*, ZIP 2002, 2189.

228 *Larenz/Wolf*, BGB AT, § 4 Rn. 80.

Die Behandlung der Vergütungsansprüche als Insolvenzforderung entspricht auch dem Ziel des Gesetzgebers, im Wege des Insolvenzverfahrens eine gemeinschaftliche Befriedigung der Gläubiger herbeizuführen (§ 1 S. 1 InsO).[229] Dieses Ziel würde jedoch gefährdet, wenn der Umfang der Masseverbindlichkeiten über die gesetzlichen Regelungen hinaus erweitert und dadurch die Einstellung des Verfahrens in Folge eintretender Masseunzulänglichkeit gefördert würde.[230]

Es muss somit für die Entstehung der Ansprüche für Zeiten der Freistellung von der Arbeitsleistung im Rahmen des § 108 Abs. 2 InsO bei den Grundsätzen für herkömmliche Arbeitsverhältnisse bleiben. Dabei ist auf die Zeiten der Erbringung der Arbeitsleistung für die Entstehung des Vergütungsanspruchs abzustellen. Die Vergütungsansprüche aus den Wertguthaben, die vor Insolvenzeröffnung erarbeitet worden sind, sind gemäß § 108 Abs. 2 InsO als „für die Zeit vor der Eröffnung des Insolvenzverfahrens" anzusehen. Sie sind damit Insolvenzforderungen. Erst die neu erarbeiteten Ansprüche ab Verfahrenseröffnung stellen Masseverbindlichkeiten nach § 55 Abs. 1 Nr. 1 InsO dar. Es ist somit der überwiegend von der Rechtsprechung vertretenen Ansicht zu folgen.

b) Zusammenfassung

Die Wertguthaben bestehen aus Vergütungsansprüchen, die bis zum jeweiligen Zeitpunkt der späteren Freistellung von der Arbeitsleistung gestundet sind. Die vor Eröffnung des Insolvenzverfahrens erarbeiteten Ansprüche auf Arbeitslohn sind als Insolvenzforderungen einzustufen. Die ab diesem Zeitpunkt neu hinzukommenden Ansprüche aus den Wertguthaben stellen hingegen Masseverbindlichkeiten dar.

2. Einordnung der Ansprüche aus den Wertguthaben bei der gesetzlich nicht geförderten Altersteilzeit

Für die insolvenzrechtliche Einordnung der Ansprüche aus den Wertguthaben bei der gesetzlich nicht geförderten Altersteilzeit gelten die soeben gefundenen Ergebnisse entsprechend.[231] Dies bedeutet, dass die Vergütungsansprüche aus einem flexiblem Arbeitszeitmodell, die auf einem Wertguthaben nach § 7 Abs. 1a SGB IV gespeichert sind, nur dann Masseverbindlichkeiten darstellen, wenn sie nach Insolvenzeröffnung erarbeitet worden sind. Die gespeicherten

---

229 Begr. RegE zu § 1 InsO, BT-Drucks. 12/2443, S. 108.

230 Vgl. MüKo/*Hefermehl*, InsO, § 55 Rn. 140.

231 Vgl. BAG NZA 2004, 980, 981; *Flitsch*, DZWIR 2003, 288, 289.

Ansprüche aus den vorhergehenden Zeiträumen können nur als Insolvenzforderungen zur Tabelle angemeldet werden.

V. Insolvenzrechtliche Einordnung von Aufstockungsleistungen

Auch bei den Aufstockungsleistungen nach § 3 Abs. 1 ATG stellt sich die Frage nach der insolvenzrechtlichen Einordnung.

Aus dem Wortlaut der §§ 3 Abs. 1 Nr. 1 lit. a, 4 Abs. 1 Nr. 1 ATG, welche die Aufstockungsleistungen als Teil des Regelarbeitsentgelts (§ 6 Abs. 1 ATG) bezeichnen, ergibt sich, dass die Aufstockungsleistungen Entgeltcharakter haben. Weiter beruhen die Aufstockungsleistungen auf dem Gedanken, dass jeder Arbeitnehmer fixe Kosten zu tragen hat, die er bislang durch die Vollzeittätigkeit finanzierte.[232] Die Aufstockungsleistungen sollen damit hauptsächlich die Verminderung des Gehalts abfedern und sind damit Entgeltersatz und folglich als Entgelt einzuordnen. Aus diesen Gründen vertritt die Rechtsprechung und die überwiegende Ansicht in der Literatur, dass die Aufstockungsleistungen als Entgelt im Sinne des § 611 Abs. 1 BGB zu behandeln sind.[233]

Für die insolvenzrechtliche Behandlung folgt daraus, dass für die Aufstockungsleistungen das oben[234] zu den Vergütungsansprüchen aus den Wertguthaben gefundene Ergebnis gilt. Entsprechend dem Zeitpunkt der Erarbeitung der jeweils korrespondierenden Arbeitsleistung vor oder nach Verfahrenseröffnung sind auch die jeweiligen Aufstockungsleistungen als Insolvenzforderung oder Masseverbindlichkeit zu qualifizieren.[235]

VI. Ergebnis

Die Veränderung der gesetzlichen Rahmenbedingungen mit dem Ziel der Verringerung der Frühverrentung auf Kosten der Sozialversicherung führte in den vergangenen Jahren zu einer gesteigerten Attraktivität der Altersteilzeitarbeit.

---

232 Vgl. BAG NZA 2005, 408, 410; BAG NZA 2004, 860, 862; *Rittweger/Petri/Schweikert/Rittweger*, Altersteilzeit, A., § 3 Rn. 5.

233 So z. B. BAG DZWIR 2005; 376, 377; BAG NZA 2005, 408, 409; BAG NZA 2004, 860, 862; LAG Düsseldorf ZIP 2004, 272, 274; *Hanau*, ZIP 2002, 2028, 2031. A. A. z. B. *Förster/Heger*, DB 1998, 141, 142; *Leisbrock*, S. 58, die in den Zahlungen eine Gegenleistung für die teilweise Aufgabe des Arbeitsplatzes sehen und sie daher als Abfindung betrachten.

234 Vgl. zur insolvenzrechtlichen Einordnung der Vergütungsansprüche aus den Wertguthaben: oben S. 84 ff.

235 BAG NZA 2005, 527, 528; BAG NZA 2005, 408, 410.

Die gesetzlich geförderte Altersteilzeit wird durch Erstattungsleistungen der Bundesagentur für Arbeit an den Arbeitgeber subventioniert, der mit den zuvor erbrachten Aufstockungsleistungen zur Lebensstandardsicherung des Arbeitnehmers beiträgt. Diese Erstattungen führen zwar nicht zu einer Verbilligung der Arbeit – der Arbeitgeber muss den Lohn entsprechend der geleisteten Arbeit bezahlen – allerdings erhält der Arbeitgeber durch die Regelungen ein weiteres Flexibilisierungsinstrument.

Für die gesetzlich nicht geförderte Altersteilzeit, die am Ende eines flexiblen Altersteilzeitprogramms unter Verwendung von langfristigen Arbeitszeitkonten stehen kann, ist festzustellen, dass der Gesetzgeber in den letzten Jahren einige sozialrechtliche Hürden beseitigt hat. Ein Arbeitnehmer befindet sich beispielsweise nunmehr auch in Zeiten der Freistellung von der Arbeit in einem Beschäftigungsverhältnis im Sinne der Sozialversicherung (§ 7 Abs. 1a SGB IV).

Neben vielen möglichen Erscheinungsformen bei der gesetzlich geförderten Altersteilzeit haben sich vor allem zwei Arten herausgebildet. Dies sind zum einen das Grundmodell, bei dem der Arbeitnehmer während der gesamten Dauer der Altersteilzeit halbtags arbeitet und zum anderen das Blockmodell, bei dem sich die Altersteilzeit in eine Arbeits- und eine Freistellungsphase gliedert. Das Blockmodell wird von der überwiegenden Mehrheit der Arbeitnehmer in Altersteilzeit favorisiert.

Dabei erarbeitet sich der Arbeitnehmer durch die Vorarbeit für die Freistellungsphase einen Anspruch auf die spätere Vergütung und einen Anspruch auf Freistellung von der Verpflichtung, Arbeitsleistungen zu erbringen. Die Vergütung in der Freistellungsphase ist die Gegenleistung für die bereits während der Arbeitsphase „zu viel" erbrachte Arbeitsleistung. Abzulehnen ist die Ansicht, die das Blockmodell als einheitliches Beschäftigungsverhältnis sieht, bei dem die Entgeltansprüche jeden Monat, auch in der Freistellungsphase, neu entstehen. Nach der hier vertretenen Ansicht sind die vor Eröffnung des Insolvenzverfahrens über das Vermögen des Arbeitgebers in der Arbeitsphase erarbeiteten und auf den Wertguthaben festgehaltenen Vergütungsansprüche für die spätere Freistellungsphase Insolvenzforderungen. Erst die ab Eröffnung des Verfahrens neu hinzukommenden Ansprüche sind Masseverbindlichkeiten.

Die Aufstockungsleistungen bei der gesetzlich geförderten Altersteilzeit sind wie Entgelt zu behandeln und folgen dem insolvenzrechtlichen Schicksal der erarbeiteten Entgeltansprüche auf den Wertguthaben.

§ 2 Gesetzlicher Insolvenzschutz in Deutschland

Im Folgenden wird untersucht, ob und in welchem Umfang Mechanismen oder Verpflichtungen bestehen, die eine Sicherung von Arbeitszeitguthaben, die im Rahmen eines Altersteilzeitprogramms entstanden sind, für den Fall der Insolvenz des Arbeitgebers gewährleisten sollen.

In Deutschland sind zur Beantwortung dieser Fragen der Pensionssicherungsverein auf Gegenseitigkeit (PSVaG) (§§ 7, 14 BetrAVG), das Insolvenzgeld nach den §§ 183 ff. SGB III, das Arbeitslosengeld nach den §§ 117 ff. SGB III, der Insolvenzschutz nach § 7d SGB IV und die Insolvenzsicherung nach § 8a ATG näher zu beleuchten.

I. Pensionssicherungsverein auf Gegenseitigkeit (PSVaG) (§§ 7, 14 BetrAVG)

Der PSVaG ist gemäß § 14 Abs. 1 BetrAVG Träger der Insolvenzsicherung bei der betrieblichen Altersorgung nach § 1 Abs. 1 S. 1 BetrAVG.[236] Die Sicherung der Arbeitnehmeransprüche aus den Wertguthaben zählt daher nicht zu seinem Aufgabenbereich.[237] Eine mit dem PSVaG vergleichbare Einrichtung, die die Insolvenzsicherung dieser Ansprüche gewährleisten könnte, existiert derzeit nicht.[238]

II. Insolvenzgeld (§§ 183 ff. SGB III)

Das Insolvenzgeld stellt eine sog. Entgeltersatzleistung dar, die die Bundesagentur für Arbeit auf Antrag des Arbeitnehmers (§§ 323 Abs. 1 S. 1, 324 Abs. 3 S. 1 SGB III) an im Inland beschäftigte Arbeitnehmer erbringt, die wegen Zahlungsunfähigkeit des Arbeitgebers kein Arbeitsentgelt erhalten (§ 116 Nr. 5 SGB III). Es wird in Höhe des Nettoarbeitsentgelts für die letzten drei Monate des Arbeitsverhältnisses vor dem Insolvenzereignis bezahlt. Im Rahmen der gesetzlich geförderten Altersteilzeit besteht dieses Nettoarbeitsentgelt aus dem halbierten Arbeitslohn der ehemaligen Vollzeittätigkeit zuzüglich der Aufstockungsleistungen nach dem ATG (§ 183 Abs. 1 S. 4 SGB III).[239] Bei der

---

236 *Blomeyer/Otto*, BetrAVG, 3. Aufl. 2004, § 14 Rn. 3 ff.

237 *Kovacs/Koch*, NZI 2004, 415; 421; *Grabmaier*, S. 44 ff.

238 *Wiezer*, S. 103; *Langohr-Plato/Morisse*, BB 2002, 2330, 2331; *Wannagat/Brandenburg/Woltjen*, Sozialgesetzbuch, § 7d SGB IV Rn. 10.

239 *Niesel/Roeder*, SGB III, 3. Aufl. 2005, § 183 Rn. 65; *Bichelmeier/Engberding/Oberhofer*, Insolvenzhandbuch, S. 410; Ziffer 4.2 Abs. 13 der Durchführungsanweisung zum Insolvenzgeld der Bundesagentur für Arbeit.

gesetzlich nicht geförderten Altersteilzeit, die die Freistellung von der Arbeit über Arbeitszeitkonten finanziert, ist auf das verstetigte Einkommen in der Freistellungsphase abzustellen (§ 183 Abs. 1 S. 4 SGB III).[240]

Als Insolvenzereignis gilt gemäß § 183 Abs. 1 SGB III die Eröffnung des Insolvenzverfahrens oder die Abweisung des Antrags mangels Masse oder die vollständige Beendigung der Betriebstätigkeit im Inland, wenn ein Antrag auf Eröffnung des Insolvenzverfahrens nicht gestellt worden ist und ein Insolvenzverfahren mangels Masse offensichtlich nicht in Betracht kommt.

Für die Entgegennahme des Antrags, der innerhalb einer Ausschlussfrist von zwei Monaten nach Eintritt des Insolvenzereignisses gestellt werden muss (§ 324 Abs. 3 S. 1 SGB III), sowie für die Durchführung des Leistungsverfahrens ist grundsätzlich die Agentur für Arbeit zuständig, in deren Bezirk die für den Arbeitgeber zuständige Lohnabrechnungsstelle liegt (§ 327 Abs. 3 S. 1 SGB III). Finanziert wird das Insolvenzgeld von den Unfallversicherungsträgern[241], die der Bundesagentur für Arbeit die Aufwendungen für das Insolvenzgeld erstatten (§ 358 Abs. 1 S. 1 SGB III). Diese wiederum erheben eine Umlage bei allen insolvenzfähigen Unternehmern, wodurch diese letztlich für das Insolvenzgeld aufkommen müssen (§ 359 Abs. 1 SGB III).[242]

Das Insolvenzgeld stellt somit einen gesetzlichen Schutzmechanismus dar, der den Arbeitnehmern in geförderter und nicht geförderter Altersteilzeit für maximal drei Monate, die dem Insolvenzereignis vorangehen, Ersatz für den insolvenzbedingten Verlust der Vergütungsansprüche bietet. Dies gilt unabhängig davon, ob sich die Arbeitnehmer zu diesem Zeitpunkt in der Arbeits- oder Freistellungsphase befinden.

---

240 *Niesel/Roeder*, SGB III, § 183 Rn. 67; *Kroll*, 241; *Berscheid*, Rn. 853.

241 Gemäß § 358 Abs. 1 S. 2 SGB III sind Unfallversicherungsträger die Berufsgenossenschaften, die Eisenbahn-Unfallkassen, die Unfallkasse Post und Telekom sowie für die nach § 125 Abs. 3, § 128 Abs. 4 und § 129 Abs. 3 SGB VII übernommenen Unternehmen die für diese Unternehmen zuständigen Unfallversicherungsträger.

242 Nach Angaben der Berufsgenossenschaft der Gas-, Fernwärme- und Wasserwirtschaft sind seit Einführung dieser Sozialleistung im Jahr 1974 die jährlichen Aufwendungen insgesamt von rund 40 Millionen Euro auf rund 2,0 Milliarden Euro angestiegen. Im Jahr 2004 sank die Insolvenzgeld-Ausgabe wieder auf 1,5 Milliarden Euro. http://www.bgfw.net/mitglieder/insolvenzgeld.html.

III. Arbeitslosengeld (§§ 117 ff. SGB III)

Verliert der Arbeitnehmer in Folge der Insolvenz des Arbeitgebers seinen Arbeitsplatz, sieht das SGB III zur Absicherung des Arbeitseinkommens des Arbeitnehmers das Arbeitslosengeld als weitere Entgeltersatzleistung vor (§ 116 Nr. 1 SGB III). Es wird daher kurz auf die Bezugsvoraussetzungen und die Systematik des Arbeitslosengeldes eingegangen, um dann Besonderheiten bei der gesetzlich geförderten und bei der gesetzlich nicht geförderten Altersteilzeit zu erläutern.

1. Grundsystematik

Ein Anspruch auf Arbeitslosengeld steht Arbeitnehmern zu, die jünger als 65 Jahre (§ 117 Abs. 2 SGB III) und arbeitslos sind (§ 118 Abs. 1 Nr. 1 SGB III). Darüber hinaus müssen sie sich bei der Agentur für Arbeit arbeitslos gemeldet (§§ 118 Abs. 1 Nr. 2, 122 SGB III) und die Anwartschaftszeit erfüllt haben (§§ 118 Abs. 1 Nr. 3, 123 f. SGB III). Schließlich darf keine Situation eingetreten sein, die den Anspruch nach §§ 142 ff. SGB III ruhen lässt.

Als arbeitslos gilt ein Arbeitnehmer nach § 119 Abs. 1 SGB III, der nicht in einem Beschäftigungsverhältnis steht (Beschäftigungslosigkeit), sich bemüht, seine Beschäftigungslosigkeit zu beenden und den Vermittlungsbemühungen der zuständigen Agentur für Arbeit zur Verfügung steht. Beschäftigungslos im Sinne des § 119 Abs. 1 SGB III ist ein Arbeitnehmer grundsätzlich, wenn dessen Arbeitskraft nicht der Verfügungsbefugnis (Direktionsrecht) eines Arbeitgebers unterworfen ist.[243]

Der Begriff der Beschäftigungslosigkeit hat jedoch für die Bereiche des Beitrags- und Leistungsrechts der Arbeitslosenversicherung jeweils unterschiedliche Bedeutungen.[244] Für das Beitragsrecht ist das Bestehen eines Beschäftigungsverhältnisses notwendige Voraussetzung, damit überhaupt ein Schutz der Arbeitslosenversicherung angenommen werden kann.[245] Im Leistungsrecht hingegen bedeutet das Nichtvorliegen eines Beschäftigungsverhältnisses den Eintritt des versicherten Risikos bei der Arbeitslosenversicherung.[246] Diese Differenzierung ist für Fälle der Unterbrechung der tatsächlichen Beschäftigung von Bedeutung. Beitragsrechtlich besteht das Be-

---

243 *Hauck/Noftz/Valgolio*, SGB III, K § 118 Rn. 13 f., § 119 Rn. 21 ff., 30.

244 *Hauck/Noftz/Valgolio*, SGB III, K § 119 Rn. 32.

245 BSG SozR 4100 § 168 AFG Nr. 19; *Hauck/Noftz/Valgolio*, SGB III, K § 119 Rn. 32 f.

246 BSG SozR 4100 § 168 AFG Nr. 19; *Hauck/Noftz/Valgolio*, SGB III, K § 119 Rn. 32 f.

schäftigungsverhältnis bei Unterbrechungen von begrenzter Dauer fort[247], während es im leistungsrechtlichen Zusammenhang als notwendig erscheint, bei fehlendem Austausch von Arbeitsleistung und Arbeitsentgelt das Bestehen eines Beschäftigungsverhältnisses verneinen, damit der Arbeitnehmer einen Anspruch auf Arbeitslosengeld erlangt.[248]

Allerdings ruht der Anspruch auf Arbeitslosengeld grundsätzlich während der Zeit, für die der Arbeitslose einen Anspruch auf Arbeitsentgelt hat (§ 143 Abs. 1 Alt. 2 SGB III). Dies gilt jedoch wiederum nicht, wenn der Arbeitgeber, wie im Falle seiner Zahlungsunfähigkeit, tatsächlich keinen Lohn bezahlt (§ 143 Abs. 3 S. 1 SGB III).

Demnach ist ein Arbeitnehmer bei Insolvenz des Arbeitgebers im Bezug auf das Leistungsrecht beschäftigungslos, wenn er bei fortbestehendem Arbeitsverhältnis (§ 108 Abs. 1 InsO) von der Arbeit freigestellt wird, weil der Arbeitgeber wegen seiner Zahlungsunfähigkeit die Löhne nicht mehr zahlen kann.[249] Auf den rechtlichen Bestand eines Arbeitsverhältnisses kommt es daher nicht an.[250]

Der Leistungsumfang des Anspruchs auf Arbeitslosengeld ergibt sich aus den §§ 127 ff. SGB III. Die Dauer des Anspruchs auf Arbeitslosengeld richtet sich gemäß § 127 Abs. 1 S. 1 SGB III nach der Dauer der Versicherungspflichtverhältnisse innerhalb der um ein Jahr erweiterten Rahmenfrist (§ 124 SGB III) und dem Lebensalter, das der Arbeitslose bei der Entstehung des Anspruchs vollendet hat. Unter Berücksichtigung dieser Faktoren, kann Arbeitslosengeld im kürzesten Fall für sechs Monate und im längsten Fall für 18 Monate bezogen werden (§ 127 Abs. 2 SGB III). Die Höhe des Arbeitslosengeldes lässt sich aus den § 129 ff. SGB III ermitteln und beträgt entweder 67 Prozent (erhöhter Leistungssatz) oder 60 Prozent (allgemeiner Leistungssatz) des pauschalierten Nettoentgeltes (Leistungsentgelt), das sich aus dem Bruttoentgelt ergibt, das der Arbeitslose im Bemessungszeitraum erzielt hat (Bemessungsentgelt) (§ 129 SGB III).

---

247 BSG SozR 4100 § 117 AFG Nr. 16; *Hauck/Noftz/Valgolio*, SGB III, K § 119 Rn. 32.

248 *Hauck/Noftz/Valgolio*, SGB III, K § 119 Rn. 32.

249 BSG SozR 4100 § 117 AFG Nr. 16; *Hauck/Noftz/Valgolio*, SGB III, K § 119 Rn. 32.

250 BSG SozR 4100 § 117 AFG Nr. 16. Im Rahmen der gesetzlich geförderten Altersteilzeit im Blockmodell ist dies von großer Bedeutung, da das BAG mit Urteil vom 5. Dezember 2002 entschieden hat, dass die Betriebsstilllegung gegenüber einem Altersteilzeitarbeitnehmer, der sich bereits in der Freistellungsphase befindet, keine Kündigung aus betriebsbedingten Gründen rechtfertigt, vgl. BAG BB 2003, 1339. Damit kommt insoweit keine Beendigung des Arbeitsverhältnisses in Betracht.

2. Arbeitslosengeld bei der gesetzlich geförderten Altersteilzeit

Im Rahmen der gesetzlich geförderten Altersteilzeit ergibt sich aus § 10 ATG eine Besonderheit für die Berechnung der Höhe des Arbeitslosengeldes. Beansprucht demnach ein Arbeitnehmer, der Altersteilzeitarbeit geleistet hat und für den der Arbeitgeber Leistungen nach § 3 Abs. 1 Nr. 1 ATG erbracht hat, Arbeitslosengeld, erhöht sich das oben erwähnte Bemessungsentgelt bis zu dem Betrag, der als Bemessungsentgelt zugrunde zu legen wäre, wenn der Arbeitnehmer seine Arbeitszeit nicht im Rahmen der Altersteilzeit vermindert hätte (§ 10 Abs. 1 S. 1 ATG). Dies gilt jedoch nur bis zu dem Zeitpunkt, ab dem der Arbeitnehmer frühestens eine Rente wegen Alters in Anspruch nehmen kann (§ 10 Abs. 1 S. 2 HS. 1 ATG). Von diesem Tag an ist dann das Bemessungsentgelt maßgebend, das ohne die Erhöhung nach § 10 Abs. 1 S. 1 ATG zugrunde zu legen gewesen wäre (§ 10 Abs. 1 S. 2 HS. 2 ATG). Damit ergibt sich für einen Arbeitnehmer in gesetzlich geförderter Altersteilzeit, der zuvor gemäß § 127 Abs. 2 SGB III Versicherungspflichtverhältnisse mit einer Dauer von bis zu 36 Monaten absolviert hat, dass er bis zum Zeitpunkt des möglichen Bezugs von Altersrente für maximal 18 Monate Arbeitslosengeld auf der Grundlage seines ehemaligen Vollzeitentgeltes beziehen kann.[251]

Da das Arbeitslosengeld 67 bzw. 60 Prozent des Nettoentgeltes aus diesem Vollzeitentgelt beträgt, ist dessen Höhe mit dem Altersteilzeitlohn, der mindestens 70 Prozent des ehemaligen Vollzeitentgeltes ausmacht, in etwa vergleichbar. Dies gilt sowohl bei Eintritt der Arbeitslosigkeit in der Arbeitsphase als auch in der Freistellungsphase. Erstreckt sich nach der Insolvenz des Arbeitgebers die Arbeitslosigkeit in die geplante Freistellungsphase oder beginnt sie erst in dieser Phase, so kann der zu erwartende Verlust des Wertguthabens durch diese staatliche Leistung teilweise kompensiert werden. Diese Betrachtung, die allein auf die Summe der erhaltenen Entgeltzahlungen pro Monat abstellt, kann in aller Regel nur einen unzureichenden Ausgleich für den Verlust der vorgeleisteten Arbeit darstellen. Zwar kann dadurch für einen gewissen Zeitraum die Existenz des Arbeitnehmers gesichert werden, allerdings wird diese Entgeltersatzleistung unabhängig von den Vorleistungen gewährt. Diese werden in der Regel als verloren anzusehen sein.

3. Arbeitslosengeld bei der gesetzlich nicht geförderten Altersteilzeit

Im Rahmen der gesetzlich nicht geförderten Altersteilzeit ergibt sich für den Fall der Arbeitslosigkeit während der Arbeitsphase in Bezug auf die Höhe des Arbeitslosengeldes eine ähnliche Situation wie bei der gesetzlich geförderten

---

251 *Stief*, Altersteilzeit in der Praxis, S. 98.

Altersteilzeit. Nach § 131 Abs. 3 Nr. 2 SGB III ist bei der Bestimmung des Bemessungsentgeltes für Zeiten einer Vereinbarung nach § 7 Abs. 1a SGB IV das Arbeitsentgelt zu Grunde zu legen, das der Arbeitslose für die geleistete Arbeitszeit ohne eine Vereinbarung nach § 7 Abs. 1a SGB IV erzielt hätte. Es ist demnach entsprechend der tatsächlich geleisteten Vollzeitarbeit in der ersten Phase für die Berechung des Arbeitslosengeldes auf den Vollzeitlohn abzustellen, der nicht um den Betrag der Gutschrift auf dem Arbeitszeitkonto vermindert ist. Erfolgt der Eintritt der Arbeitslosigkeit allerdings während der Freistellungsphase, so ist das in dieser Phase tatsächlich erzielte Arbeitsentgelt maßgebend (§ 131 Abs. 3 Nr. 2 letzter HS SGB III).

Damit kann auch bei der nicht geförderten Altersteilzeit das in der Freistellungsphase bezogene Arbeitslosengeld den wahrscheinlichen Verlust des Wertguthabens nur insoweit kompensieren, als der Arbeitnehmer Bezüge zur Existenzsicherung erhält. Der Verlust des Wertguthabens an sich kann durch die Gewährung von Arbeitslosengeld nicht ausgeglichen werden.

4. Zusammenfassung

Für das Arbeitslosengeld im Anschluss an die gesetzlich geförderte und nicht geförderte Altersteilzeit kann festgestellt werden, dass es für einen begrenzten Zeitraum Ersatz für die Ausfälle der Gehaltszahlungen bieten kann. Eine Sicherung der Wertguthaben kann jedoch nicht erreicht werden.

IV. Insolvenzschutz nach § 7d SGB IV

§ 7d SGB IV enthält eine gesetzliche Verpflichtung zum Schutz der Wertguthaben. Eingeführt wurde die Norm ursprünglich als § 7a SGB IV durch das *Gesetz zur sozialrechtlichen Absicherung flexibler Arbeitszeitregelungen* vom 6. April 1998.[252] Durch Art. 1 Nr. 3 des *Gesetzes zur Förderung der Selbständigkeit* vom 20. Dezember 1999[253], welches rückwirkend zum 1. Januar 1999 in Kraft trat, wurde § 7a SGB IV inhaltlich unverändert in § 7d SGB IV überführt.

Diese Norm ordnet an, dass die Vertragsparteien einer Vereinbarung nach § 7 Abs. 1a SGB IV (flexible Arbeitszeiten unter Verwendung eines Wertguthabens) unter bestimmten Voraussetzungen Vorkehrungen zu treffen haben, die der Erfüllung der Wertguthaben, einschließlich des auf sie entfallenden Arbeit-

---

[252] BGBl. I S. 688.

[253] BGBl. I S. 2.

geberanteils am Gesamtsozialversicherungsbeitrag[254], bei Zahlungsunfähigkeit des Arbeitgebers dienen (§ 7d Abs. 1 SGB IV).[255] Im Rahmen der gesetzlich geförderten Altersteilzeit sind allerdings die Aufstockungsleistungen nach § 3 ATG nicht für den Fall der Insolvenz abzusichern, da sie nicht Bestandteil der Wertguthaben sind.[256] Sie resultieren nicht direkt aus der Vorleistung des Arbeitnehmers.[257]

Im einzelnen ist gemäß § 7d Abs. 1 Nr. 1 und Nr. 2 SGB IV ein Insolvenzschutz zu gewähren, soweit kein Anspruch auf Insolvenzgeld besteht, das Wertguthaben des Beschäftigten einschließlich des darauf entfallenden Arbeitgeberanteils am Gesamtsozialversicherungsbeitrag einen Betrag in Höhe des Dreifachen der monatlichen Bezugsgröße übersteigt und der vereinbarte Zeitraum, in dem das Wertguthaben auszugleichen ist, mehr als 27 Kalendermonate nach der ersten Gutschrift beträgt.[258] Diese 27-monatige Ausgleichsfrist beginnt mit dem Monat, der dem Monat folgt, in dem zum ersten Mal auf das Wertguthaben eine Gutschrift zu Gunsten des Arbeitnehmers erfolgt ist.[259] Die genannte Bezugsgröße ist in § 18 SGB IV definiert und stellt das Durchschnittsentgelt der gesetzlichen Rentenversicherung im vorletzten Kalenderjahr, aufgerundet auf den nächst höheren, durch 420 teilbaren Betrag dar. Im Rahmen des Insolvenzschutzes nach § 7d SGB IV ist auf die im jeweiligen Zeitraum aktuelle Bezugsgröße abzustellen.[260] Sie betrug im Jahr 2003 in den alten Bundesländern 2.380 EUR und in den neuen Bundesländern 1.995 EUR monatlich.[261]

Mit der Einführung dieser zeitlichen und betragsmäßigen Grenzen wollte der Gesetzgeber zum Ausdruck bringen, dass ein aufwendiges Insolvenzsicherungsverfahren erst gerechtfertig ist, wenn die Wertguthaben eine gewisse Größenordnung erreichen, es sich mithin um Langzeitkonten handelt.[262]

---

254 Vgl. zum Arbeitgeberanteil am Gesamtversicherungsbeitrag: §§ 28d, 28e Abs. 1, 28g SGB IV.

255 *Podewin*, RdA 2005, 295 f.

256 *Hanau*, ZIP 2002, 2028, 2032; *Nimscholz*, ZIP 2003, 1936, 1937; *Podewin*, RdA 2005, 295, 296.

257 *Hanau*, ZIP 2002, 2028, 2032; *Nimscholz*, ZIP 2003, 1936, 1937; *Podewin*, RdA 2005, 295, 296.

258 *Podewin*, RdA 2005, 295, 296.

259 *Wannagat/Brandenburg/Woltjen*, Sozialgesetzbuch, § 7d SGB IV Rn. 8.

260 *Hauck/Noftz/Sehnert*, Sozialgesetzbuch, SGB IV, § 7d Rn. 9.

261 Vgl. http://www.finanzenchannel.de/encyclopedia-398-Bezugsgroesse.html.

262 Begr. RegE des *Gesetzes zur sozialrechtliche Absicherung flexibler Arbeitszeitregelungen*, BT-Drucks. 13/9818, S. 9; *Diller*, NZA 1998, 792, 794.

Um die Weiterentwicklung einer Vielzahl bereits vorhandener und sich noch entwickelnder Arbeitszeitkontenmodelle durch restriktive Vorgaben nicht zu gefährden, hat der Gesetzgeber in § 7d SGB IV keine Anordnungen hinsichtlich der Art und Weise des Insolvenzschutzes getroffen.[263]

Die Regelung des § 7d SGB IV ist zwingend und hat nicht bloß programmatische Funktion.[264] Allerdings kann ein Verstoß gegen das Gebot der Schaffung eines Insolvenzschutzes mangels Rechtsgrundlage im Sozialrecht nicht sanktioniert werden.[265] Weder für die Förderung nach dem ATG noch für den Rentenzugang nach § 237 SGB IV ist es notwendig, dass ein entsprechender Insolvenzschutz gewährt wird.[266] Festzustellen ist in diesem Zusammenhang zudem, dass das Fehlen eines Insolvenzschutzes nicht zur Unwirksamkeit der getroffenen Arbeitszeitvereinbarung führt. Auch § 134 BGB, der ein Rechtsgeschäft, das gegen ein gesetzliches Verbot verstößt, für nichtig erklärt, ist nicht anwendbar, weil weder § 7d SGB IV noch eine anderen Norm des SGB IV die Durchführung einer Arbeitszeitvereinbarung ohne Insolvenzschutz untersagt.[267]

Diskutiert wird, ob der Arbeitnehmer gegenüber dem Arbeitgeber einen Anspruch auf Abschluss einer Insolvenzsicherung[268] hat und ob dieser im Übrigen bei Verweigerung eines solchen Schutzes Schadensersatzansprüche[269] gegen den Arbeitgeber geltend machen kann. In dieser Frage wird vertreten, dass § 7d SGB IV ein Schutzgesetz zugunsten des Arbeitnehmers sei[270], so dass eine Haftung aus § 823 Abs. 2 BGB in Betracht komme. Dagegen hat nun das BAG zu

263 Begr. RegE des *Gesetzes zur sozialrechtliche Absicherung flexibler Arbeitszeitregelungen*, BT-Drucks. 13/9818, S. 11.

264 *Hauck/Noftz/Sehnert*, Sozialgesetzbuch, SGB IV, § 7d Rn. 6; a. A. *Diller*, NZA 1998, 792, 794.

265 *Hauck/Noftz/Sehnert*, Sozialgesetzbuch, SGB IV, § 7d Rn. 6; *Stief*, Altersteilzeit in der Praxis, S. 99.

266 *Rittweger/Petri/Schweikert/Rittweger*, Altersteilzeit, B., Rn. 34.

267 *Hauck/Noftz/Sehnert*, Sozialgesetzbuch, SGB IV, § 7d Rn. 7.

268 Für einen Anspruch: HzS/*Schlegel*, Gruppe 7 b, Altersteilzeit, Teil B, Rn. 131; *von Ahsen/Nölle*, DB 2003, 1384, 1386; *Wiezer*, S. 86 ff; LAG Düsseldorf DZWIR 2005, 195, 198 bejaht das Vorliegen eines Schutzgesetzes, wenn eine entsprechende Betriebsvereinbarung besteht. Gegen einen Anspruch: *Hanau*, ZIP 2002, 2028, 2032; *Gussone/Voelzke/Voelzke*, Altersteilzeitrecht, B., Rn. 65.

269 Für einen Schadensersatzanspruch etwa: *Zwanziger*, Das Arbeitsrecht der Insolvenzordnung, Einleitung Rn. 268; HzS/*Schlegel*, Gruppe 7 b, Altersteilzeit, Teil B, Rn. 131; *Wiezer*, S. 86 ff. Gegen einen Anspruch etwa: *Hanau*, ZIP 2002, 2028, 2032.

270 Vgl. zu der Diskussion: *Kroll*, S. 260 ff., der im Ergebnis § 7d SGB IV zu Recht nicht als Schutzgesetz im Sinne des § 823 Abs. 2 BGB ansieht.

Recht eingewandt, dass § 7d SGB IV ohne Sanktionen formuliert ist, sich ausdrücklich an alle Vertragsparteien wendet und nicht nur den Arbeitgeber, sondern auch den Arbeitnehmer in die Pflicht ruft.[271] Als Schutzgesetze kommen grundsätzlich nur solche gesetzlichen Gebote oder Verbote in Betracht, durch die das geschützte Interesse, die Art seiner Verletzung und der Kreis der geschützten Personen hinreichend klargestellt und bestimmt sind.[272] Die Bestimmung muss gerade dazu dienen, den Einzelnen bzw. einen bestimmten Personenkreis gegen die Verletzung eines Rechtsgutes oder eines bestimmten Rechtsinteresses zu schützen.[273] Ein Anspruch des Arbeitnehmers gegenüber dem Arbeitgeber auf Bestellung einer Insolvenzsicherung bzw. ein Schadensersatzanspruch wegen Verletzung eines Schutzgesetzes im Sinne des § 823 Abs. 2 BGB ist daher abzulehnen, da auch der Arbeitnehmer Adressat des § 7d SGB IV ist.[274] Aus den gleichen Gründen ist auch ein Schadensersatzanspruch gegen den später eintretenden Insolvenzverwalter abzulehnen.

Bei der praktischen Bedeutung dieser Streitfrage ist im Übrigen zu bedenken, dass zivilrechtliche Ansprüche gegen einen insolventen Arbeitgeber, der bereits die Gehaltsansprüche aus den Wertguthaben nicht erfüllen kann, wenig Aussicht auf Realisierung haben werden. Aber auch weit vor einer Arbeitgeberinsolvenz dürfte der Nutzen eines solchen Schadensersatzanspruches nur gering sein. Unabhängig von der Frage, ob bei unterbliebener Sicherung bereits ein Schaden eingetreten ist – der Arbeitnehmer hat ja (noch) eine werthaltige Forderung gegen den Arbeitgeber, steht dieser Anspruch erneut nur neben dem Anspruch auf Auszahlung des erarbeiteten Wertguthabens.

Zusammenfassend kann damit festgestellt werden, dass § 7d SGB IV nur einen begrenzten Insolvenzschutz gewährleistet. Bewusst hat der Gesetzgeber einen großen Teil der Arbeitszeitkontenmodelle aus dem Anwendungsbereich des § 7d

---

271 BAG ZIP 2006, 344, 346 f. = BAG NZI 304, 306. Vgl. im Übrigen die Begr. des RegE zum *Gesetz zur sozialrechtlichen Absicherung flexibler Arbeitszeitregelungen*, BT-Drucks. 13/9818, S. 11.

272 BAG ZIP 2006, 344, 346 = BAG NZI 304, 306; BGHZ 40, 306 f.; *Palandt/Sprau*, BGB, § 823 Rn. 56 f.

273 BGHZ 40, 306.

274 Davon zu unterscheiden ist die Frage, ob eine Regelung in einem Kollektivvertrag oder einer Betriebsvereinbarung, die dem Arbeitgeber eine Verpflichtung zur Insolvenzsicherung auferlegt, zugunsten der Arbeitnehmer ein Schutzgesetz im Sinne des § 823 Abs. 2 BGB darstellen kann. Dies hat das LAG Düsseldorf mit Urteil vom 10.12.2004, ZIP 2005, 999, 1002, bejaht. Vgl. im Übrigen die Anmerkung *Moll/Leisbrock* zu LAG Düsseldorf, Urteil vom 10.12.2004, EWiR 2005, 757.

SGB IV herausgehalten.[275] Selbst wenn sich die Vertragsparteien an die Vorgaben des § 7d SGB IV halten, ergibt sich erst eine gesetzliche Verpflichtung zur Sicherung der Wertguthaben, wenn diese innerhalb eines längeren Zeitraumes als 27 Monate ausgeglichen werden sollen. Demnach unterliegen Altersteilzeitvereinbarungen dann der gesetzlichen Anordnung eines Insolvenzschutzes, wenn sie eine Laufzeit von mehr als 27 Monaten haben.[276] Vereinbarungen mit einer kürzeren Laufzeit sind von der Verpflichtung ausgenommen.

Als besonderer Nachteil erweist sich auch, dass die Sicherung gegen die Zahlungsunfähigkeit des Arbeitgebers nicht eindeutig einer bestimmten Partei des Arbeitsvertrages aufgegeben worden ist. Selbst wenn man allen Parteien die Verpflichtung auferlegt, auf eine Sicherung hinzuwirken, bliebe ein Unterlassen dennoch ohne Folgen. Sanktionen sind vom Gesetz nicht vorgesehen. Diese Situation ist zwar als vom Gesetzgeber gewollt hinzunehmen, erscheint aber insgesamt als unbefriedigend. Dadurch vergrößert sich die Notwendigkeit, individualvertraglich auf eine Insolvenzsicherung hinzuwirken.

V. Insolvenzsicherung nach § 8a ATG

Eine etwas weitergehendere Verpflichtung zur Insolvenzsicherung von Wertguthaben – speziell für die gesetzlich geförderte Altersteilzeit – enthält § 8a ATG, der zum 1. Juli 2004 in Kraft trat. Diese Regelung war Bestandteil des *Dritten Gesetzes für moderne Dienstleistungen am Arbeitsmarkt* vom 23. Dezember 2003 („Hartz III").[277] Diese Neuregelung gilt für Altersteilzeitarbeit, die nach dem 30. Juni 2004 begonnen wurde und durch die ein Wertguthaben aufgebaut wird (§ 15g ATG). Der Gesetzgeber sah sich dazu veranlasst, da er die bestehenden Regelungen des § 7d SGB IV im Hinblick auf die gesetzlich geförderte Altersteilzeit als nicht ausreichend erachtete.[278] Ausdrücklich

---

275 Vgl. Begr. RegE des *Gesetzes zur sozialrechtliche Absicherung flexibler Arbeitszeitregelungen*, BT-Drucks. 13/9818, S. 11; *Wannagat/Brandenburg/Woltjen*, Sozialgesetzbuch, § 7d SGB IV Rn. 8.

276 HzS/*Schlegel*, Gruppe 7 b, Altersteilzeit, Teil B, Rn. 118; *Hauck/Noftz/Sehnert*, Sozialgesetzbuch, SGB IV, § 7d Rn. 10. A. A. *Rittweger/Petri/Schweikert/Rittweger*, Alterteilzeit, B., Rn. 35, der eine Verpflichtung zur Sicherung der Wertkonten erst ab einer Ansparphase von 30 Monaten (Kumulation von § 7d Abs. 1 Nr. 1 und Nr. 2 SGB IV) sieht; ebenso *Schrader/Straube*, ZInsO 2005, 234, 236.

277 BGBl. I S. 2848, 2911.

278 Begr. RegE zum *Dritten Gesetz für Moderne Dienstleistungen am Arbeitsmarkt*, BT-Drucks. 15/1515, S. 134.

sollte u. a. das Ziel erreicht werden, durch eine verbesserte Sicherheit künftig die Akzeptanz der Altersteilzeit bei den Arbeitnehmern zu erhöhen.[279]

§ 8a Abs. 1 S. 1 ATG verpflichtet den Arbeitgeber bei einer Altersteilzeitvereinbarung im Sinne des ATG, die zum Aufbau eines Wertguthabens führt, welches den Betrag des Dreifachen des Regelarbeitsentgelts nach § 6 Abs. 1 ATG einschließlich des darauf entfallenden Arbeitgeberanteils am Gesamtsozialversicherungsbeitrag übersteigt, dieses Wertguthaben und den darauf entfallenden Arbeitgeberanteil am Gesamtsozialversicherungsbeitrags in geeigneter Weise gegen das Risiko seiner Zahlungsunfähigkeit abzusichern. Diese Sicherung hat bereits mit der ersten Gutschrift auf das Wertguthaben zu erfolgen (§ 8a Abs. 1 S. 1 ATG).[280]

Demnach müssen Wertguthaben aus Altersteilzeitvereinbarungen gesichert werden, die eine Freistellungsphase von mehr als drei Monaten vorsehen. Der sicherungspflichtige Arbeitgeber hat folglich eine Prognose anzustellen, in welcher Höhe das Wertguthaben bei ungestörtem Fortgang entstehen wird.[281] Bei der Ermittlung der Höhe des zu sichernden Wertguthabens erklärt § 8a Abs. 2 ATG die Verrechnung von gezahlten Aufstockungsleistungen nach § 3 Abs. 1 Nr. 1 lit. a, b ATG und § 4 Abs. 2 ATG sowie von Zahlungen der Arbeitgeber zur Übernahme von Beiträgen im Sinne des § 187a SGB VI (Beiträge bei vorzeitiger Inanspruchnahme der Rente wegen Alters) für unzulässig.[282] Damit wurde der oftmals vertretenen Auffassung[283] nicht gefolgt, die eine Verrechnung als zulässig erachtete.[284]

Wie die Vorschrift des § 7d SGB IV enthält auch der § 8a ATG keine Vorgaben in Bezug auf ein konkret zu verwendendes Sicherungsinstrument. Auch hier befürchtete der Gesetzgeber bei Erlass der Vorschrift, dass die abschließende Aufzählung bestimmter Sicherungsmodelle der Entwicklung weiterer innovativer Modelle entgegenstehen und den Erfordernissen der Praxis nach einer im

---

279 Begr. RegE zum *Dritten Gesetz für Moderne Dienstleistungen am Arbeitsmarkt*, BT-Drucks. 15/1515, S. 134. A. A. *Abeln/Gaudernack*, BB 2005, 43, die die Steigerung der Attraktivität bezweifeln.

280 Vgl. dazu auch: *Podewin*, RdA 2005, 295, 297.

281 *Kolmhuber*, ArbRB 2004, 354; *Kovács/Koch*, NZI 2004, 415, 417.

282 ErfK/*Rolfs*, § 8a ATG Rn. 4.

283 Vgl. Anm. *Braun* zu BAG, Urteil vom 18.11.2003, ArbRB 2004, 169; *Kolmhuber* ArbRB 2004, 354, 355.

284 Begr. RegE zum *Dritten Gesetz für Moderne Dienstleistungen am Arbeitsmarkt*, BT-Drucks. 15/1515, S. 134 f.

jeweiligen Einzelfall optimalen Sicherungslösung widersprechen könnte.[285] Allerdings findet sich in § 8a Abs. 1 S. 2 ATG eine Aufzählung von denkbaren Sicherungsvarianten, die sich in der Vergangenheit nicht als insolvenzfest erwiesen haben.[286] Mangels Eignung dürfen diese nicht als Sicherungsmittel verwendet werden. Der Ausschlusskatalog nennt bilanzielle Rückstellungen und begründete Einstandspflichten zwischen Konzernunternehmen (§ 18 AktG), insbesondere Bürgschaften, Patronatserklärungen oder Schuldbeitritte.

In § 8 Abs. 3 ATG ist bestimmt, dass der Arbeitgeber dem Arbeitnehmer die zur Sicherung des Wertguthabens ergriffenen Maßnahmen mit der ersten Gutschrift und danach alle sechs Monate in Textform (§ 126b BGB)[287] nachzuweisen hat. Kommt der Arbeitgeber dieser Nachweispflicht nicht nach oder sind die nachgewiesenen Maßnahmen nicht geeignet und erfolgt auch nach schriftlicher Aufforderung innerhalb eines Monats noch kein Nachweis über eine geeignete Sicherung, kann der Arbeitnehmer verlangen, dass eine Sicherheitsleistung mit den in § 8a Abs. 4 S. 2 ATG genannten Mitteln in Höhe des bestehenden Wertguthabens erbracht wird (§ 8a Abs. 4 ATG).[288]

§ 8a Abs. 5 ATG stellt ferner fest, dass Vereinbarungen über den Insolvenzschutz, die zum Nachteil des Arbeitnehmers von den Bestimmungen des § 8a ATG abweichen, unwirksam sind.[289]

Da das Vorliegen einer Insolvenzsicherung allerdings nicht Voraussetzung für eine Förderung nach den §§ 2, 3 ATG ist, entfällt diese auch nicht, wenn vom Arbeitgeber keine Sicherung vorgenommen wird.

Bei der Insolvenzsicherung nach § 8a ATG ist als positive Entwicklung hervorzuheben, dass eine Insolvenzsicherungspflicht bereits dann besteht, wenn mehr als drei Monatsgehälter auf den Wertguthaben festgehalten werden sollen. Dadurch muss bei einem gesetzlich geförderten Altersteilzeitprogramm bereits viel

---

285 Begr. RegE zum *Dritten Gesetz für Moderne Dienstleistungen am Arbeitsmarkt*, BT-Drucks. 15/1515, S. 134.

286 Beispielhaft sei hier die Insolvenz der Babcock Borsig AG angeführt. Diese Gesellschaft hatte zuvor Wertguthaben von Arbeitnehmern in Altersteilzeit, die bei ihren Tochterunternehmen beschäftigt waren, durch eine konzerninterne Bürgschaft gesichert. Durch ihre Insolvenz erwies sich diese Sicherung als wertlos, vgl. BetrAV 2002, 789.

287 Begr. RegE zum *Dritten Gesetz für Moderne Dienstleistungen am Arbeitsmarkt*, BT-Drucks. 15/1515, S. 135.

288 ErfK/*Rolfs*, § 8a ATG Rn. 7; *Stief*, Altersteilzeit in der Praxis, S. 99.

289 ErfK/*Rolfs*, § 8a ATG Rn. 9.

früher eine Sicherung bestellt werden. Eine wichtige Neuerung ist grundsätzlich auch, dass § 8a ATG im Vergleich zu § 7d SGB IV eine Sanktion bei Verletzung der Sicherungspflicht vorsieht. Bei diesem Anspruch auf Leistung einer Sicherheit gegen den Arbeitgeber, der der Nachweis- bzw. der Insolvenzsicherungspflicht wohl häufig aus wirtschaftlichen Gründen nicht nachkommt, ist jedoch zu beachten, dass er, auch wenn er gerichtlich erzwungen wird, mangels finanzieller Möglichkeiten des Arbeitgebers oftmals nicht zum Erfolg führen wird.

Ein daraus möglicherweise resultierender Schadensersatzanspruch wegen Verletzung der Insolvenzsicherungspflicht – denkbar ist auch bei dieser Vorschrift ein Anspruch aus § 823 Abs. 2 BGB, wobei § 8a ATG das Schutzgesetz ist – wäre allerdings in der Insolvenz des Arbeitgebers ebenso wertlos wie der Anspruch auf Arbeitsentgelt selbst.[290] Der Schutzgesetzcharakter des § 8a Abs. 1 ATG könnte darauf gestützt werden, dass er ausdrücklich und ausschließlich den Arbeitgeber in die Pflicht ruft.[291] Unabhängig von den Realisierungschancen eines solchen Schadensersatzanspruchs, könnte dadurch jedenfalls ein weiteres Druckmittel für die Bestellung einer Insolvenzsicherung zugunsten der Arbeitnehmer geschaffen werden. Gegen die Einordnung des § 8a ATG als Schutzgesetz im Sinne von § 823 Abs. 2 BGB spricht jedoch, dass die Vorschrift vor allem eine sozialversicherungsrechtliche Schutzrichtung besitzt, welche die Sozialversicherungsträger vor Beitragsausfällen schützen will.[292] Darüber hinaus ist der Kreis der geschützten Personen, wie von der Rechtsprechung[293] gefordert, nicht hinreichend klargestellt und bestimmt. Hinzu kommt, dass § 8a ATG bereits eine Sanktion vorsieht – die Verpflichtung zur Sicherheitsleistung. Soll dem Arbeitnehmer zusätzlich auch ein Schadensersatzanspruch zustehen, hätte der Gesetzgeber sogleich einen solchen Anspruch in diese junge Vorschrift aufnehmen können. Es ist daher davon auszugehen, dass § 8a ATG abschließend ist und keinen weiter gehenden Schutz zugunsten des Arbeitnehmers entfaltet. § 8a ATG ist daher nicht als Schutzgesetz im Sinne des § 823 Abs. 2 BGB anzusehen.

Im Ergebnis konnte auch die Einführung des § 8a ATG das Risiko des insolvenzbedingten Verlustes von ungesicherten Wertguthaben nicht beseitigen. Ein anderes Ergebnis wäre auf gesetzlichem Wege nur zu erreichen, wenn die

---

290 ErfK/*Rolfs*, § 8a ATG Rn. 7.

291 Für einen Anspruch votieren: *Nimscholz/Oppermann/Ostrowicz*, S. 28.

292 *Podewin*, RdA 2005, 295, 296.; *Krüger/Marx*, Anmerkung zu BAG, Urteil vom 16.08.2005, NZI 2006, 307, 308 f.

293 Vgl. BAG NZI 304, 306; BGHZ 40, 306 f.

Insolvenzsicherungspflicht bei Unterlassen der Sicherungsmaßnahmen auch bestimmte direkte Sanktionen, wie beispielsweise die Einstellung der Förderung, anordnete.

VI. Ergebnis

Nach der deutschen Rechtsordnung steht einem Arbeitnehmer, der im Rahmen eines Altersteilzeitprogramms ein Wertguthaben erwirtschaftet, gegenwärtig kein gesetzlicher Insolvenzschutz zur Verfügung. Sowohl das Insolvenzgeld als auch das Arbeitslosengeld können keinen umfassenden Ersatz bei Verlust der Ansprüche aus den Wertguthaben leisten. Das Insolvenzgeld deckt nur die letzten drei Monate vor Eröffnung des Verfahrens ab. Das Arbeitslosengeld kann maximal für 18 Monate gewährt werden und ist letztlich nur als Kompensation für die Ausfälle der Gehaltszahlungen anzusehen. Eine Sicherung der Wertguthaben kann auf diese Weise nicht erreicht werden. Hinzu kommt, dass der Arbeitslose stets verpflichtet ist, nach Wegen zu suchen, seine Beschäftigungslosigkeit zu beenden (§ 119 Abs. 1 Nr. 2 SGB III). Ferner hat er den Vermittlungsbemühungen der zuständigen Agentur für Arbeit zur Verfügung zu stehen (§ 119 Abs. 1 Nr. 3 SGB III). Gelangt der Arbeitnehmer in ein erneutes Beschäftigungsverhältnis, ist er erneut zu Arbeitsleistung verpflichtet und seine bis dahin erarbeiteten Wertguthaben bei dem bisherigen und nun insolventen Arbeitgeber können ihm nicht für eine spätere Altersteilzeitarbeit angerechnet werden.

In § 7d SGB IV ordnet das deutsche Recht für flexible Arbeitszeitregelungen, in denen Wertguthaben aufgebaut werden, eine allgemeine Verpflichtung zur Absicherung dieser Konten gegen die Zahlungsunfähigkeit des Arbeitgebers an. Allerdings haben die aus § 7d SGB IV verpflichteten Parteien keine Sanktionen zu befürchten, wenn der Insolvenzsicherungspflicht nicht entsprochen wird.

Speziell für die gesetzlich geförderte Altersteilzeit befindet sich in § 8a ATG seit dem 1. Juli 2004 eine besondere Sicherungsverpflichtung für Wertguthaben, die aus Altersteilzeit im Blockmodell resultieren. § 8a ATG räumt zwar dem Arbeitnehmer gegenüber seinem Arbeitgeber im Gegensatz zu § 7d SGB IV einen Anspruch auf Bestellung einer Sicherung ein, allerdings sind die Erfolgschancen auf Realisierung eines solchen Anspruchs im Ergebnis naturgemäß gering. Denn in den meisten Fällen wird der Grund für die Nichtvornahme einer Sicherung nicht Nachlässigkeit, sondern die angespannte wirtschaftliche Situation des Arbeitgebers sein. Eine nachträgliche Sicherung wird daher auf diesem Weg in vielen Fällen nicht zu erreichen sein. Im Übrigen droht auch den aus § 8a ATG verpflichteten Arbeitgebern keine sonstige Sanktion im Falle der Unterlassung von Sicherungsmaßnahmen.

§ 3 Sicherungsbedürfnis in Deutschland

Auf Grund der bisher gefundenen Ergebnisse, insbesondere der insolvenzrechtlichen Einordnung der Arbeitnehmeransprüche und der gesetzlichen Insolvenzschutzvorkehrungen, wird im Folgenden das Sicherungsbedürfnis im Bezug auf die Arbeitnehmeransprüche aus den Arbeitszeitkonten untersucht.

Die mögliche Insolvenz des Arbeitgebers stellt in vielfacher Hinsicht für den Arbeitnehmer in Altersteilzeit ein besonderes Risiko dar. Dies gilt unabhängig davon, ob er in geförderter oder in nicht geförderter Altersteilzeit tätig ist. Der Arbeitnehmer steht am Ende seines Erwerbslebens und ist in der Regel nur noch wenige Jahre vom Eintritt in die gesetzliche Altersrente entfernt. Verliert er in diesem Stadium seine Anstellung, wird er in den meisten Fällen auf Grund der gegenwärtig angespannten Situation am Arbeitsmarkt im Regelfall keine neue Beschäftigung mehr finden können.[294] Zum Erhalt seines Lebensstandards ist er daher in den meisten Fällen mangels Beschäftigungsalternative verstärkt auf die Auszahlung seines Altersteilzeitlohns angewiesen.

Problematisch erscheint im Insolvenzverfahren gegen den Arbeitgeber auch die Realisierung der Vergütungsansprüche aus der vorgeleisteten Tätigkeit, die zur Bildung der Wertguthaben geführt hat. Wie oben dargestellt[295], sind die vor Eröffnung des Insolvenzverfahrens erarbeiteten Forderungen aus den Arbeitszeitguthaben als Insolvenzforderungen nach den §§ 108 Abs. 2, 38 InsO anzusehen. Erst die aus Arbeitsleistungen nach diesem Zeitpunkt stammenden Forderungen sind als Masseverbindlichkeiten gemäß den §§ 53, 55 Abs. 1 Nr. 2 InsO einzuordnen. Da die Aussichten auf Befriedigung von Insolvenzforderungen in der Regel sehr gering sind, wird eine vollständige Vergütung aus den vor Verfahrenseröffnung im Voraus erbrachten Arbeitsleistungen folglich nur in wenigen Fällen zu realisieren sein. Besonders störend an dieser Situation ist der Umstand, dass der Arbeitnehmer mit seinen Vorleistungen Werte geschaffen hat, die in der Insolvenz vor allem privilegierteren Gläubigern zugute kommen.

Sofern die Bezugsvoraussetzungen erfüllt werden können[296], bleibt dem Arbeitnehmer im Fall der Insolvenz des Arbeitgebers zunächst nur das Insolvenzgeld nach den §§ 183 ff. SGB III als staatliche Entgeltersatzleistung für die letzten drei Monate vor Eröffnung des Insolvenzverfahrens. Verliert er in Folge der In-

---

294 Vgl. den Artikel „Engpaß im Mittelstand" der *Welt am Sonntag* vom 4. Juni 2006, S. 32.

295 Vgl. oben S. 84 ff.

296 Vgl. oben S. 97 ff.

solvenz des Arbeitgebers auch seinen Arbeitsplatz, so hat er als weitere staatliche Entgeltersatzleistung Anspruch auf Arbeitslosengeld für maximal 18 Monate.[297] Eine Sicherung der Wertguthaben kann dadurch nicht erreicht werden, da diese Leistungen unabhängig vom Bestehen eines Wertguthabens sind.

Auch die gesetzlich vorgeschriebenen Insolvenzschutzgebote des § 7d SGB V und des § 8a ATG können die gravierenden Folgen für den Arbeitnehmer nicht abfedern, wenn die Vertragsparteien bzw. der Arbeitgeber keine Insolvenzschutzmaßnahmen veranlasst hatte.

Die gesetzlich vorgesehenen Mechanismen stellen damit keinen befriedigenden Ausgleich für die über längere Zeiträume erarbeiteten und in der Insolvenz des Arbeitgebers nun größtenteils wertlosen Ansprüche aus den Wertguthaben dar. Es besteht daher ein dringendes Sicherungsbedürfnis bezüglich der Arbeitnehmeransprüche aus der vorgeleisteten Arbeit. Dieses Bedürfnis entsteht bereits ab dem Moment, in dem der Arbeitnehmer mit seinen Diensten in Vorleistung tritt.

Im Zusammenhang mit dem Abschluss einer Altersteilzeitvereinbarung ist es daher unerlässlich, ein tragfähiges Sicherungsmodell bezüglich dieser Ansprüche einzurichten. Jedes Modell ist vertraglich zu fixieren und dann laufend zu überwachen. Im Rahmen der arbeitsvertraglichen Gestaltung eines Altersteilzeitverhältnisses ist an ein Sonderkündigungsrecht dieses regelmäßig befristeten Dauerschuldverhältnisses zu denken, falls der Arbeitgeber seinen Sicherungsverpflichtungen nicht nachkommen oder sie vernachlässigen sollte.

---

297 Vgl. oben S. 99 ff.

§ 4 Bewertungskriterien der einzelnen Sicherungsmodelle

Bevor in den folgenden Paragraphen auf die einzelnen Sicherungsmodelle, die unter Berücksichtigung des gegenwärtigen Entwicklungs- und Diskussionsstandes in Deutschland praktiziert werden, näher eingegangen wird, werden zuvor allgemeinen Kriterien vorgestellt, die in vorliegenden Untersuchung Maßstab für die Bewertung der einzelnen Sicherungslösungen sind.

Bei der Suche nach einer geeigneten Insolvenzsicherung sind neben den insolvenzrechtlichen Vorgaben auch die Interessen von Arbeitnehmern und Arbeitgebern zu berücksichtigen. Ferner sind die Insolvenzsicherungsgebote aus § 7d SGB IV und § 8a ATG zu beachten. In einer sich zumeist an die Darstellung des Modells anschließenden Zusammenfassung werden, falls erforderlich, auch gegenläufige Interessen der Arbeitnehmer und Arbeitgeber erörtert.

I. Insolvenzrechtliche Vorgaben

Vorrangig sind die zwingenden insolvenzrechtlichen Regelungen zu beachten, die den Bestand des gewählten Sicherungsmodells gefährden könnten. Besonderes Augenmerk verdienen dabei die Folgen einer Verfahrenseröffnung auf bestehende Vertragsverhältnisse des Schuldners. Solche können demnach unverändert fortbestehen, automatisch erlöschen oder von der Entscheidung des Insolvenzverwalters abhängig sein. Die §§ 103 ff. InsO enthalten dabei Sonderregelungen für nicht vollständig abgewickelte Rechtsgeschäfte. Bei einer Sicherungslösung unter Einsatz des Vermögens des Arbeitgebers ist zu gewährleisten, dass die Sicherung so vom Vermögen des Arbeitgebers getrennt ist, dass sie im Falle seiner Insolvenz nicht mehr in dessen Insolvenzmasse (§ 35 InsO) fällt. Insoweit muss auch sichergestellt sein, dass eine Insolvenzanfechtung nach den §§ 129 ff. InsO ausgeschlossen ist, die zu einer Rückgewähr der ausgewählten Sicherung in die Insolvenzmasse führen würde (§ 143 Abs. 1 S. 1 InsO). Wäre dies der Fall, so könnte das Sicherungsmodell nach Eintritt der Insolvenz des Arbeitgebers beseitigt werden und wäre folglich als Sicherungslösung ungeeignet.

II. Arbeitnehmerinteressen

Aus Arbeitnehmersicht sollte das Sicherungsmodell im Einzelnen folgende Kriterien erfüllen:

1. Laufzeit des Sicherungsmodells

Das gewählte Sicherungsmodell sollte die Ansprüche aus den Wertkonten über die gesamte Laufzeit der Altersteilzeit abdecken.

2. Möglichkeit der einseitigen Beeinträchtigung oder Beseitigung des Sicherungsmodells

Der Wert der Sicherung für die bereits erarbeiteten Ansprüche sollte weder durch den Arbeitgeber noch durch einen Dritten einseitig nachträglich verändert, beeinträchtigt oder gar beseitigt werden können.

3. Insolvenzrisiko der am Sicherungsmodell beteiligten Einrichtungen

Bei einem Sicherungsmodell, in dem ein Dritter im Insolvenzfall für die Befriedigung der Ansprüche aus dem Wertguthaben einsteht, ist dieser Dritte auf sein eigenes Insolvenzrisiko hin zu untersuchen. Idealerweise handelt es sich dabei um eine nicht insolvenzfähige Person des öffentlichen Rechts (§ 12 InsO).

4. Belastung des Sicherungsmodells mit Abzügen oder bestimmten Verwertungskosten

Es muss gewährleistet sein, dass der Arbeitnehmer eine Sicherheit erhält, die zumindest dem tatsächlichen Wert seiner Wertguthaben entspricht. So dürfen bei der Verwertung der Sicherheit im Falle der Insolvenz des Arbeitgebers keine Abzüge fällig werden, die den Wert der Sicherheit verringern. Gegebenenfalls sind derartige Abzüge bei der Bestellung der Sicherheit zu berücksichtigen.

5. Einkommensteuerrechtliche Relevanz des Sicherungsmodells

Ferner dürfen dem Arbeitnehmer aus der jeweiligen Sicherungslösung keine nachteiligen einkommensteuerrechtlichen Auswirkungen erwachsen. Auf Grund des im Einkommensteuerrecht geltenden Zuflussprinzips erfolgt eine Besteuerung von Einkommen erst, wenn der Arbeitnehmer die wirtschaftliche Verfügungsgewalt über das Arbeitsentgelt erlangt.[298] Im Hinblick auf die Ansparung von Wertguthaben erfolgt beim Arbeitnehmer ein Zufluss von Einkommen nur schrittweise mit der jeweiligen Auszahlung in der Freistellungsphase und nicht

---

298 *Jakob*, Einkommensteuer, Rn. 243; *Zimmermann/Reyher/Janetzko/Hottmann*, Einkommensteuer, S. 106; *Schmidt/Heinicke*, Einkommensteuer, 23. Aufl. 2004, § 11 Rn. 12; *Kirchhof/Seiler*, Einkommensteuergesetz, 5. Aufl. 2005, § 11 Rn. 4 ff. Vgl. zur Besteuerung von Einkommen allgemein: *Jakob*, Einkommensteuer; *Zimmermann/Reyher/Janetzko/Hottmann*, Einkommensteuer.

bereits mit der Gutschrift auf den Wertguthaben (§§ 11 Abs. 1, 8 Abs. 1 EStG).[299] Es kommt für eine Besteuerung darauf an, wann der steuerpflichtige Arbeitnehmer die wirtschaftliche Verfügungsmacht über die Einnahmen erlangt. Jedoch ist bei der Ausgestaltung der Arbeitszeitvereinbarung darauf zu achten, dass diese bis zur Auszahlung des jeweiligen Betrages beim Arbeitgeber verbleibt. Um den Eindruck zu vermeiden, dass der Arbeitnehmer unter Abkürzung des Zahlungsweges zunächst die Verfügungsmacht über das Wertguthaben erlangt hat, sollte er nach Erbringung der Arbeitsleistungen nicht mehr frei entscheiden dürfen, ob und in welcher Höhe seine Ansprüche auf den Arbeitszeitkonten gutgeschrieben werden.[300] Bei der Wahl des Sicherungsmittels muss folglich auch beachtet werden, dass die beschriebene steuerrechtliche Wirkungsweise nicht aufgehoben wird, und nicht schon die Bestellung der Sicherheit zu Gunsten des Arbeitnehmers für diesen einen Zufluss von Einkommen im obigen Sinne bedeutet.

III. Arbeitgeberinteressen

Aus Arbeitgebersicht sollte das Sicherungsmodell im Einzelnen folgende Kriterien erfüllen:

1. Beeinträchtigung der wirtschaftlichen Handlungsfähigkeit

Soweit möglich sollte eine bestehende Kreditlinie nicht verkürzt und der durch die Verwendung von Wertguthaben entstehende Liquiditätsvorteil für den Arbeitgeber gewahrt werden. Der Arbeitgeber erhält nämlich zunächst die volle Arbeitsleistung, ist aber erst zu einem späteren Zeitpunkt verpflichtet, die Lohnansprüche zu erfüllen. Dadurch hat der Arbeitgeber die Möglichkeit, das ansonsten grundsätzlich nach dem Erbringen der Arbeitsleistung sofort fällige Arbeitsentgelt gewinnbringend zu investieren.

2. Bilanzielle Vorteile des Sicherungsmodells

Eventuell ergeben sich bei der Verwendung bestimmter Sicherungslösungen auch bilanzielle Vorteile. Zu denken ist dabei an die sog. Bilanzverkürzung nach internationalen Rechnungslegungsstandards (§ 315a HGB i.V.m. IAS 19.54), bei der die Bilanzsumme durch eine Saldierung bestimmter Aktivposten mit be-

299 *Schmidt/Heinicke/Drenseck*, Einkommensteuer, § 11 Rn. 12, § 8 Rn. 10; *Kirchhof/Seiler*, Einkommensteuergesetz, § 11 Rn. 10; *Hanau/Arteaga*, BB 1998, 2054, 2055.

300 Vgl. zu den verschiedenen Gestaltungsmöglichkeiten bei einer Arbeitszeitvereinbarung i.V.m. Wertguthaben: *Grabmaier*, S. 34 ff.

stimmten Passivposten abnimmt.[301] Dies kann unter Umständen zu einer Verbesserung der finanzwirtschaftlichen Bewertung des Unternehmens führen.[302]

Die Bilanzverkürzung wird allerdings nur bei solchen Sicherungslösungen in Betracht kommen, bei denen der Arbeitgeber ein sog. Planvermögen (plan assets) im Sinne von IAS 19.7 gebildet hat. Auf den vorliegenden Fall angewendet, erlaubt IAS 19.54 den Ausweis des saldierten Betrages aus dem Barwert der Verpflichtung des Arbeitgebers gegenüber seinen Arbeitnehmern zum Bilanzstichtag abzüglich des am Bilanzstichtag bestehenden Zeitwertes von Planvermögen, mit dem die Verpflichtungen unmittelbar abzugelten sind.[303] Dieses Planvermögen kann einerseits Vermögen sein, das durch einen langfristig ausgelegten Fonds zur Erfüllung von Leistungen an Arbeitnehmer von einer rechtlichen Einheit gehalten wird, die vom Arbeitgeber rechtlich unabhängig ist. Darüber hinaus darf das Vermögen vor Erfüllung der Verpflichtungen weder rückzahlbar, noch für die Gläubiger des Arbeitgebers verfügbar sein.[304] Andererseits zählen zu diesem Vermögen auch qualifizierte Versicherungspolicen eines Versicherers, der dem Unternehmen des Arbeitgebers nicht nahe stehen darf. Allerdings dürfen auch die Erlöse aus der Versicherung nur verwendet werden, um bestimmte Versorgungsleistungen an Arbeitnehmer zu zahlen. Zusätzlich dürfen die Erlöse weder vor Erfüllung der Verpflichtungen rückzahlbar sein, noch dem Zugriff der Gläubiger des Arbeitgebers unterliegen.[305]

3. Rechtliche Durchführbarkeit des Sicherungsmodells

Die Sicherheitslösungen müssen in ihrer rechtlichen Durchführung praktikabel und wenig störungsanfällig sein. Möglichst sollten durch die Vertragsgestaltung bereits alle zu sichernden Arbeitnehmer vorzugsweise ohne deren Mitwirkung in das Modell miteinbezogen werden. Idealerweise sollte auch die Anpassungsfähigkeit an zukünftige Veränderungen gewährleistet sein.

---

301 *Coenenberg*, Einführung in das Rechnungswesen, S. 82; *Federmann*, IAS/IFRS-stud., IAS 19.54; Wiley, IAS 2004, S. 668 ff.; *Mittermaier/Böhme*, BB 2006, 203 f.; *Höfer/Oppermann*, DB 2000, 1039 f.

302 *Mittermaier/Böhme*, BB 2006, 203; *Küppers/Louven*, BB 2004, 337. Vgl. zu Fragen der Rechnungslegung im Zusammenhang mit der Verwendung von Arbeitszeitkonten bzw. dem Einsatz von Altersteilzeit: *Haufe/Riehl*, IAS/IFRS-Kommentar, 2. Aufl. 2004, § 22 Rn. 91 ff.

303 Vgl. *Federmann*, IAS/IFRS-stud., IAS 19.54; *Wiley*, IAS 2004, S. 669.

304 Vgl. *Federmann*, IAS/IFRS-stud., IAS 19.7; *Wiley*, IAS 2004, S. 669; *Mittermaier/Böhme*, BB 2006, 203, 204.

305 Vgl. *Federmann*, IAS/IFRS-stud., IAS 19.7; *Wiley*, IAS 2004, S. 669; *Mittermaier/Böhme*, BB 2006, 203, 204.

4. Verwaltungs- und Kostenaufwand der Sicherungslösung

Der Verwaltungs- und Kostenaufwand müsste in angemessenem Verhältnis zum Volumen der zu sichernden Ansprüche stehen. Auch in der praktischen Durchführung sollte das jeweilige Sicherungsmodell für den Arbeitgeber keine allzu hohen Hürden aufstellen. Sowohl der Verwaltungs- als auch der Kostenaufwand sollten im Rahmen der bestehenden Organisations- und Kostenstruktur keine unverhältnismäßige Belastung bedeuten.

IV. Insolvenzsicherungsgebote aus § 7d SGB IV und § 8a ATG

Jene Insolvenzschutzmodelle müssen schließlich den Vorgaben der gesetzlichen Insolvenzschutzgebote des § 7d SGB IV und denen des § 8a ATG gerecht werden. Diese Vorschriften ordnen jedoch keine konkret zu wählenden Sicherungsmittel an[306], sondern verlangen eine geeignete Sicherung der Wertguthaben für den Fall der Zahlungsunfähigkeit des Arbeitgebers (§ 7d Abs. 1 SGB IV und § 8 Abs. 1 ATG). Zu beachten ist allerdings, dass § 8a Abs. 1 S. 2 ATG für die gesetzlich geförderte Altersteilzeit einen negativen Ausschlusskatalog enthält, wonach bilanzielle Rückstellungen und zwischen Konzernunternehmen begründete Einstandspflichten, insbesondere Bürgschaften, Patronatserklärungen oder Schuldbeitritte innerhalb eines Konzerns, nicht als geeignete Sicherungsmittel in Frage kommen.

V. Abschließende Zusammenfassung

In einer abschließenden Zusammenfassung werden schließlich die Vor- und Nachteile der jeweiligen Sicherungsmodelle dargestellt. Im Rahmen der Beurteilung der einzelnen Sicherungslösungen wird oftmals auch eine Kollision einzelner Bewertungskriterien auf Arbeitnehmer- und Arbeitgeberseite auftreten. Unter Umständen ist im Einzelfall dem einen oder anderen Kriterium der Vorzug einzuräumen, um den übrigen Kriterien und den Interessen der Beteiligten entsprechen zu können. Beispielsweise werden finanzstarke Arbeitgeber eher auf Liquiditätsvorteile verzichten können als Arbeitgeber, die finanziell schlechter ausgestattet sind. Genauso wird die Bestellung von dinglichen Sicherheiten, wie beispielsweise die Verpfändung von Immobilien, als mögliche Sicherungslösung mangels Verfügbarkeit solcher Vermögensgegenstände nicht für alle Arbeitgeber in Betracht kommen. Dadurch wird ersichtlich, dass es keine einheitliche Lösung für die Sicherung der Ansprüche aus den Altersteilzeitkonten geben kann.

---

306 Vgl. oben S. 102 ff. und S. 106 ff.

§ 5 Avalkredite

I. Ausgestaltung

Die Grundidee des Avalkredits[307] ist, dass sich ein Kreditinstitut durch einen sog. Haftungskredit[308] gegenüber einem Kunden verpflichtet, eine Haftung zugunsten eines bestimmten Gläubigers des Kunden zu übernehmen.[309] Diese Einstandspflicht – Bankaval – kann durch die Übernahme einer Bürgschaft (§ 765 Abs. 1 BGB), einer Garantie (§§ 311 Abs. 1, 241 Abs. 1 BGB) oder einer sonstigen Gewährleistung für einen anderen, wie beispielsweise einem Schuldbeitritt (§§ 311 Abs. 1, 241 Abs. 1 BGB), begründet werden.[310] Ein Kreditinstitut ist dabei ein Unternehmen, das gewerbsmäßig oder in einem Umfang Bankgeschäfte betreibt, welcher einen in kaufmännischer Weise eingerichteten Geschäftsbetrieb erfordert (§ 1 Abs. 1 S. 1 KWG). Da die genannten Haftungszusagen der Bank gegenüber dem Gläubiger eines Kunden gewerbsmäßig erteilt werden, stellen sie Bankgeschäfte im Sinne des § 1 Abs. 1 S. 2 Nr. 8 KWG dar. Durch diese Einstandsverpflichtung soll in der Regel eine schuldrechtliche Verpflichtung des Kunden gegenüber einem Gläubiger gesichert werden. Da auch der Arbeitgeber seinem Arbeitnehmer schuldrechtlich zur Erfüllung der Ansprüche aus den Wertguthaben verpflichtet ist, kommen Bankavale grundsätzlich als Sicherungsmittel in Betracht. Sie sind als unternehmensexterne Sicherungslösungen einzustufen.

II. Rechtsbeziehungen der Beteiligten eines Avalkredits

Im Zusammenhang mit einem Avalkredit sind drei Rechtsbeziehungen zu unterscheiden.[311] Angewendet auf die Sicherung der Ansprüche der Arbeitnehmer in einem Altersteilzeitprogramm lassen sich folgende Unterscheidungen treffen:

Die erste Rechtsbeziehung, die auch als Valutaverhältnis bezeichnet wird[312], ergibt sich aus der eigentlichen Hauptschuld zwischen dem Arbeitgeber (Haupt-

---

307 Vgl. zum Avalkredit allgemein: *Kümpel*, Bank- und Kapitalmarktrecht, Rn. 5.353 ff.; *Claussen*, Bank- und Börsenrecht, § 8 Rn. 61 ff; *Fischer/Klanten*, Bankrecht, S. 198 f.

308 *Claussen*, Bank- und Börsenrecht, § 8 Rn. 61; *Palandt/Sprau*, BGB, § 675 Rn. 10.

309 *Claussen*, Bank- und Börsenrecht, § 8 Rn. 61.

310 *Boos/Fischer/Schulte-Mattler/Fülbier*, KWG, 2. Aufl. 2004, § 1 Rn. 77; *Kümpel*, Bank- und Kapitalmarktrecht, Rn. 5.353.

311 *Kümpel*, Bank- und Kapitalmarktrecht, Rn. 5.371 ff.; *Palandt/Sprau*, BGB, Einf. § 765 Rn. 22 ff.

312 *Kümpel*, Bank- und Kapitalmarktrecht, Rn. 5.371, Rn. 5.375 a. E.; *Medicus*, Bürgerliches Recht, Rn. 674; BuB/*Wagenknecht*, Rn. 4/1295a.

schuldner) und dem Arbeitnehmer (Gläubiger) auf Erfüllung der Ansprüche aus dem Wertguthaben.[313]

In der zweiten Rechtsbeziehung, dem sog. Deckungsverhältnis, stehen sich die haftende Bank und der Arbeitgeber als ihr Bankkunde gegenüber.[314] Zwischen beiden besteht regelmäßig ein entgeltlicher Geschäftsbesorgungsvertrag (§ 675 Abs. 1 BGB), der als Avalkreditvertrag bezeichnet wird.[315] Hieraus lässt sich die Bank für ihr Eintreten als Sicherungsgeber, für die Übernahme des Risikos und den damit verbundenen Eigenkapitalkosten in der Regel eine besondere Vergütung, die sog. Avalprovision, versprechen.[316] Die Avalprovision kann je nach Laufzeit, der Höhe der Verpflichtung, dem Ergebnis der vorausgegangenen und später zum Teil regelmäßig wiederholten Bonitätsprüfung beim Arbeitgeber sowie den anfallenden Kosten in der Regel zwischen 1,0 und 2,5 Prozent p.a. des zu sichernden Betrages ausmachen.[317] Eventuell werden auch noch zusätzliche Sicherheiten für eventuelle künftige Rückgriffsansprüche verlangt.[318] Aus dem Avalkreditvertrag bzw. aus den §§ 675 Abs. 1, 670 BGB hat die Bank als Sicherungsgeber einen Aufwendungsersatzanspruch gegenüber dem Arbeitgeber auf Erstattung des Betrages, den sie im Sicherungsfall an die Arbeitnehmer zahlen muss.[319] Für den Fall, dass die Bank aus einer Bürgschaft in Anspruch genommen wurde, erhält sie somit neben der cessio legis nach § 774 Abs. 1 S. 1 BGB einen originären Rückgriffsanspruch.

Als dritte Rechtsbeziehung ist das Verhältnis zwischen der Bank und dem Arbeitnehmer als Gläubiger zu nennen. In dieser Beziehung verpflichtet sich die Bank zur Übernahme des Haftungsversprechens in Form der Bankbürgschaft,

---

313 Vgl. MüKo/*Habersack*, BGB, § 765 Rn. 4 ff.

314 *Claussen*, Bank- und Börsenrecht, § 8 Rn. 61 ff.; *Kümpel*, Bank- und Kapitalmarktrecht, Rn. 5.372 ff.; *Fischer/Klanten*, Bankrecht, S. 199; MüKo/*Habersack*, BGB, § 765 Rn. 7; *Medicus*, Bürgerliches Recht, Rn. 674.

315 BGH NJW 1984, 2088; *Kümpel*, Bank- und Kapitalmarktrecht, Rn. 5.372; *Staudinger/Horn*, BGB, § 765 Rn. 103; *Palandt/Sprau*, BGB, Einf. v. § 765 Rn. 24, § 675 Rn. 10.

316 Bankrechts-Handbuch/*Ganter*, § 90 Rn. 263; BuB/*Früh*, Rn. 3/285; *Fischer/Klanten*, Bankrecht, S. 199.

317 BuB/*Früh*, Rn. 3/285; Die R+V Allgemeine Versicherung AG verlangt in der Regel 2,0 Prozent – abhängig von der Bonität des Unternehmens – aus der jährlichen Höchsthaftung der jeweiligen Bürgschaft, vgl. Infomaterial „Bürgschaft für Altersteilzeit" Stand Juni 2005.

318 BuB/*Früh*, Rn. 3/286; *Fischer/Klanten*, Bankrecht, S. 199.

319 Bankrechts-Handbuch/*Ganter*, § 90 Rn. 265; BuB/*Wagenknecht*, Rn. 4/1302; MüKo/*Habersack*, BGB, § 765 Rn.7; *Staudinger/Horn*, BGB, Vorb. § 765 Rn. 34.

der Bankgarantie oder des Schuldbeitritts.[320] Der Arbeitnehmer erwirbt grundsätzlich erst mit Abschuss dieser im Folgenden einzeln dargestellten Haftungsvereinbarungen einen Anspruch gegen die Bank.

1. Bankbürgschaft

Durch den Bürgschaftsvertrag verpflichtet sich der Bürge gegenüber dem Gläubiger eines Dritten, für die Erfüllung einer bestehenden Verbindlichkeit dieses Dritten einzustehen (§ 765 Abs. 1 BGB).

a) Zustandekommen

Grundsätzlich kommt ein Bürgschaftsvertrag durch eine Vereinbarung zwischen dem Begünstigten und dem Bürgen nach den §§ 145 ff. BGB zustande (§ 765 Abs. 1 BGB).[321] Sollen in einem Unternehmen gegenwärtig oder in Zukunft mehrere Beschäftigte in ein Altersteilzeitprogramm eintreten, bietet sich zur Vermeidung erhöhten Verwaltungsaufwandes entweder ein Zustandekommen der Bürgschaftsverträge nach Einräumung einer entsprechenden Vollmacht im Wege der Stellvertretung (§§ 164 ff. BGB)[322] oder über einen Vertrag zugunsten Dritter (§ 328 Abs. 1 BGB) an.[323] Im ersten Fall tritt der Arbeitgeber als Stellvertreter auf, während er im zweiten Fall den Bürgschaftsvertrag nach § 328 Abs. 1 BGB mit dem Bürgen zugunsten der Arbeitnehmer schließt.[324] Dabei sollte auch ausdrücklich festgelegt werden, dass das Forderungsrecht der einzelnen Arbeitnehmer nicht ohne deren Zustimmung aufgehoben oder geändert werden darf (§ 328 Abs. 2 BGB).

Sollte der Arbeitgeber nicht selbst für die Arbeitnehmer das eigene Forderungsrecht über § 164 Abs. 1 BGB oder im Wege von § 328 Abs. 1 BGB begründen wollen, so kann auch ein Treuhänder auf Seiten der Arbeitnehmer aktiv werden.[325] Als Treuhänder kommt dabei jede Rechtseinheit in Frage, die Träger

---

320 Vgl. *Claussen*, Bank- und Börsenrecht, § 8 Rn. 61.

321 MüKo/*Habersack*, BGB, § 765 Rn. 9; *Bamberger/Roth/Rohe*, § 765 Rn. 3.

322 MüKo/*Habersack*, BGB, § 765 Rn. 10.

323 MüKo/*Habersack*, BGB, § 765 Rn. 11; *Bamberger/Roth/Rohe*, § 765 Rn. 3.

324 Vgl. MüKo/*Habersack*, BGB, § 765 Rn. 11; *Staudinger/Horn*, BGB, § 765 Rn. 7; BGH NJW 2002, 3461, 3462; 2001, 3327; 1992, 1448, 1450; 1984, 2088.

325 Vgl. das Sicherungsangebot der Commerzbank, abrufbar unter: http://www.comflex.commerzbank.de.

von eigenen Rechten und Pflichten sein kann.[326] Die Bürgschaft wird dann entweder mit dem Treuhänder persönlich als Vertrag zu Gunsten der Arbeitnehmer geschlossen (§ 328 Abs. 1 BGB)[327], oder der Treuhänder tritt als Vertreter der Gläubiger (§§ 164 ff. BGB) auf.[328] Gegenüber den zukünftigen Arbeitnehmern handelt der Treuhänder zwar als vollmachtloser Vertreter (§ 177 Abs. 1 BGB), allerdings können die Arbeitnehmer den Abschluss des Bürgschaftsvertrages zu ihren Gunsten später genehmigen (§§ 177 Abs. 1, 184 Abs. 1 BGB). Auf diese Weise kann die Bürgschaft auch ohne Mitwirken der einzelnen Arbeitnehmer zu ihren Gunsten vereinbart werden.

b) Akzessorietät der Bürgschaft

Das Bestehen und der Umfang der Bürgschaftsverpflichtung hängen vom Entstehen, dem Fortbestand, der Höhe und der Durchsetzbarkeit der zu sichernden Verbindlichkeit zwischen Hauptschuldner und Gläubiger ab. Dieses Abhängigkeitsverhältnis wird als Akzessorietät der Bürgschaft bezeichnet (§§ 765 Abs. 1 BGB, 767 Abs. 1 BGB).[329] Es ist daher der jeweilige Bestand der Hauptverbindlichkeit maßgebend (§ 767 Abs. 1 S. 1 BGB), vorliegend der Umfang der Arbeitszeitkonten. Wegen dieser Abhängigkeit kommen dem Bürgen spätere Verringerungen der Hauptschuld zu Gute.[330] Dies gilt jedoch nicht für den umgekehrten Fall der rechtsgeschäftlichen Erweiterungen der Hauptschuld nach Übernahme der Bürgschaft durch den Hauptschuldner (§ 767 Abs. 1 S. 3 BGB).[331] Der Grund dafür ist, dass das Bürgschaftsrisiko präzisiert und begrenzt sein muss und die Haftung des an solchen Vorgängen nicht beteiligten Bürgen nicht zu seinen Lasten erweitert werden soll.[332] Dies ist Ausdruck des sog. Verbotes der Fremddisposition im Bürgschaftsrecht oder des generellen Verbots eines Vertrages zu Lasten Dritter.[333]

---

326 Vgl. zur Treuhand allgemein: *Larenz/Wolf*, Allgemeiner Teil des Bürgerlichen Rechts, § 46 Rn. 62 ff. Vgl. im Übrigen unten S. 200 ff.

327 Vgl. BGH WM 1980, 372, 374; MüKo/*Habersack*, § 765 BGB Rn. 11. Allerdings ist auch bei dieser Konstellation § 328 Abs. 2 BGB zu beachten.

328 Vgl. BGH NJW 1992, 1448, 1450; MüKo/*Habersack*, BGB, § 765 Rn. 10.

329 MüKo/*Habersack*, BGB, § 765 Rn. 61; *Staudinger/Horn*, BGB, § 767 Rn. 1; *Bamberger/Roth/Rohe*, § 765 Rn. 16 ff., 91.

330 *Staudinger/Horn*, BGB, § 767 Rn. 4; *Palandt/Sprau*, BGB, § 767 Rn. 1.

331 *Staudinger/Horn*, BGB, § 767 Rn. 4; *Bamberger/Roth/Rohe*, § 767 Rn. 1.

332 MüKo/*Habersack*, BGB, § 767 Rn. 1, 10; *Palandt/Sprau*, BGB, § 767 Rn. 3.

333 MüKo/*Habersack*, BGB; § 767 Rn. 1, 10.

Eine weitere Ausprägung des Akzessorietätsgrundsatzes ist das Recht des Bürgen, die dem Hauptschuldner zustehenden Einreden aus der Hauptverbindlichkeit dem Gläubiger entgegenzuhalten (§ 768 BGB). Der Bürge sichert eine fremde Schuld ab, und daher soll dem Gläubiger im Verhältnis zum Bürgen keine bessere Rechtsstellung als gegenüber dem Hauptschuldner eingeräumt werden.[334] Aus diesen Gründen verleiht § 770 BGB dem Bürgen auch das Recht, die Leistung so lange zu verweigern, wie eine Anfechtungs- oder Aufrechnungslage besteht.[335]

Um hieraus Verzögerungen für den Arbeitnehmer zu vermeiden ist es jedoch möglich, eine Bürgschaft auf erstes Anfordern zu vereinbaren.[336] Dabei verpflichtet sich der Bürge, auf einfaches Verlangen des Gläubigers unter einstweiligem Verzicht auf mögliche Einwendungen aus dem Hauptschuldverhältnis die Bürgschaftssumme zu leisten.[337] Ohne letztlich die Akzessorietät aufzuheben, soll die rasche und Liquidität schaffende Inanspruchnahme des Bürgen gewährleistet sein. Eventuell bestehende Einwendungen können in einem späteren Rückforderungsprozess geltend gemacht werden.[338]

c) Übernahme einzelner Globalbürgschaften zugunsten jedes Arbeitnehmers in Altersteilzeit

Zu beachten ist jedoch, dass eine Bürgschaft nach § 765 Abs. 1 BGB wegen ihrer strengen Akzessorietät grundsätzlich nur für eine bereits bestehende Verbindlichkeit übernommen werden kann. Allerdings erlaubt § 765 Abs. 2 BGB auch die Übernahme einer Bürgschaft für eine künftige Verbindlichkeit. Dabei muss die zukünftig zu sichernde Verbindlichkeit bestimmbar sein.[339] Insoweit ist erforderlich, dass zwischen den beteiligten Parteien eine Verständigung über Art und Umfang der einzelnen zu verbürgenden Verbindlichkeit und zur Person des Schuldners sowie des Gläubigers besteht.[340] Diese Kriterien können für einen zukünftigen Vergütungsanspruch erfüllt werden. Im Rahmen der Sicherung der

334 MüKo/*Habersack*, BGB, § 768 Rn. 1; *Bamberger/Roth/Rohe*, § 768 Rn. 1.

335 MüKo/*Habersack*, BGB, § 770 Rn. 1, 4 ff., 7 ff.; *Bamberger/Roth/Rohe*, § 767 Rn. 1, 3 ff., 7 ff.

336 MüKo/*Habersack*, BGB, § 765 Rn. 99; *Staudinger/Horn*, BGB, Vorb. § 765 Rn. 24; *Bamberger/Roth/Rohe*, § 765 Rn. 108 ff.

337 MüKo/*Habersack*, BGB, § 765 Rn. 99; *Staudinger/Horn*, BGB, Vorb. § 765 Rn. 24.

338 MüKo/*Habersack*, BGB, § 765 Rn. 99; *Staudinger/Horn*, BGB, Vorb. § 765 Rn. 24.

339 MüKo/*Habersack*, BGB, § 765 Rn. 66; *Staudinger/Horn*, BGB, § 765 Rn. 42; *Bamberger/Roth/Rohe*, § 765 Rn. 16 f.; *Palandt/Sprau*, BGB, § 765 Rn. 18.

340 MüKo/*Habersack*, BGB, § 765 Rn. 68; BuB/*Wagenknecht*, Rn. 4/1046.

Wertguthaben der Arbeitnehmer ist jedoch zu beachten, dass nicht nur eine einzige künftige Verbindlichkeit abgesichert werden soll, sondern eine Mehrzahl laufend hinzukommender Vergütungsansprüche. Auch diese Ansprüche sollten möglichst von Anfang an in die Sicherung einbezogen werden. Durch den Abschluss einer sog. Globalbürgschaft, die sich auf sämtliche gegenwärtige und zukünftige Verbindlichkeiten des Hauptschuldners (Arbeitgeber) erstreckt, ist dies in zulässiger Weise möglich.[341]

Zur Begrenzung des Haftungsrisikos und zur Gewährleistung des Bestimmtheitsgebots ist der Abschluss einer sog. Höchstbetragsbürgschaft üblich, bei der der Bürge zwar für die gesamte Hauptschuld haftet, aber insgesamt nur bis zu einem vereinbarten Höchstbetrag in Anspruch genommen werden kann.[342] Als Höchstbetrag wäre vorliegend die Summe der künftigen Vergütungsansprüche aus der vorgeleisteten Arbeit zu nennen.

d) Übernahme einer einzigen Globalbürgschaft für alle Arbeitnehmer in Altersteilzeit

Werden in einem Unternehmen mehrere Arbeitnehmer in Altersteilzeit beschäftigt, bietet sich neben dem Abschluss einzelner Globalbürgschaften für jeden Arbeitnehmer auch die Vereinbarung eines Bürgschaftsvertrages an, in der sich der Bürge in einer Bürgschaftsurkunde gegenüber mehreren Gläubigern jeweils für mehrere verschiedene – auch zukünftige – Verbindlichkeiten verbürgt.[343] Die Bürgschaftsurkunde könnte dann von einem Gläubiger treu-händisch für die übrigen verwahrt werden.[344]

Darüber hinaus kann geregelt sein, dass sich der Bürge auch gegenüber allen Arbeitnehmern verbürgt, die zukünftig beim Arbeitgeber in einem Alterteilzeitprogramm tätig sein werden.[345] Eine solche Ausgestaltung ist möglich, da so-

---

341 MüKo/*Habersack*, BGB, § 765 Rn. 72; *Staudinger/Horn*, BGB, Vorb. § 765 Rn. 42 ff.; § 765 Rn. 44; BuB/*Wagenknecht*, Rn. 4/1045a.

342 *Staudinger/Horn*, BGB, Vorb. § 765 Rn. 39; *Palandt/Sprau*, BGB, Einf. v. § 765 Rn. 7; *Claussen*, Bank- und Börsenrecht, § 8 Rn. 134.

343 Vgl. BGH NJW 1992, 1448; *Palandt/Sprau*, BGB, § 766 Rn. 4; BuB/*Wagenknecht*, Rn. 4/1024b.

344 BuB/*Wagenknecht*, Rn. 4/1024b; Eine schriftliche Bürgschaftsurkunde ist zwar bei einer Bankbürgschaft nicht Wirksamkeitsvoraussetzung (vgl. sogleich unten S. 124), sie bietet sich aber aus Gründen der Beweissicherung an. Zum Nachweis genügt eine bestimmungsgemäß erteilte Abschrift der Bürgschaftsurkunde, vgl. *Palandt/Sprau*, BGB, § 766 Rn. 4.

345 Vgl. BGH NJW 1992, 1448, 1449.

wohl der Umfang der Verbindlichkeiten – alle Ansprüche aus Altersteilzeitarbeit auf den Wertguthaben – und der Kreis der möglichen Gläubiger – jeder Arbeitnehmer des Hauptschuldners in Altersteilzeit – bestimmbar ist.[346] Eine individuelle Bezeichnung der einzelnen Arbeitnehmer als Gläubiger bei Übernahme der Bürgschaft ist nicht notwendig, da sich aus der Urkunde selbst hinreichende Anhaltspunkte für deren eindeutige Bestimmung ergeben.[347] Aus § 765 Abs. 2 BGB, der die Bürgschaftsübernahme für eine zukünftige Forderung gestattet, ergibt sich, dass die Person des Gläubigers nicht schon im Zeitpunkt der Unterzeichung der Bürgschaftserklärung feststehen muss.[348] Dies kann auch erst im Nachhinein durch Auslegung oder durch einen Nachtrag in der Bürgschaftsurkunde geschehen.[349]

e) Formerfordernis

Gemäß § 766 S. 1 BGB ist grundsätzlich die schriftliche Erteilung der Bürgschaftserklärung des Bürgen notwendig. Handelt es sich dabei für den Bürgen jedoch um ein Handelsgeschäft – Geschäfte eines Kaufmanns (§§ 1 – 6 HGB), die zum Betriebe seines Handelsgewerbes gehören (§§ 343 Abs. 1, 344 HGB) – ist das Erfordernis gemäß § 350 HGB entbehrlich. Demnach findet § 766 S. 1 BGB keine Anwendung, da die Bank in Ausübung ihrer Bankgeschäfte Kaufmann ist und die Übernahme von Bürgschaften zu ihren Handelsgeschäften gehört.[350] Aus Gründen der Beweissicherheit ist in der Bankpraxis dennoch die Einhaltung der schriftlichen Form üblich.[351]

f) Einrede der Vorausklage (§ 771 S. 1 BGB)

Grundsätzlich ist die Forderung gegen den Bürgen subsidiär und darf erst erhoben werden, wenn eine Zwangsvollstreckung gegen den Hauptschuldner erfolglos geblieben ist.[352] Da die Bürgschaftsübernahme für die Bank jedoch ein Handelsgeschäft darstellt, darf sie sich gemäß § 349 S. 1 HGB nicht auf die sog. Einrede der Vorausklage (§ 771 S. 1 BGB) berufen. Der Arbeitnehmer kann damit bei Nichterfüllung seiner Vergütungsansprüche aus den Wertguthaben auf

---

346 Vgl. BGH NJW 1992, 1448, 1449.

347 Vgl. BGH NJW 1992, 1448, 1449.

348 Vgl. BGH NJW 1992, 1448, 1449.

349 Vgl. BGH NJW 1992, 1448, 1449.

350 *Staudinger/Horn*, BGB, § 766 Rn. 5; BuB/*Wagenknecht*, Rn. 4/1033b; *Koller/Roth/Morck/Roth*, HGB, 4. Aufl. 2003, § 1 Rn. 35.

351 *Claussen*, Bank- und Börsenrecht, § 8 Rn. 134.

352 MüKo/*Habersack*, BGB, § 771 Rn. 1.

Grund der Insolvenz des Arbeitgebers sogleich Zahlung von der bürgenden Bank verlangen.

g) Zusammenfassung

Bei insolvenzbedingtem Forderungsausfall erhält der Arbeitnehmer mittels der Bürgschaft einen Zahlungsanspruch gegen die Bank, der in seinem Umfang grundsätzlich vom Bestand seiner Arbeitsentgeltforderung auf den Wertguthaben abhängig ist. Durch den Abschluss einer Bürgschaft, die sich auf alle Arbeitnehmer in Altersteilzeit bezieht, wird das Verfahren stark vereinfacht. Im Wege eines Bürgschaftsvertrages zugunsten Dritter (§ 328 Abs. 1 BGB) oder über die Einschaltung eines Stellvertreters kann das Mitwirkungserfordernis der Arbeitnehmer stark verringert oder sogar ganz beseitigt werden. Die endgültige Ausgestaltung des Bürgschaftsvertrages ist jedoch eine Frage des Einzelfalles.

2. Bankgarantie

Der Bankgarantie liegt ein selbständiger Garantievertrag (§§ 311 Abs. 1, 241 Abs. 1 BGB) zu Grunde. Die selbständige Garantie ist ein selbständiges Versprechen, einem anderen dafür einzustehen, dass ein bestimmter tatsächlicher oder rechtlicher Erfolg eintritt.[353] Hervorzuheben ist, dass der Gesetzgeber von einer eigenen Regelung der Garantie abgesehen hat.[354] Die Vorschriften über die Bürgschaft (§§ 765 ff. BGB) sind auf eine Garantie jedoch nicht entsprechend anwendbar.[355]

a) Ausgestaltung

Für die Sicherung der Wertguthaben kommt aus den verschiedenen Grundtypen einer Garantie nur die sog. Forderungsgarantie in Form einer Zahlungsgarantie in Betracht. Bei dieser steht der Garant für die Erfüllung einer bestimmten fremden Schuld – einer Zahlungsverbindlichkeit – ein.[356] Zur Begrenzung des

---

353 MüKo/*Habersack*, BGB, Vorb. 765 Rn. 16; *Staudinger/Horn*, BGB, Vorb. §§ 765 Rn. 194; *Palandt/Sprau*, BGB, Einf. v. § 765 Rn. 16; BuB/*Wagenknecht*, Rn. 4/1291; *Claussen*, Bank- und Börsenrecht, § 8 Rn. 142; BGH ZIP 1996, 454.

354 MüKo/*Habersack*, BGB, Vorb. § 765 Rn. 16; *Staudinger/Horn*, BGB, Vorb. § 765 Rn. 195.

355 *Staudinger/Horn*, BGB, Vorb. § 765 Rn. 197; *Palandt/Sprau*, BGB, Einf. v. § 765 Rn. 16.

356 MüKo/*Habersack*, BGB, Vorb. § 765 Rn. 23; *Kümpel*, Bank- und Kapitalmarktrecht, Rn. 5.364, 5.369; BuB/*Wagenknecht*, Rn. 4/1291; *Claussen*, Bank- und Börsenrecht, § 8 Rn. 143.

Haftungsrisikos und zur Gewährleistung des Bestimmtheitsgrundsatzes kann auch hier ein bestimmter Höchstbetrag festgelegt werden.[357] Dieser sollte sich an dem voraussichtlichen Wert der Vergütungsansprüche aus den Arbeitszeitguthaben orientieren. Der Anspruch aus dem Garantievertrag steht damit grundsätzlich unter der Bedingung des Eintritts des materiellen Garantiefalles[358]. Vorliegend ist dieser materielle Garantiefall die vollständige oder teilweise Nichtberücksichtigung der begünstigten Arbeitnehmer bei der Erfüllung ihrer Ansprüche aus den Wertguthaben auf Grund der Zahlungsunfähigkeit des Arbeitgebers.

Ähnlich wie bei der Bürgschaft kann aus Gründen der Verfahrensvereinfachung bei der Sicherung der Wertguthaben durch eine Garantie das Garantieversprechens auch im Wege eines Vertrages zugunsten Dritter (§ 328 Abs. 1 BGB) oder über die Beteiligung eines Stellvertreters zustande kommen.[359] Dadurch wird auch bei dem Sicherungsinstrument der Bankgarantie den Arbeitnehmern ein eigenes Forderungsrecht gegenüber der garantierenden Bank eingeräumt.

b) Formerfordernis

Wie bereits angesprochen, können die Bürgschaftsvorschriften (§§ 765 ff. BGB) auf eine Garantie nicht entsprechend herangezogen werden.[360] Folglich sind für die wirksame Übernahme einer Garantie auch keine mit § 766 BGB vergleichbaren Formvorschriften zu beachten.[361]

c) Keine Akzessorietät

Die Verpflichtung des Garanten geht im Vergleich zur Bürgschaft über die des Bürgen hinaus. Die Garantieschuld ist abstrakt, da sie eine von der Hauptschuld unabhängige und daher nicht akzessorische Verpflichtung begründet.[362] Der Garant bleibt – vorbehaltlich eines etwaigen Rechtsmissbrauchs (§ 242 BGB) – in voller Höhe zur Zahlung verpflichtet, auch wenn die Hauptschuld gar nicht entstanden ist, sich eine entstandene Hauptverbindlichkeit ermäßigt hat oder

---

357 *Staudinger/Horn*, BGB, Vorb. § 765 Rn. 213.

358 *Staudinger/Horn*, BGB, Vorb. § 765 Rn. 210.

359 Vgl. oben S. 120.

360 Vgl. oben S. 125.

361 MüKo/*Habersack*, BGB, Vorb. § 765 Rn. 19.

362 *Staudinger/Horn*, BGB, Vorb. § 765 Rn. 196.

eine Hauptschuld weggefallen ist.[363] Gegenüber dem begünstigten Arbeitnehmer kann die garantierende Bank daher grundsätzlich nur einwenden, dass der Garantievertrag unwirksam oder der Garantiefall nicht eingetreten ist.[364] Regelmäßig wird bei Bankgarantien allerdings eine Verpflichtung zur Zahlung „auf erstes Anfordern" vereinbart.[365] Dadurch verliert der Garant das Recht, vom Gläubiger den Nachweis zu verlangen, dass der behauptete Garantiefall (sog. formeller Garantiefall) auch tatsächlich eingetreten ist (materieller Garantiefall).[366] Die Garantie ist damit grundsätzlich abstrakt, folglich in ihrem rechtlichen Bestand unabhängig von einem anderen Rechtsverhältnis.[367]

Damit sich die Garantie – vergleichbar mit der Situation bei der Bürgschaft – aber dennoch an Veränderungen des Forderungsbestandes des Gläubigers anpasst, vorliegend die Erweiterung oder Verringerung der Vergütungsansprüche aus den Wertguthaben, ist im Wege einer Individualvereinbarung (§§ 311 Abs. 1, 241 Abs. 1 BGB) eine ausführliche Bezugnahme auf die gesicherte Forderung notwendig.[368] Für die zukünftigen Forderungen ist dies über eine zeitliche Befristung oder eine Höchstbetragsgarantie zu erreichen.[369]

d) Zusammenfassung

Je nach Ausgestaltung der Bankgarantie kann dem begünstigten Arbeitnehmer bei Eintritt des formellen oder materiellen Garantiefalles ein Anspruch gegen die garantierende Bank eingeräumt werden.

3. Schuldbeitritt

Durch den Schuldbeitritt, auch Schuldmitübernahme oder kumulative Schuldübernahme genannt, verpflichtet sich der Beitretende in einem Vertrag, eine fremde Schuld als eigene mit zu übernehmen.[370] Er tritt neben den bisherigen

---

363 BuB/*Wagenknecht*, Rn. 4/1292; MüKo/*Habersack*, BGB, Vorb. § 765 Rn. 20; *Palandt/Sprau*, BGB, Einf. v. § 765 Rn. 25.

364 *Palandt/Sprau*, BGB, Einf. v. § 765 Rn. 25.

365 BuB/*Wagenknecht*, Rn. 4/1299; *Claussen*, Bank- und Börsenrecht, § 8 Rn. 143.

366 BGH NJW 1999, 570, 571; BuB/*Wagenknecht*, Rn. 4/1299; *Kümpel*, Bank- und Kapitalmarktrecht, Rn. 5.376.

367 *Staudinger/Horn*, BGB, Vorb. § 765 Rn. 202 f.

368 *Staudinger/Horn*, BGB, Vorb. § 765 Rn. 202.

369 *Staudinger/Horn*, BGB, Vorb. § 765 Rn. 213; BGH NJW-RR 1989, 1016, 1017.

370 MüKo/*Möschel*, BGB, Vorb. § 414 Rn. 10; *Staudinger/Noack*, BGB, § 427 Rn. 14; *Palandt/Grüneberg*, BGB, Überbl. v. § 414 Rn. 2; BuB/*Wagenknecht*, Rn. 4/1320.

Schuldner in das Schuldverhältnis ein. Dies führt regelmäßig zu einer gesamtschuldnerischen Haftung (§§ 421 ff., 427 BGB) des bisherigen Schuldners und des Beitretenden gegenüber dem Gläubiger.[371] Es entsteht damit eine eigenständige Schuld des Beitretenden, die nicht akzessorisch zur Hauptschuld des Schuldners gegenüber dem Gläubiger ist.[372] Der rechtsgeschäftliche Schuldbeitritt ist im Gesetz nicht geregelt, ist aber auf Grund der Vertragsfreiheit (§§ 311 Abs. 1, 241 Abs. 1 BGB) als zulässiges Sicherungsmittel anerkannt.[373] Der Schuldbeitritt ist zudem grundsätzlich formfrei.[374]

Die Vereinbarung kommt entweder zwischen dem Beitretenden und dem Gläubiger ohne Mitwirkung des Schuldners zustande, oder es wird zwischen dem Schuldner und dem Beitretenden ein Vertrag zugunsten der Arbeitnehmer (§ 328 Abs. 1 BGB) geschlossen.[375] Dabei sollte jedoch auch beim Schuldbeitritt eine Bestimmung getroffen werden, wonach die begünstigten Arbeitnehmer nur bei Insolvenzreife des Arbeitgebers berechtigt sein sollen, eine Zahlung von der Bank zu verlangen (§ 328 Abs. 2 BGB). Ebenso sollte ausdrücklich festgelegt werden, dass das Forderungsrecht ohne Zustimmung der Arbeitnehmer nicht aufgehoben oder geändert werden darf (§ 328 Abs. 2 BGB).

Auch beim Schuldbeitritt könnte der Arbeitgeber als Stellvertreter der Arbeitnehmer bei Vertragsschluss fungieren.

Von großer Bedeutung für die Sicherung der Forderungen auf den Arbeitszeitkonten ist, dass der Schuldbeitritt darüber hinaus auch für zukünftig entstehende Verpflichtungen vereinbart werden kann.[376] Dazu müssen die künftigen For-

---

371 *Staudinger/Noack*, BGB, § 427 Rn. 14; BuB/*Wagenknecht*, Rn. 4/1320.

372 *Staudinger/Noack*, BGB, § 414 Rn. 23; *Palandt/Grüneberg*, BGB, Überbl. v. § 414 Rn. 2; *Ermann/Westermann*, BGB, 11. Aufl. Köln 2004, Vorb. v. § 414 BGB Rn. 6; *Bamberger/Roth/Rohe*, BGB, 2003, §§ 414, 415 Rn. 30. A. A. MüKo/*Habersack*, BGB, Vorb. v. § 765 BGB Rn. 12, der zwischen Sicherungsbeitritt und Übernahmebeitritt unterscheidet. Gesamtschuldnerische Haftung könne nur bei letzterem gegeben sein, da insoweit der Übernehmer auch im Innenverhältnis verpflichtet sei, zumindest einen Teil der Schuld endgültig zu tragen. Der Sicherungsbeitritt begründe, vergleichbar mit der Bürgschaft, eine akzessorische Haftung.

373 MüKo/*Habersack*, BGB, Vorb. v. § 765 BGB Rn. 10; *Staudinger/Rieble*, BGB, § 414 Rn. 23.

374 MüKo/*Möschel*, BGB, Vorb. § 414 Rn. 13; *Staudinger/Rieble*, BGB, § 414 Rn. 23.

375 BuB/*Wagenknecht*, Rn. 4/1320.

376 MüKo/*Möschel*, BGB, Vorb. § 414 Rn. 12; *Palandt/Grüneberg*, BGB, Überbl. v. § 414 Rn. 2.

derungen hinreichend bestimmt sein.[377] Dieses Erfordernis ist erfüllt, wenn sich der Schuldbeitritt auf alle anzusparenden Forderungen auf Arbeitsentgelt aus der Altersteilzeitbeschäftigung bezieht. Insgesamt bietet es sich an, die Vereinbarung über den Schuldbeitritt zeitgleich mit dem Abschluss des Vertrages im Valutaverhältnis zu treffen, um eine Sicherung der künftigen Wertguthaben bereits ab dem ersten Tag der Ansparung zu gewährleisten.

Tritt eine Bank auf die eben beschriebene Weise der Verpflichtung des Arbeitgebers auf Erfüllung der Forderungen aus den Wertguthaben bei, so begründet das ein einseitiges und selbständiges Forderungsrecht des Arbeitnehmers gegenüber der Bank im Falle der Insolvenzreife des Arbeitgebers.

III. Bewertung

Die Bankbürgschaft, die Bankgarantie und der Schuldbeitritt werden im Folgenden auf die Erfüllung der oben genannten Bewertungskriterien[378] hin untersucht. Dabei sind neben den Konsequenzen aus den zwingenden insolvenzrechtlichen Vorgaben auch die Interessen der Arbeitnehmer und Arbeitgeber sowie die Insolvenzsicherungsgebote des § 7d SGB IV und des § 8a ATG zu berücksichtigen.

1. Bankbürgschaft

a) Insolvenzrechtliche Vorgaben

(1) Allgemeine Rechtsfolgen der Eröffnung des Insolvenzverfahrens

Aus den insolvenzrechtlichen Vorgaben ergibt sich für das Sicherungsmodell der Bankbürgschaft, dass der dem Deckungsverhältnis zu Grunde liegende Geschäftsbesorgungsvertrag mit Eröffnung des Insolvenzverfahrens gemäß §§ 116, 115 InsO erlischt. Die Bank wäre daher aus diesem Vertragsverhältnis nicht mehr verpflichtet, eine weitere Bürgschaft für Verbindlichkeiten des Arbeitgebers zu übernehmen.

Allerdings besteht eine bereits übernommene Bürgschaft fort, wodurch die zuvor vereinbarte Sicherung für ein bereits bestehendes Wertguthaben unangetastet bleibt. Auf Grund der insolvenzbedingten Zahlungsunfähigkeit des Arbeitgebers kann der Arbeitnehmer von der bürgenden Bank Erfüllung der

---

377 MüKo/*Möschel*, BGB, Vorb. § 414 Rn. 12; *Palandt/Grüneberg*, BGB, Überbl. v. § 414 Rn. 2.

378 Vgl. oben S. 113 ff.

durch die Bürgschaft gesicherten Forderungen aus den Wertguthaben verlangen.[379] In der Arbeitgeberverpflichtung ist eine fällige Hauptschuld zu sehen, für die der Bürge einzutreten hat.

Da für die Sicherung der Ansprüche der Arbeitnehmer nicht das Vermögen des Arbeitgebers eingesetzt wird, fällt die Bankbürgschaft als sog. Drittsicherheit[380] im Insolvenzverfahren gegen den Arbeitgeber nicht in die Insolvenzmasse (§ 35 InsO).

(2) Insolvenzanfechtung (§§ 129 ff. InsO)

Die Übernahme der Bürgschaft durch die Bank sollte ferner im Insolvenzverfahren über das Vermögen des Arbeitgebers nicht der Insolvenzanfechtung nach den §§ 129 ff. InsO unterliegen. Wären die Voraussetzungen dennoch erfüllt, müsste das, was durch eine anfechtbare Handlung aus dem Vermögen des Schuldners veräußert, weggegeben oder aufgegeben worden ist, zur Insolvenzmasse zurückgewährt werden (§ 143 Abs. 1 S. 1 InsO). Ausreichend ist in diesem Zusammenhang die mittelbare Zuwendung des Insolvenzschuldners an einen Insolvenzgläubiger.[381] Auch eine Bürgschaft, die einem Insolvenzgläubiger mittelbar durch eine Bank zugewendet wurde, kann in diese Fallgruppe eingeordnet werden.[382]

(a) Gläubigerbenachteiligung

Grundbedingung für eine Insolvenzanfechtung ist allerdings eine objektive Benachteiligung der Gläubiger des Insolvenzschuldners durch eine Rechtshandlung vor Eröffnung des Insolvenzverfahrens (§ 129 InsO).[383]

Im Rahmen der Bestellung einer Bürgschaft zugunsten eines Gläubigers des Insolvenzschuldners erscheint die Annahme einer Gläubigerbenachteiligung als problematisch, da ein Dritter und nicht der Insolvenzschuldner selbst für die Forderung des Gläubigers haften soll. Das Vermögen des Insolvenzschuldners wird folglich nicht betroffen. Wird die Bürgschaft tatsächlich in Anspruch genommen, bewirkt der Rückgriffsanspruch des Bürgen gegen den Hauptschuldner aus der cessio legis des § 774 Abs. 1 S. 1 BGB nur einen

---

379 *Obermüller*, Insolvenzrecht in der Bankpraxis, Rn. 6.543.

380 *Obermüller*, Insolvenzrecht in der Bankpraxis, Rn. 6.540.

381 MüKo/*Kirchhof*, InsO, § 143 Rn. 7, § 129 Rn. 68 – 73, § 130 Rn. 8.

382 BGH NJW 1999, 3046, 3047; MüKo/*Kirchhof*, InsO, § 130 Rn. 8.

383 MüKo/Kirchhof, InsO, § 129 Rn. 76; FK-InsO/*Dauernheim*, § 129 Rn. 36.

Forderungstausch.[384] An die Stelle des bisherigen Gläubigers tritt der Bürge. Im Saldo wird keine zusätzliche Belastung der Masse herbeigeführt.[385]

Die Einräumung einer Sicherheit durch einen Dritten (Bank) bedeutet daher für die Insolvenzgläubiger des Arbeitgebers keine objektive Benachteiligung. Es handelt sich bei der Bankbürgschaft um eine Drittsicherheit, die einer Anfechtung grundsätzlich nicht unterliegt.[386]

Ein anderes Ergebnis kann sich allerdings dann ergeben, wenn der Bank für den aus der Bürgschaft resultierenden Rückgriffsanspruch nach § 774 Abs. 1 S. 1 BGB zusätzliche Sicherheiten vom Insolvenzschuldner eingeräumt worden sind. Zu denken sind dabei an Globalsicherheiten, die alle Ansprüche aus der Geschäftsverbindung zwischen der Bank und dem Insolvenzschuldner abdecken sollen. Steht der Bank auf Grund dieser Sicherheiten deshalb in der Insolvenz des Schuldners ein Absonderungsrecht (§§ 49 ff. InsO) zu, ist an die Stelle der ursprünglichen ungesicherten Insolvenzforderung des Arbeitnehmers eine durch ein Sicherungsrecht geschützte Regressforderung getreten. In einem solchen Fall ist von einer mittelbaren Gläubigerbenachteiligung auszugehen.[387]

(b) Kongruente Deckung (§ 130 InsO)

Sollte sich die Bank durch eine dingliche Sicherheit vor Verlusten aus der Geschäftsverbindung zum Insolvenzschuldner geschützt haben, kommt eine Anfechtung der Bürgschaft wegen einer kongruenten Deckung (§ 130 InsO) in Betracht. § 130 InsO lässt eine mittelbare Gläubigerbenachteiligung genügen.[388] Nach dem eindeutigen Wortlaut muss der Insolvenzschuldner die benachteiligende Rechtshandlung, vorliegend die Bestellung der Bürgschaft, nicht selbst vorgenommen haben. Eine Kongruenz im Sinne von § 130 InsO liegt dann vor, wenn der Insolvenzgläubiger die Deckung genauso erlangte, wie er sie beanspruchen durfte.[389] Haben Arbeitgeber und Arbeitnehmer von Anfang an die Sicherung der Wertguthaben im Wege einer Bankbürgschaft vereinbart, ist von einer kongruenten Deckung auszugehen.

---

384 BGH NJW 1999, 3046, 3047; *Schmitz*, Anmerkung zu BGH, Beschluss vom 24.05.2005 - NJW-RR 2005, 1283, EWiR 2005, 771, 772.

385 BGH NJW 1999, 3046, 3047; *Schmitz*, Anmerkung zu BGH, Beschluss vom 24.05.2005 - NJW-RR 2005, 1283, EWiR 2005, 771, 772.

386 *Obermüller*, Insolvenzrecht in der Bankpraxis, Rn. 6.67, Rn. 6.540 ff.

387 BGH NJW 1999, 3046, 3047; *Schmitz*, Anmerkung zu BGH, Beschluss vom 24.05.2005 - NJW-RR 2005, 1283, EWiR 2005, 771, 772.

388 MüKo/*Kirchhof*, InsO, § 130 Rn. 23.

389 MüKo/*Kirchhof*, InsO, § 130 Rn. 6, § 131 Rn. 8 ff.

Zusätzlich müsste zur Zeit der Bestellung der Bürgschaft der Insolvenzschuldner (Arbeitgeber) zahlungsunfähig gewesen sein und der Insolvenzgläubiger (Arbeitnehmer) von der Zahlungsunfähigkeit oder der Stellung des Insolvenzantrages Kenntnis gehabt haben (§ 130 Abs. 1 Nr. 1 oder Nr. 2 InsO). Die Beantwortung dieser Frage wird vom jeweiligen Einzelfall abhängen.

Als Rechtsfolge muss das durch die anfechtbare Rechtshandlung aus dem Vermögen des Schuldners Weggegebene in die Insolvenzmasse zurückgewährt werden. Problematisch erscheint hier, dass aus dem Schuldnervermögen nicht direkt etwas weggegeben worden ist. Nach der Rechtsprechung des BGH[390] und der Literatur[391] genügt auch in diesem Zusammenhang eine mittelbare Zuwendung des Schuldners. Die Übergabe der Bürgschaftsurkunde oder die Zahlung der Bürgschaftssumme durch den Dritten (Bürge) wird auf Grund der Veranlassung durch den Insolvenzschuldner letzterem zugerechnet.[392]

Im Rahmen der Anfechtung wegen kongruenter Deckung ist allerdings zu bedenken, dass § 130 InsO nur eine relativ kurze zeitliche Reichweite hat. Erfasst werden nur Handlungen, die bis zu drei Monate vor Stellung des Antrages auf Eröffnung des Insolvenzverfahrens getätigt worden sind. Bei der Sicherung der Wertguthaben, die über mittel- bis langfristige Zeiträume aufgebaut werden, ist ein solche Anfechtungsart folglich nur von untergeordneter Bedeutung. Der zu erwartende Verlust ist in der genannten zeitlichen Grenze überschaubar. Die Bestellung der Bürgschaft für den überwiegenden Teil der zu sichernden Wertguthaben wird in diesen Fällen außerhalb des Anfechtungszeitraums liegen. Die Anfechtung wegen kongruenter Deckung hat somit keine existenzielle Bedeutung für den Arbeitnehmer. Darüber hinaus werden regelmäßig Teile des Anfechtungszeitraumes durch die Insolvenzgeldperiode abgedeckt sein.[393]

(c) Inkongruente Deckung

Da Arbeitgeber und Arbeitnehmer oftmals die Sicherung der Wertguthaben bereits bei Abschluss eines Altersteilzeitvertrages vereinbart haben werden, ist für eine Anfechtung wegen inkongruenter Deckung – der Insolvenzgläubiger durfte die Deckung nicht so beanspruchen, wie er sie erlangt hat[394] – in vielen Fällen kein Raum. Da jedoch auch Altersteilzeitvereinbarungen bestehen, die

---

390 BGH NJW 1999, 3046, 3047.

391 MüKo/*Kirchhof*, InsO § 143, Rn. 7, § 129 Rn. 68 ff.

392 BGH NJW 1999, 3046, 3047.

393 Vgl. zum Insolvenzgeld: oben S. 97 f.

394 MüKo/*Kirchhof*, InsO § 131 Rn. 8 ff.

bislang keine Insolvenzsicherung vorsahen und erst nachträglich eine Sicherung verbindlich festlegten, ist eine Anfechtung nach § 131 InsO jedenfalls denkbar. Auf Grund der Inkongruenz hat der Gesetzgeber für eine Anfechtung nach § 131 InsO auf das Vorliegen subjektiver Merkmale verzichtet[395], weshalb der Tatbestand dieser Vorschrift verhältnismäßig leicht zu erfüllen ist. Da aber auch § 131 InsO nur eine kurze zeitliche Reichweite besitzt und sich nur auf Handlungen erstreckt, die bis zu drei Monate vor Stellung des Antrages auf Eröffnung des Eröffnung des Insolvenzverfahrens stattgefunden haben, kann von einer weiteren Untersuchung des § 131 InsO Abstand genommen werden. Die existenzielle Bedeutung der Anfechtung wegen inkongruenter Deckung ist im Rahmen der vorliegenden Arbeit nur gering.[396]

(d) Vorsätzliche Benachteiligung

Eine in zeitlicher Hinsicht größere Relevanz hat die Anfechtung wegen vorsätzlicher Benachteiligung (§ 133 InsO). Diese Anfechtungsvariante erstreckt sich auf Rechtshandlungen, die der Insolvenzschuldner mit dem Vorsatz der Gläubigerbenachteiligung in den letzten zehn Jahren vor dem Antrag auf Insolvenzeröffnung vorgenommen hat, wenn der andere Teil zu diesem Zeitpunkt den Vorsatz des Schuldners kannte (§ 133 Abs. 1 S. 1 InsO). Bedenklich erscheint dabei, dass die Insolvenzsicherung vor allem für den Fall der Zahlungsunfähigkeit des Arbeitgebers eingerichtet werden soll. Die mögliche Insolvenz des Arbeitgebers ist damit im Bewusstsein der Arbeitsvertragsparteien. Im Rahmen der Sicherung der Wertguthaben ist jedoch zu bedenken, dass die Arbeitgeber und Arbeitnehmer durch die Bestellung einer Sicherheit zugunsten des Arbeitnehmers den Insolvenzsicherungsgeboten nach § 7d SGB IV und § 8a ATG Folge leisten. Es wäre widersinnig, wenn die Befolgung dieser Vorschriften zum Schutz der Arbeitnehmer bereits den Tatbestand der Vorsatzanfechtung erfüllen würde. Daher müssen besondere Umstände hinzukommen, die auf einen verstärkten Benachteiligungsvorsatz gegenüber den übrigen Insolvenzgläubiger schließen lassen. Die Anfechtung der Bürgschaft wegen vorsätzlichen Benachteiligung auf Grund der Sicherung eines Wertguthabens wird deshalb in aller Regel ausgeschlossen sein.

(3) Zwischenergebnis

Die Insolvenz des Arbeitgebers lässt grundsätzlich die bis zu diesem Zeitpunkt bestellten Bürgschaften zugunsten der Arbeitnehmer unangetastet. Zwar kann den Arbeitnehmern eine Insolvenzanfechtung nach den §§ 130 f. InsO drohen,

---

395 MüKo/*Kirchhof*, InsO § 131 Rn. 8.

396 Vgl. entsprechend oben S. 132.

aber die davon ausgehende Gefahr für die Existenz der Arbeitnehmer ist wegen der geringen zeitlichen Reichweite dieser Vorschriften nur sehr gering. Auch eine Anfechtung wegen vorsätzlicher Benachteiligung nach § 133 InsO kann in Betracht kommen, allerdings sind an die Erfüllung des Tatbestandes erhöhte Anforderungen zu stellen, da die Arbeitsvertragsparteien mit der Vereinbarung der Sicherheit den gesetzlichen Insolvenzschutzgeboten nach § 7d SGB IV und § 8a ATG genügen.

Aus insolvenzrechtlicher Sicht hat eine Bankbürgschaft zur Sicherung der Arbeitnehmer im Insolvenzverfahren über das Vermögen des Arbeitgebers ausreichenden Bestand.

b) Arbeitnehmerinteressen

Um den Interessen der Arbeitnehmer gerecht zu werden, hat die Bankbürgschaft folgenden Anforderungen zu genügen:

(1) Laufzeit der Bankbürgschaft

Wird die Bankbürgschaft zeitgleich mit dem Abschluss der Altersteilzeitvereinbarung für alle zukünftigen Verbindlichkeiten aus den Wertguthaben übernommen, so erstreckt sich die Sicherung auf diesen Zeitraum, sofern sie nicht zeitlich befristet ist.[397] Die Laufzeit der Bankbürgschaft für die zukünftigen Ansprüche der Arbeitnehmer kann auch dadurch begrenzt sein, dass sich die bürgende Bank ein Kündigungsrecht vorbehält, falls sich bei den regelmäßig vorgenommenen Bonitätsprüfungen ergibt, dass sich die Bonität des Arbeitgebers wesentlich verschlechtert hat. Damit bleibt zwar die Sicherung der bis dahin erarbeiteten Ansprüche auf den Wertguthaben bestehen, allerdings muss für die künftigen Ansprüche aus den Wertguthaben eine neue Sicherungslösung gefunden werden. Der Bestand der Bankbürgschaft für die gesamte Laufzeit der Altersteilzeit ist damit nur in bedingtem Umfang sichergestellt.

(2) Möglichkeit der einseitigen Beeinträchtigung oder Beseitigung der Bankbürgschaft

Wegen § 349 S. 1 HGB kann sich die Bank, für die die Bürgschaftsübernahme zu ihren Handelsgeschäften zählt, nicht auf die Einrede der Vorausklage (§ 771 S. 1 BGB) berufen. Zu berücksichtigen ist jedoch, dass die Bank dem Arbeit-

---

397 Teilweise bieten die Kreditinstitute von Anfang an nur eine zeitlich befristete Bankbürgschaft an, um eine Begrenzung des Risikos zu erreichen. Dies hängt vom Einzelfall ab.

nehmer auf Grund der Akzessorietät der Bürgschaft alle dem Hauptschuldner zustehenden Einreden aus dem Altersteilzeitverhältnis entgegenhalten kann (§ 768 BGB).[398] Allerdings ist dabei zu bedenken, dass der Arbeitgeber diese Einreden auch bei Nichtvorliegen eines Sicherungsfalles erheben könnte, und die Sicherung den Arbeitnehmer nicht besser stellen muss, als er ohne den Eintritt der Zahlungsunfähigkeit stünde. Demnach erhält der Arbeitnehmer eine Sicherung, die dem tatsächlichen Bestand seiner durchsetzbaren Ansprüche gegenüber dem Arbeitgeber entspricht.

Weiter können die bürgende Bank oder der Arbeitgeber die Bürgschaft auch nicht im Nachhinein einseitig, das heißt ohne Mitwirkung des begünstigten Arbeitnehmers, beseitigen. Selbstverständlich behält die Bank – wie bei allen Verträgen – die Möglichkeit, sich im Rahmen der allgemeinen Bestimmungen des BGB, beispielsweise durch Anfechtung (§§ 142 Abs. 1, 119 ff. BGB), bei Vorliegen der Voraussetzungen vom Vertrag zu lösen. Die Lösungsmöglichkeiten sind aber jedem schuldrechtlichen Vertrag immanent, so dass dies für die Einschätzung der Werthaltigkeit der Bankbürgschaft nicht von Bedeutung ist. Auch aus den speziellen Vorschriften zur Bürgschaft (§§ 765 ff. BGB) ergibt sich keine einseitige Lösungsmöglichkeit der haftenden Bank. § 775 BGB, der dem Bürgen gegenüber dem Hauptschuldner unter bestimmten Voraussetzungen einen Anspruch auf Befreiung von der Bürgschaft gewährt, gilt nur im Innenverhältnis des Bürgen zum Hauptschuldner.[399] Dem begünstigten Gläubiger kann somit durch diese Vorschrift nicht der Bürge entzogen werden.

(3) Insolvenzrisiko der am Sicherungsmodell beteiligten Einrichtungen

Im Falle der Arbeitgeberinsolvenz und der gleichzeitigen Insolvenz der sichernden Bank kann der Arbeitnehmer nach dem Grundsatz der Doppelberücksichtigung gemäß § 43 InsO im jeweiligen Insolvenzverfahren gegen beide Schuldner jeweils den gesamten Betrag seiner Forderung geltend machen, auch wenn er den Betrag insgesamt nur einmal verlangen darf.[400] Das verringert das Ausfallrisiko. Jedoch kann dadurch der Verlust der angesparten Wertguthaben auch nicht ausgeschlossen werden.

---

398 Durch eine Bürgschaft auf erstes Anfordern (vgl. oben S. 122) kann dies zunächst verhindert werden. Allerdings können die Einreden in einem späteren Rückforderungsprozess geltend gemacht werden.

399 *Staudinger/Horn*, BGB, § 775 Rn. 1; *Bamberger/Roth/Rohe*, BGB, § 775 Rn. 1; *Erman/Herrmann*, BGB, § 775 Rn. 1.

400 Vgl. FK-InsO/*Schumacher*, § 43 Rn. 1; *Jaeger/Henckel*, InsO, § 43 Rn. 3.

Im Hinblick auf den Eintritt einer Bankeninsolvenz ist jedoch zu bedenken, dass die Kreditinstitute bei der gewerbsmäßigen Vornahme ihrer Bankgeschäfte gemäß § 6 Abs. 1 KWG i.V.m. § 1 Abs. 1, Abs. 1b KWG der Aufsicht der Bundesanstalt für Finanzdienstleistungsaufsicht (BaFin) unterliegen. Nach § 6 Abs. 2 KWG ist Ziel der Bankenaufsicht, Missständen im Kredit- und Finanzdienstleistungswesen entgegenzuwirken, welche die Sicherheit der den Instituten anvertrauten Vermögenswerte gefährden, die ordnungsmäßige Durchführung der Bankgeschäfte oder Finanzdienstleistungen beeinträchtigen oder erhebliche Nachteile für die Gesamtwirtschaft herbeiführen können.[401] Die BaFin arbeitet dabei mit der Deutschen Bundesbank zusammen (§ 7 Abs. 1 S. 1 KWG).[402] Im Rahmen dieser Zusammenarbeit ist die laufende Überwachung der Institute vor allem Aufgabe der Deutschen Bundesbank (§ 7 Abs. 1 S. 2 KWG)[403], während die alleinige Verantwortung für hoheitliche Maßnahmen bei der BaFin liegt.[404]

Die Kreditinstitute sind nach den §§ 10 ff. KWG verpflichtet, zur Sicherheit der ihnen anvertrauten Vermögenswerte angemessene Eigenmittel zu halten und nach § 11 KWG zur Erfüllung ihrer möglichen Zahlungsverpflichtungen für ausreichende Liquidität zu sorgen. Stellt die Deutsche Bundesbank bei einem Kreditinstitut Tatsachen oder Umstände fest, die für die Erfüllung der aufsichtsrechtlichen Pflichten Bedeutung haben können, unterrichtet sie die BaFin (§ 7 Abs. 3 S. 1 KWG).[405] Diese legt ihren Aufsichtsmaßnahmen in der Regel die Erkenntnisse aus der Überwachung durch die Deutsche Bundesbank zu Grunde (§ 7 Abs. 2 S. 5 KWG).[406] Nach § 6 Abs. 3 S. 1 KWG kann die BaFin gegenüber dem Institut und seinen Geschäftsleitern Anordnungen treffen, die geeignet und erforderlich sind, um Verstöße gegen aufsichtsrechtliche Bestimmungen zu unterbinden oder um Missstände in dem Institut zu verhindern oder zu beseitigen, die die Sicherheit der dem Institut anvertrauten Vermögenswerte oder die ordnungsgemäße Durchführung der Bankgeschäfte oder der Dienst-

---

401 *Boos/Fischer/Schulte-Mattler/Fülbier*, KWG, § 6 Rn. 1; *Schimansky/Bunte/Lwowski/Fischer*, § 125 Rn. 1, 15; *Keller*, Der Grundsatz I der Bankenaufsicht, S. 14.

402 *Kümpel*/Bank- und Kapitalmarktrecht, Rn. 19.205; BuB/*Früh*, Rn. 3/182; Derleder/Knops/Bamberger/*Brocker*, § 56 Rn. 7.

403 *Schimansky/Bunte/Lwowski/Fischer*, § 125 Rn. 15; *Kümpel*/Bank- und Kapitalmarktrecht, Rn. 19.206; Derleder/Knops/Bamberger/*Brocker*, § 56 Rn. 7.

404 *Schimansky/Bunte/Lwowski/Fischer*, § 125 Rn. 15; *Kümpel*/Bank- und Kapitalmarktrecht, Rn. 19.206.

405 *Kümpel*/Bank- und Kapitalmarktrecht, Rn. 19.209.

406 *Kümpel*/Bank- und Kapitalmarktrecht, Rn. 19.207. Vgl. zu den möglichen Maßnahmen: *Schimansky/Bunte/Lwowski/Fischer*, § 126 Rn. 9 ff.; Derleder/Knops/Bamberger/*Brocker*, § 56 Rn. 41 ff.

leistungen beeinträchtigen können.[407] Im Falle nicht ausreichender Eigenkapitalausstattung oder unzureichender Liquidität kann dem Kreditinstitut beispielsweise verboten werden, verfügbare Gelder in Grundstücken, Gebäuden, Schiffen und Beteiligungen anzulegen, da derartige Anlageformen im Bedarfsfalle häufig nicht schnell genug wieder in verfügbare Mittel umgewandelt werden können.[408]

Nach § 45 Abs. 1 KWG kann angeordnet werden, dass die Ausschüttung von Gewinn und die Gewährung von Krediten ganz oder teilweise unterbleibt. Demnach wird der finanzielle Zustand eines bürgenden Kreditinstituts laufend überwacht, wobei dem Eintritt einer Bankinsolvenz durch die genannten Maßnahmen rechtzeitig begegnet werden kann.[409]

Sollte dennoch eine Gefahr für die Erfüllung der Verpflichtungen des Kreditinstituts gegenüber ihren Gläubigern bestehen, insbesondere die Gefahr einer Insolvenz, kann die BaFin nach §§ 46 ff. KWG verschiedene Maßnahmen zum Schutz der Gläubiger treffen. Von Bedeutung ist in diesem Zusammenhang der abschließende Katalog des § 46a KWG, wonach ein Veräußerungs- und Zahlungsverbot des Kreditinstituts, die Schließung des Kreditinstituts für den Kundenverkehr, das Verbot der Entgegennahme von Zahlungen oder die Bestellung von geschäftsführungs- und vertretungsberechtigten Personen bei Insolvenzgefahr angeordnet werden kann.

Von Bedeutung ist ferner, dass die Mehrzahl der Kreditinstitute in Deutschland an der sog. Liquiditäts-Konsortialbank GmbH beteiligt ist, die Liquiditätshilfen bei vorübergehenden Zahlungsschwierigkeiten der angeschlossenen Institute gewährt.[410]

---

407 *Kümpel*/Bank- und Kapitalmarktrecht, Rn. 19.231; Derleder/Knops/Bamberger/*Brocker*, § 56 Rn. 42.

408 *Kümpel*/Bank- und Kapitalmarktrecht, Rn. 19.242.

409 Vgl. näher zur Bankenaufsicht: Derleder/Knops/Bamberger/*Brocker*, § 56 Rn. 1 ff.; *Höhns*, Die Aufsicht über Finanzdienstleister; *Pitschas*, Integrierte Finanzdienstleistungsaufsicht, S. 283 ff.; *Keller*, Der Grundsatz I der Bankenaufsicht, S. 14 ff. Ein negatives Beispiel aus jüngerer Vergangenheit ist die Bankgesellschaft Berlin, die Anfang des Jahres 2001 kurz vor der Insolvenz stand. Vgl. weitergehend zu rechtlichen Fragen einer Bankeninsolvenz: *Binder*, Bankeninsolvenzen im Spannungsfeld zwischen Bankaufsichts- und Insolvenzrecht.

410 Vgl. *Adrian*/*Heidorn*, Der Bankbetrieb, S. 680; *Schierenbeck*, Bank- und Versicherungslexikon, S. 456.

Darüber hinaus bestehen sowohl gesetzliche als auch freiwillige Einlagensicherungseinrichtungen, die allerdings bei Bankavalen keinen Ersatz bieten.[411] Im Hinblick auf die gesetzliche Sicherung ist zu erwähnen, dass mit Ausnahme der Sparkassen, Landesbanken, Landesbausparkassen und Genossenschaftsbanken alle übrigen Banken seit August 1998 durch das *Einlagensicherungs- und Anlegerentschädigungsgesetz* (EAEG) verpflichtet sind, ihre Einlagen durch Zugehörigkeit zu einer gesetzlichen Entschädigungseinrichtung zu sichern. Die Mitgliedschaft in einer gesetzlichen Entschädigungseinrichtung ist Voraussetzung dafür, dass ein Institut zum Geschäftsbetrieb zugelassen wird. Die gesetzliche Einlagensicherung kann jedoch nicht alle Ansprüche absichern. Sie garantiert dem Kunden, dass 90 Prozent seiner Einlagen geschützt sind (§ 4 Abs. 2 EAEG). Er muss also in jedem Fall 10 Prozent des Verlustes selber tragen. Darüber hinaus ist jeder Entschädigungsanspruch auf maximal 20.000 € begrenzt.

Zusätzlich sind Banken regelmäßig an freiwilligen Sicherungsmechanismen beteiligt, die den Schutz der Einlagen über die gesetzlichen Mindestmarken hinaus gewährleisten. Privatbanken sind beispielsweise dem Einlagensicherungsfonds des Bundesverbandes deutscher Banken e.V. angeschlossen.[412] Der Einlagesicherungsfonds sichert alle Verbindlichkeiten, die in der Bilanzposition „Verbindlichkeiten gegenüber Kunden“ ausgewiesen sind. Hierzu zählen Sicht-, Termin- und Spareinlagen einschließlich der auf den Namen lautenden Sparbriefe. Die Sicherungsgrenze beträgt 30 Prozent des für die Einlagensicherung jeweils maßgeblichen haftenden Eigenkapitals der Bank. Öffentliche Banken zählen zum freiwilligen Einlagensicherungsfonds des Bundesverbandes Öffentlicher Banken Deutschlands (VÖB). Hier sind die Kundengelder bei den jeweils angeschlossenen Instituten unbegrenzt zu 100 Prozent geschützt.

Banken sind demnach insgesamt als geeignete Sicherungsträger einzuordnen.

---

411 Einen Überblick über die verschiedenen Sicherungs- und Entschädigungseinrichtungen gibt die BaFin auf ihren Internetseiten, abrufbar unter: http://www.bafin.de/bankenaufsicht/sicherungen.htm#p1. Vgl. zur Einlagensicherung im Übrigen *Adrian/Heidorn*, Der Bankbetrieb, S. 680; *Kümpel*/Bank- und Kapitalmarktrecht, Rn. 19.186; *Boos/Fischer/Schulte-Mattler/Fischer*, KWG, § 23a Rn. 16 ff.

412 Vgl. dazu: Nr. 20 Abs. 1 *AGB-Banken* (i. d. F. 2002), abgedruckt in: WM 2002, 1307 ff.

(4) Belastung der Bankbürgschaft mit Abzügen oder bestimmten Verwertungskosten

Im Falle der Bankbürgschaft sind derartige Verwertungskosten jedoch nicht ersichtlich. Davon zu unterscheiden sind die Avalprovisionen, die vom Arbeitgeber zu tragen sind.[413]

(5) Einkommensteuerrechtliche Relevanz der Bankbürgschaft

Die Einräumung einer Bürgschaft gibt dem Arbeitnehmer zwar einen Haftungsanspruch im Sicherungsfall, dieser erhält dadurch aber bis zum Sicherungsfall keine wirtschaftliche Verfügungsmacht über den Sicherungsbetrag.[414] Die Übernahme der Bürgschaft durch die Bank bedeutet deshalb für den einzelnen Arbeitnehmer noch keinen Zufluss von Einnahmen (§ 11 Abs. 1 S. 1 EStG). Es ergeben sich aus der Übernahme der Bürgschaft für den Arbeitnehmer somit keine negativen einkommensteuerrechtlichen Folgen.

c) Arbeitgeberinteressen

Die Sicherung im Wege einer Bankbürgschaft sollte auch den Interessen der Arbeitgeber gerecht werden:

(1) Beeinträchtigung der wirtschaftlichen Handlungsfähigkeit des Arbeitgebers durch die Bankbürgschaft

Im Hinblick auf den Liquiditätsvorteil[415], den die Altersteilzeitarbeit unter Verwendung eines Wertguthabens dem Arbeitgeber verschafft, ist festzustellen, dass dieser bei einer Sicherung in Form einer Bankbürgschaft nur teilweise erhalten bleibt.[416] Denn für die Sicherung der Wertguthaben im Wege einer Bankbürgschaft wird nicht das Vermögen des Arbeitgebers, sondern nur das der haftenden Bank eingesetzt. Teilweise werden jedoch zusätzliche Sicherheiten vom Arbeitgeber verlangt[417], wodurch sich der angesprochene positive Liquiditätsaspekt wiederum verkleinert. Dieser Vorteil wird zusätzlich noch dadurch abgeschwächt, dass Bankavale auf die Kreditlinie angerechnet

---

413 Vgl. dazu sogleich unten S. 140 f.

414 Vgl. zur den relevanten einkommensteuerrechtlichen Grundprinzipien: oben S. 114 f.

415 Vgl. zum Liquiditätsvorteil durch die Verwendung von Arbeitszeitkonten: oben S. 115 f.

416 *Kovács/Koch*, NZI 2004, 415, 420.

417 Vgl. oben S. 118 f.

werden.[418] Somit geht eine Liquiditätsreserve in Form von potentiellen Krediten verloren. Der Arbeitgeber muss daher entscheiden, ob es ihm möglich ist, zukünftig mit einer verkürzten Kreditlinie zu wirtschaften.

(2) Bilanzielle Vorteile auf Grund der Bankbürgschaft

Der Arbeitgeber hat in Folge der Sicherung der Wertguthaben durch Avalkredite nicht die Möglichkeit eine Bilanzverkürzung nach internationalen Rechnungslegungsvorschriften vorzunehmen, da er weder Vermögen auf eine selbständige rechtliche Einheit überträgt, noch über eine qualifizierte Versicherungspolice zugunsten seiner Arbeitnehmer verfügt.[419]

(3) Rechtliche Durchführbarkeit der Bankbürgschaft

Wie oben gezeigt, sind verschiedene Wege möglich, wie der Arbeitnehmer in Altersteilzeit zu einem Sicherungsanspruch aus einer Bürgschaft gelangen kann.[420] Wird der Bürgschaftsvertrag in Form eines Vertrages zu Gunsten Dritter (§ 328 Abs. 1 BGB) oder im Wege der Stellvertretung (§ 164 Abs. 1 BGB) geschlossen, ist außer der Erteilung einer Vollmacht die Mitwirkung des einzelnen Arbeitnehmers bei der Übernahme der Bürgschaft entbehrlich. Der Bürgschaftsvertrag kann somit bereits vor oder gleichzeitig mit dem Eintritt des Arbeitnehmers in das Altersteilzeitverhältnis, bei dem es zur Entstehung eines Wertguthabens kommt, zu seinen Gunsten geschlossen werden. Je nach dem im konkreten Fall gewählten Sicherungsangebot eines Kreditinstituts kann es sein, dass der Arbeitnehmer gegenüber diesem Kreditinstitut für das Wirksamwerden der Bürgschaft noch eine rechtsgeschäftliche Erklärung (Zustimmung, §§ 182 ff. BGB, oder Annahmeerklärung, §§ 147 ff. BGB) abgeben muss. Dies kann aber zeitgleich mit dem Abschluss der Altersteilzeitvereinbarung erledigt werden. Die Bankbürgschaft ist damit eine Sicherheitslösung, die in ihrer Durchführung praktikable ist.

(4) Verwaltungs- und Kostenaufwand der Bankbürgschaft

Die Höhe der Avalprovision richtet sich zunächst nach dem Ergebnis einer von der Bank durchgeführten Bonitätsprüfung beim Arbeitgeber vor Übernahme der Bürgschaft.[421] Daher variieren die zu zahlenden Provisionen je nach Aufwand

---

418 *Kovács/Koch*, NZI 2004, 415, 420; *Fischer/Thoms-Meyer*, DB 2000, 1861, 1863.

419 Vgl. zu den notwendigen Voraussetzungen: oben S. 115.

420 Vgl. oben S. 120.

421 *Bichelmeier/Engberding/Oberhofer*, Insolvenzhandbuch, S. 408; *Kovács/Koch*, NZI 2004, 415, 420; *Fischer/Thoms-Meyer*, DB 2000, 1861, 1863.

und Risiko, wodurch eine Bankbürgschaft für den Arbeitgeber mehr oder weniger attraktiv sein kann. Arbeitgeber, deren betriebliche und finanzielle Situation bereits angespannt ist, werden entweder keine bürgende Bank finden oder eine Bürgschaftszusage nur zu Konditionen erhalten, die sie finanziell überfordern und damit möglicherweise den Eintritt der Insolvenz beschleunigen.[422] Eventuell ist der Arbeitgeber verpflichtet, weitere Sicherheiten zu stellen, um bessere Konditionen zu bekommen.[423] Dies führt jedoch dann wieder zu einer Einschränkung der wirtschaftlichen Handlungsfähigkeit.

Hinzu kommt, dass die Bonitätsprüfung beim Arbeitgeber in regelmäßigen Abständen wiederholt wird.[424] Damit behält sich die Bank regelmäßig vor, die Höhe der Sicherheit, die Laufzeit und den Umfang der Avalprovision einer geänderten Risikosituation anzupassen. Auch dadurch können für den Arbeitgeber erhöhte Kosten entstehen, die in einer finanziell angespannten Situation den Eintritt der Insolvenz wiederum begünstigen könnten.

Bei solventen und wirtschaftlich starken Arbeitgebern könnte die Absicherung über eine Bürgschaft eine im Vergleich zu anderen Sicherungsmodellen teurere Lösung sein. Denn die Avalprovisionen dienen nicht dazu, Gelder für die spätere Erfüllung der Ansprüche aus den Wertguthaben bereit zu legen, sondern sie sind vielmehr die Gegenleistung dafür, dass der Arbeitgeber dem Arbeitnehmer eine Sicherheitslösung gewährt, die zumindest teilweise seine Liquidität schont. Ein solventer Arbeitgeber ist aber nicht zwingend auf den Liquiditätsvorteil, den die Altersteilzeitarbeit unter Verwendung eines Wertguthabens bietet, angewiesen. Er wird hingegen eher versucht sein, eine Lösung zu finden, die der späteren Erfüllung der Arbeitnehmeransprüche dient. Die Avalprovision ist für einen solventen und wirtschaftlich starken Arbeitgeber daher letztlich eine unnütze Ausgabe.[425]

Als Kostenfaktor ist darüber hinaus noch zu berücksichtigen, dass der Bürge nach § 23b Abs. 2 S. 7 SGB IV im Sicherungsfall verpflichtet ist, die Aufgaben des Arbeitgebers im Zusammenhang mit der Erfüllung der Sozialversicherungsverpflichtungen (u. a. die Berechnung und Bezahlung der Sozialversicherungsbeiträge) zu übernehmen.[426] Jene zusätzliche Belastung, die das Bürgenrisiko

422 *Rittweger/Petri/Schweikert/Rittweger*, ATG, B. Rn. 37.

423 Vgl. oben S. 120.

424 *Fischer/Thoms-Meyer*, DB 2000, 1861, 1863.

425 *Rittweger*, NZS 1999, 126, 127.

426 *Hauck/Noftz/Sehnert*, SGB IV, K § 23b Rn. 3.

erhöht, wird ebenfalls in die Höhe der Avalprovision mit einzurechnen sein. Auch dadurch wird die Sicherungslösung der Bankbürgschaft verteuert.

Der Verwaltungsaufwand auf Seiten des Arbeitgebers ist indes als gering anzusehen. Denn die Organisation und Führung der Bürgschaft gegenüber den Arbeitnehmern ist Aufgabe der Bank. Im Sicherungsfall übernimmt darüber hinaus auch der Bürge die sozialversicherungsrechtlichen Pflichten (§ 23b Abs. 2 S. 7 SGB IV). Dem Arbeitgeber erwachsen also hieraus keine Verwaltungsaufgaben. Er hat der Bank jedoch die erforderlichen Daten zu übermitteln.

d) Insolvenzsicherungsgebote aus § 7d SGB IV und § 8a ATG

Die Übernahme einer Bankbürgschaft muss den Anforderungen der Insolvenzsicherungsgebote aus § 7d SGB IV und § 8a ATG genügen.[427]

Nach den obigen Ergebnissen stellt die Bankbürgschaft eine Sicherungslösung dar, die die Ansprüche der Arbeitnehmer aus den Wertguthaben von der ersten Gutschrift an in geeigneter Weise gegen die Zahlungsunfähigkeit des Arbeitgebers absichern kann. Festzustellen ist dabei insbesondere, dass eine übernommene Bürgschaft für einmal entstandene Forderungen der Arbeitnehmer nicht mehr nachträglich einseitig zu Lasten der Arbeitnehmer beseitigt werden kann.

Auch ist auf Grund des § 23b Abs. 2 S. 7 SGB IV dafür gesorgt, dass der auf den Bestand des Wertguthabens der einzelnen Arbeitnehmer entfallende Arbeitgeberanteil am Gesamtsozialversicherungsbeitrag auch bei Zahlungsunfähigkeit des Arbeitgebers gesichert ist, denn § 23b Abs. 2 S. 7 SGB IV verpflichtet den im Fall der Zahlungsunfähigkeit des Arbeitgebers haftenden Bürgen zur Erfüllung der beitragsrechtlichen Pflichten.[428] Hierunter fallen vor allem die Berechnung und Bezahlung der entsprechenden Beträge.

Damit entspricht die Bankbürgschaft den Vorgaben des § 7d SGB IV und des § 8a ATG.

e) Zusammenfassung

Die Bankbürgschaft bietet dem Arbeitnehmer insgesamt eine ausreichende Sicherheit im Hinblick auf die Erfüllung seiner Ansprüche aus den Wertguthaben. Ebenso werden die Voraussetzungen der gesetzlichen Insolvenzschutz-

---

427 Vgl. oben S. 102 ff. und S. 106 ff.

428 *Hauck/Noftz/Sehnert*, SGB IV, K § 23b Rn. 3.

gebote des § 7d SGB IV und des § 8a ATG erfüllt. Da stets ein gewisses, wenn auch sehr geringes, Restrisiko auf Insolvenz der bürgenden Bank verbleibt, kann aber nicht von einer absoluten Sicherheit gesprochen werden. Das verbleibende Restrisiko ist aber in einer Volkswirtschaft, deren wirtschaftlicher Erfolg stark mit dem Vertrauen in eine funktionierende Bankwirtschaft verbunden ist, in Kauf zu nehmen. Allerdings existieren zahlreiche Sicherungsinstrumente, die sowohl die Einlagen, als auch die Liquidität eines Kreditinstitutes schützen sollen.

Auf Seiten der Arbeitnehmer ist als nachteilig anzuführen, dass die Bankbürgschaft auf Grund der in der Praxis oftmals bestehenden Kündigungsmöglichkeiten des Avalkreditvertrages unter Umständen nicht sicher alle bis zum Ende der Altersteilzeit entstehenden Forderungen abdecken kann. Zwar bleibt bei einer Kündigung die übernommene Bürgschaft für die bis zu diesem Zeitpunkt entstandenen Forderungen bestehen, jedoch muss dann für die zukünftig bis zum Ende des Altersteilzeitverhältnisses neu entstehenden Forderungen eine erneute Sicherungslösung gefunden werden. Das könnte bei der dann in der Regel verschlechterten finanziellen Situation des Arbeitgebers problematisch sein.

Auf Seiten der Arbeitgeber fallen vor allem die relativ hohen Kosten der Bürgschaft negativ ins Gewicht, die nicht zur Erfüllung der späteren Ansprüche aus den Wertguthaben beitragen. Für solvente Arbeitgeber sollte die Bankbürgschaft daher nicht erste Wahl sein, da Ausgaben für eine Bürgschaft aus den oben genannten Gründen unnütz getätigt würden. Das kann im Einzelfall natürlich anders sein, wenn beispielsweise der Arbeitgeber die Kosten der Bürgschaft dadurch kompensiert, dass er die Mittel, die er nicht gleich für die spätere Erfüllung der Vergütungsansprüche verwendet, gewinnbringend anlegt.

Insgesamt ist eine Bankbürgschaft daher grundsätzlich nur für Altersteilzeitprogramme zu empfehlen, die eine kurze und überschaubare Laufzeit haben. Für die Sicherung der Wertguthaben wird im Rahmen dieser Arbeit ein Zeitraum von nicht mehr als zwei Jahren vorgeschlagen.[429] Dadurch erscheint das oben angesprochene Problem der einheitlichen Sicherungslösung auf Seiten der Arbeitnehmer hinnehmbar. Die Kostenbelastung bleibt ihrem Volumen nach für weniger solvente Arbeitgeber, die kurz- bis mittelfristig auf den Liquiditätsvorteil der Altersteilzeit im Blockmodell angewiesen sind, begrenzt.

---

[429] Dabei wird berücksichtigt, dass für diesen Zeitraum zwar noch keine Insolvenzsicherungspflicht nach § 7d SGB IV besteht (wohl aber nach § 8a ATG), aber eine Sicherung für den Arbeitnehmer bereits ab dem ersten Tag der Ansparung des Wertguthabens sinnvoll ist.

2. Bankgarantie

Im Hinblick auf die Bewertung der Bankgarantie ist zunächst festzustellen, dass sich die Abstraktheit der Garantie für die Sicherung der Arbeitszeitkonten als problematisch erweist, da sich die Garantie grundsätzlich nicht in ihrem Umfang an die Veränderung der Wertguthaben im Valutaverhältnis anpasst.[430] Eine solche Anpassung kann jedoch im Wege der Vertragsfreiheit (§§ 311 Abs. 1, 241 Abs. 1 BGB) durch eine umfängliche Bezugnahme auf die zu sichernden gegenwärtigen und zukünftigen Forderungen erreicht werden.[431] In einer solchen Situation ist dann allerdings zu hinterfragen, warum die Parteien nicht von Anfang an eine Bürgschaftsvereinbarung getroffen haben, die auf Grund der gesetzlichen Regelungen klare Vorgaben zum Schutz der Parteien statuiert. Dadurch erklärt sich wohl auch, warum die Bankgarantie im Rahmen der Sicherung von Wertguthaben nicht verbreitet ist.[432] Sie ist vielmehr im grenzüberschreitenden Geschäfts- und Handelsverkehr gängige Praxis.[433] Aus diesem Grund wird die theoretisch denkbare Sicherung über eine Bankgarantie, die in ihrer Ausgestaltung einer Bürgschaft stark angenähert ist, nicht weiter untersucht.

3. Schuldbeitritt

Der Schuldbeitritt ist in seiner grundsätzlichen Erscheinungsform von der Hauptverbindlichkeit abstrakt und kann nur über zahlreiche Änderungen den Bedürfnissen einer Insolvenzsicherung von Wertguthaben angepasst werden. Dies ist zwar möglich, würde dann aber wiederum im Ergebnis dem Erscheinungsbild einer Bürgschaft gleichen. Dies ist möglicherweise eine Erklärung dafür, warum der Schuldbeitritt als Sicherungslösung für Wertguthaben nicht gebräuchlich ist.[434] Von einer weiteren Bewertung des Schuldbeitritts wird daher abgesehen.

---

430 Vgl. oben S. 126.

431 Vgl. oben S. 126 f.

432 Bekannte Anbieter von Sicherungsmodellen, wie beispielsweise die Commerzbank AG oder die Allianz AG, haben, soweit ersichtlich, eine Sicherung der Altersteilzeitarbeit über eine Garantie nicht in ihrer Produktpalette.

433 *Claussen*, Bank- und Börsenrecht, § 8 Rn. 62.

434 Bekannte Anbieter von Sicherungsmodellen, wie beispielsweise die Commerzbank AG oder die Allianz AG, haben, soweit ersichtlich, eine Sicherung der Altersteilzeitarbeit über einen Schuldbeitritt nicht in ihrer Produktpalette.

§ 6 Kautionsversicherung

Als Alternative zu den Avalkrediten kommt zur Sicherung der Arbeitnehmeransprüche auch eine sog. Kautionsversicherung als weitere unternehmensexterne Insolvenzsicherungslösung in Betracht.

I. Ausgestaltung

Bei diesem Modell tritt ein Versicherungsunternehmen für die Erfüllung der Arbeitnehmeransprüche bei Zahlungsunfähigkeit oder Überschuldung des Arbeitgebers ein. Der Arbeitgeber nimmt die Stellung des Versicherungsnehmers ein, während der Arbeitnehmer als begünstigter Dritter eines Haftungsversprechens des Versicherers als Versicherter einzuordnen ist.[435]

Seinem Ursprung nach bezweckt die Kautionsversicherung, dem Versicherungsnehmer die Zahlung einer Kautionssumme zu ersparen, die er ansonsten selbst an einen Dritten als Sicherheit leisten müsste.[436] Die Kautions- oder Garantieversicherung stellt einen alten Versicherungstyp dar, dessen Anfänge im England des beginnenden 18. Jahrhunderts zu suchen sind.[437]

Die Kautionsversicherung – eine Unterart[438] der Forderungsversicherung, die generell das Ausfallrisiko bei Forderungen abdeckt[439] – stellt gemäß Teil A Nr. 15 der Anlage zum VAG eine eigene Versicherungssparte dar.[440] Sie unterliegt damit den für alle Versicherungssparten verbindlichen Gesetzen, wie u. a. dem VVG, VAG, BGB und HGB.[441] Die Kautionsversicherung ist als reine Risikoversicherung angelegt.[442]

---

435 Vgl. *Kossen*, S. 37 f.; *Hofmann*, Privatversicherungsrecht, S. 268.

436 *Kossen*, S. 64; *Hofmann*, Privatversicherungsrecht, S. 268; *Deutsch*, Versicherungsvertragsrecht, Rn. 310; *Wick/Feldmann*, S. 24.

437 Vgl. dazu näher: *Kossen*, S. 25 ff; *Manes*, Versicherungs-Lexikon 1909, Sp. 413.

438 *Hofmann*, Privatversicherungsrecht, S. 269; *Deutsch*, Versicherungsvertragsrecht, Rn. 269.

439 *Hofmann*, Privatversicherungsrecht, S. 191; *Schimikowski*, Versicherungsvertragsrecht, Rn. 300.

440 Vgl. im Übrigen zur versicherungsrechtlichen Einordnung der Kautionsversicherung: *Kossen*, S. 35, 65 ff.; *Wick/Feldmann*, S. 25 f.

441 *Kossen*, S. 40.

442 *Kossen*, S. 87 ff; *Fischer/Thoms-Meyer*, DB 2000, 1861, 1862.

II. Rechtsbeziehungen im Rahmen einer Kautionsversicherung

Im Zusammenhang mit der Insolvenzsicherung der Wertguthaben gilt es auch bei der Kautionsversicherung – wie bei den Avalkrediten – drei Rechtsbeziehungen zu unterscheiden: die arbeitsvertragliche Bindung zwischen Arbeitgeber und Arbeitnehmer, das Vertragsverhältnis zwischen Arbeitgeber und Versicherer (Kautionsversicherungsvertrag) und schließlich das Haftungsversprechen zwischen Versicherer und Arbeitnehmer. Näher untersucht werden nur die beiden zuletzt genannten Rechtsbeziehungen.

1. Kautionsversicherungsvertrag

In der Vertragsbeziehung zwischen Arbeitgeber und Versicherer verpflichtet sich der Versicherer in einem so genannten Kautionsversicherungsvertrag gegenüber dem Arbeitgeber durch die Übernahme einer Bürgschaft oder Garantie für die Erfüllung der Vergütungsansprüche aus dem Wertguthaben des Arbeitnehmers einzustehen.[443] Um dem Arbeitnehmer als Versicherten einen umfassenden Schutz zuteil werden zu lassen, verzichten die Vertragsparteien einer Kautionsversicherung regelmäßig auf § 61 VVG, der die Leistungsfreiheit des Versicherers bei vorsätzlicher und grob fahrlässiger Herbeiführung des Versicherungsfalls durch den Versicherungsnehmer statuiert.[444] Dies ist notwendig, da der Arbeitgeber seine Zahlungsunfähigkeit auch vorsätzlich oder grob fahrlässig herbeiführen könnte, wodurch der Versicherungsschutz ohne eine solche Abrede entfiele.

Für die Insolvenzsicherung der Arbeitnehmeransprüche ist es üblich, dass der Versicherer dem Versicherungsnehmer einen Gesamthaftungsrahmen einräumt, bis zu dem er sich bereiterklärt, auch mehrere Haftungsversprechen gegenüber verschiedenen Arbeitnehmern zu übernehmen.[445]

---

443 *Hofmann*, Privatversicherungsrecht, S. 268; *Vosberg*, ZIP 2002, 968 f.; *Link*, AuA 2004, Nr. 9, 22, 23. Vgl. im Übrigen das Kautionsversicherungsangebot der R+V Versicherung, abrufbar unter: http://www.ruv.de/de/firmenkunden/kredit/kaution/index.jsp, der Winterthur Garantie, DBV-Winterthur Versicherung AG, abrufbar unter: https://entry.dbv-winterthur.de/b2c/_wingarantie/index.jsp (Stand: 31.05.06) oder der Zürich Versicherung, abrufbar unter: http://www.zuerich.de/kredit/kaution/index.jsp (Stand: 31.05.06).

444 *Hofmann*, Privatversicherungsrecht, S. 269; *Deutsch*, Versicherungsvertragsrecht, Rn. 310. Vgl. zur Disponibilität des § 61 VVG *Prölss/Martin/Prölss*, VVG, 27. Aufl. 2004, § 61 Rn. 29; *Römer/Langheid/Langheid*, VVG, 2. Aufl. 2003, § 61 Rn. 98.

445 *Vosberg*, ZIP 2002, 968, 969; *Kossen*, S. 64, 147 f.; *Wick/Feldmann*, S. 24. Vgl. beispielsweise § 1 der AVB Avalkredit 1999 der Zürich Versicherung, § 1 der AVB Kautionsversicherung für Zeitguthaben (07/2004) bzw. § 1 Nr. 2 der AVB Kautions-

Als Gegenleistung ist der Arbeitgeber zunächst verpflichtet, eine bestimmte Versicherungsprämie zu leisten, die sich grundsätzlich am Gesamtvolumen der übernommenen Haftungsversprechen und an einer vorangegangenen und sich in regelmäßigen Abständen wiederholenden Bonitätsprüfung orientiert.[446] Neben der Zahlung der Provision erklärt sich der Arbeitgeber regelmäßig bereit, dem Versicherer bestimmte Sicherheiten – beispielsweise Rückbürgschaften, die Abtretung von Festgeldkonten oder die Verpfändung von Wertpapieren[447] – für die Erfüllung möglicher Rückgriffsansprüche zu stellen.[448] Zu denken ist dabei vor allem an die Rückgriffsansprüche auf Grund der cessio legis des § 774 Abs. 1 BGB aus der übernommenen Bürgschaft zugunsten des Arbeitnehmers und der cessio legis aus § 67 VVG[449]. Da es sich bei der Kautionsversicherung um eine Versicherung auf fremde Rechnung handelt, geht im Rahmen des § 67 VVG anstelle des Anspruchs des Versicherungsnehmers der Anspruch des Versicherten auf den Versicherer über.[450]

Die befristeten Versicherungsverträge sind oftmals so ausgestattet, dass der Versicherer berechtigt ist, den Vertrag jährlich zu kündigen.[451]

2. Haftungsversprechen

Bei dem Haftungsversprechen, welches der Versicherer auf Grund des Kautionsversicherungsvertrages gegenüber dem Versicherten für die ordnungsgemäße Erfüllung der Ansprüche aus den Wertguthaben abgibt, handelt es sich auf Grund der bestehenden gesetzlichen Regelungen in den meisten Fällen um eine

---

versicherung für Altersteilzeit (07/2004) der R+V Versicherung und Nr. 5 der AVB Zeitkonten-Versicherung der Winterthur Garantie, DBV-Winterthur Versicherung AG.

446 *Kossen*, S. 64; *Vosberg*, ZIP 2002, 968, 969; *Link*, AuA 2004, Nr. 9, 22, 23; *Fischer/Thoms-Meyer*, DB 2000, 1861, 1863.

447 *Wick/Feldmann*, S. 26.

448 *Wick/Feldmann*, S. 26; *Fischer/Thoms-Meyer*, DB 2000, 1861, 1863; *Vosberg*, ZIP 2002, 968, 969. Vgl. beispielsweise § 2 Nr. 2 lit. a der AVB Kautionsversicherung für Zeitguthaben (07/2004) bzw. § 2 Nr. 2 der AVB Kautionsversicherung für Altersteilzeit (07/2004) der R+V Versicherung.

449 *Hofmann*, Privatversicherungsrecht, S. 269; *Prölss/Martin/Prölss*, VVG, § 67 Rn. 11.

450 *Hofmann*, Privatversicherungsrecht, S. 269; *Prölss/Martin/Prölss*, VVG, § 67 Rn. 11.

451 *Link*, AuA 2004, Nr. 9, 22, 23. Vgl. beispielsweise § 8 Nr. 2 der AVB Kautionsversicherung für Zeitguthaben (07/2004) bzw. § 8 Nr. 1 der AVB Kautionsversicherung für Altersteilzeit (07/2004) der R+V Versicherung oder Nr. 9 der AVB Zeitkonten-Versicherung der Winterthur Garantie, DBV-Winterthur Versicherung AG.

Bürgschaft.[452] Diese Bürgschaften werden regelmäßig als Höchstbetragsbürgschaften[453] übernommen.[454] Alternativ dazu kann auch ein selbständiger Garantievertrag gewählt werden.[455]

Wegen der größeren praktischen Relevanz[456] und den oben dargestellten Vorzügen einer Bürgschaft gegenüber einer Bankgarantie[457] wird in den folgenden Ausführungen zur Kautionsversicherung nur auf die Bürgschaft als Haftungsversprechen eingegangen. Hinsichtlich der rechtlichen Ausformung eines Bürgschaftsvertrages, insbesondere seines Zustandekommens gegenüber einer Mehrzahl von Arbeitnehmern und gegebenenfalls als Vertrag zugunsten Dritter nach § 328 Abs. 1 BGB, wird auf die obigen Ausführungen zur Bankbürgschaft verwiesen.[458]

III. Bewertung

Im Folgenden wird untersucht, inwieweit das Sicherungsmodell der Kautionsversicherung die oben aufgestellten Bewertungskriterien[459] erfüllt.

---

452 *Kossen*, S. 65; *Hofmann*, Privatversicherungsrecht, S. 268; *Fischer/Thoms-Meyer*, DB 2000, 1861, 1863; *Vosberg*, ZIP 2002, 968 f.; *Link*, AuA 2004, Nr. 9, 22, 23. Vgl. beispielsweise § 1 der AVB Kautionsversicherung für Zeitguthaben (07/2004) bzw. § 1 Nr. 1 der AVB Kautionsversicherung für Altersteilzeit (07/2004) der R+V Versicherung und Nr. 1 der AVB Zeitkonten-Versicherung der Winterthur Garantie, DBV-Winterthur Versicherung AG.

453 Vgl. zu diesem Begriff: oben S. 123.

454 Vgl. beispielsweise § 1 der AVB Kautionsversicherung für Zeitguthaben (07/2004) bzw. § 1 Nr. 2 der AVB Kautionsversicherung für Altersteilzeit (07/2004) der R+V Versicherung und Nr. 5 der AVB Zeitkonten-Versicherung der Winterthur Garantie, DBV-Winterthur Versicherung AG.

455 *Kossen*, S. 65; Hofmann, Privatversicherungsrecht, S. 268; *Fischer/Thoms-Meyer*, DB 2000, 1861, 1863; *Vosberg*, ZIP 2002, 968 f.; *Link*, AuA 2004, Nr. 9, 22, 23. Vgl. beispielsweise § 1 der AVB Avalkredit 1999 der Zürich Versicherung.

456 Vgl. beispielsweise § 1 der AVB Kautionsversicherung für Zeitguthaben (07/2004) bzw. § 1 Nr. 1 der AVB Kautionsversicherung für Altersteilzeit (07/2004) der R+V Versicherung und Nr. 1 der AVB Zeitkonten-Versicherung der Winterthur Garantie, DBV-Winterthur Versicherung AG.

457 Vgl. oben S. 143.

458 Vgl. oben S. 120.

459 Vgl. oben S. 113 ff.

1. Insolvenzrechtliche Vorgaben

a) Rechtsfolgen der Eröffnung des Insolvenzverfahrens für den Kautionsversicherungsvertrag

Der Kautionsversicherungsvertrag ist grundsätzlich als Geschäftsbesorgungsvertrag einzuordnen.[460] Durch die Eröffnung des Insolvenzsverfahrens erlischt der Geschäftsbesorgungsvertrag gemäß §§ 116 S. 1, 115 Abs. 1 InsO mit Wirkung für die Zukunft.[461]

Vergleichbar mit der Situation bei dem Avalkreditvertrag ist der Versicherer zukünftig nicht mehr verpflichtet, weitere Bürgschaften für die Verbindlichkeiten des Arbeitgebers zu übernehmen. Allerdings bestehen zuvor übernommene Bürgschaften fort, wodurch die bis dahin vereinbarte Sicherung für bestehende Wertguthaben unangetastet bleibt. Der Versicherer hat dann in der Insolvenz des Arbeitgebers für die Erfüllung der bis dahin entstandenen Wertguthaben einzustehen, in dem er die gesicherten Lohnansprüche an den Arbeitnehmer zur Auszahlung bringt.

b) Insolvenzanfechtung

Die Übernahme der Bürgschaft durch den Versicherer darf ferner im Insolvenzverfahren über das Vermögen des Arbeitgebers nicht der Insolvenzanfechtung nach den §§ 129 ff. InsO unterliegen. Wie die Ausführungen zur Bankbürgschaft gezeigt haben[462], bedeutet die Einräumung einer Sicherheit durch einen Dritten grundsätzlich für die Insolvenzgläubiger des Arbeitgebers keine objektive Benachteiligung. Insoweit handelt es sich bei der Bankbürgschaft um eine Drittsicherheit, die nicht angefochten werden kann.[463]

Jedoch könnten die vom Arbeitgeber bezahlten Versicherungsbeiträge und möglicherweise zusätzlich gestellte Sicherheiten, eine Masseverkürzung bedeuten, weshalb eine Insolvenzanfechtung durchaus in Betracht kommen kann. Zu vernachlässigen ist in einem solchem Fall die Anfechtung nach den §§ 130 f. InsO, weil sie nur eine kurze zeitliche Reichweite besitzt. Allenfalls die Anfechtung wegen vorsätzlicher Benachteiligung nach § 133 InsO kann die Bestellung einer Kautionsversicherung ernsthaft in Gefahr bringen. Dabei sind

---

460 BGH ZInsO 2006, 1055; FK-InsO/*Wegener*, § 116 InsO Rn. 11a.

461 BGH ZInsO 2006, 1055; FK-InsO/*Wegener*, § 116 InsO Rn. 24 m.w.N.

462 Vgl. oben S. 130 f.

463 *Obermüller*, Insolvenzrecht in der Bankpraxis, Rn. 6.67, 6.540 ff.

die Anforderungen an § 133 InsO jedoch hoch anzusetzen und werden im normalen Fall der Sicherung der Wertguthaben nicht vorliegen.[464]

Aus insolvenzrechtlicher Sicht hat eine vom Versicherer bereits zuvor übernommene Bürgschaft im Insolvenzverfahren über das Vermögen des Arbeitgebers Bestand.

2. Arbeitnehmerinteressen

Um den Interessen der Arbeitnehmer gerecht zu werden, muss die Kautionsversicherung folgenden Anforderungen genügen:

a) Laufzeit der Kautionsversicherung

In diesem Punkt kann weitgehend auf die Ausführungen zur Bankbürgschaft verwiesen werden.[465] Die von Versicherern übernommenen Bürgschaften stellen ein variables Sicherungsmodell dar, das sich dem jeweiligen Stand der Wertguthaben anpasst. Zu beachten ist allerdings, dass die Kautionsversicherungsverträge in der Regel auf ein Jahr befristet sind.[466] Die Versicherer bedingen sich oftmals zusätzlich die Berechtigung aus, den Versicherungsvertrag fristlos zu kündigen, wenn nach der Einschätzung des Versicherers eine erhebliche Vermögensverschlechterung eingetreten ist.[467] Damit bleibt zwar die Sicherung der bis dahin erarbeiteten Wertguthaben bestehen, allerdings muss für die künftigen Ansprüche aus den Wertguthaben eine neue Sicherungslösung gefunden werden. Der Bestand der Bürgschaft für die gesamte Laufzeit der Altersteilzeit ist nur bedingt sichergestellt.

---

464 Vgl. zum Ganzen: oben S. 130 ff.

465 Vgl. oben S. 134.

466 *Link*, AuA 2004, Nr. 9, 22, 23. Vgl. beispielsweise § 7 Nr. 3 der AVB Avalkredit 1999 der Zürich Versicherung, § 8 Nr. 2 der AVB Kautionsversicherung für Zeitguthaben (07/2004) bzw. § 8 Nr. 1 der AVB Kautionsversicherung für Altersteilzeit (07/2004) der R+V Versicherung oder Nr. 9 der AVB Zeitkonten-Versicherung der Winterthur Garantie, DBV-Winterthur Versicherung AG.

467 Vgl. beispielsweise § 7 Nr. 2 der AVB Avalkredit 1999 der Zürich Versicherung, § 9 Nr. 1 lit. b der AVB Kautionsversicherung für Zeitguthaben (07/2004) bzw. § 8 Nr. 2 lit. b der AVB Kautionsversicherung für Altersteilzeit (07/2004) der R+V Versicherung oder Nr. 10 lit. c der AVB Zeitkonten-Versicherung der Winterthur Garantie, DBV-Winterthur Versicherung AG

b) Möglichkeit der einseitigen Beeinträchtigung oder Beseitigung der Kautionsversicherung

Hinsichtlich dieses Kriteriums, das ausschließlich den Bürgschaftsvertrag zwischen Arbeitnehmer und Versicherer betrifft, können ebenso die entsprechenden Erläuterungen im Rahmen der Bewertung der Bankbürgschaft herangezogen werden.[468] Aus dem Umstand, dass die Bürgschaft im Rahmen einer Kautionsversicherung zustande kommt, ergeben sich somit keine Besonderheiten. Der bürgende Versicherer kann die Bürgschaft – abgesehen von einer Anfechtung nach §§ 142 Abs. 1, 119 ff. BGB – ohne Mitwirkung des begünstigten Arbeitnehmers nicht beseitigen.

c) Insolvenzrisiko der am Sicherungsmodell beteiligten Einrichtungen

Auch bei einer Sicherungslösung über eine Kautionsversicherung kommt im Falle der Arbeitgeberinsolvenz und der gleichzeitigen Insolvenz des bürgenden Versicherers der Grundsatz der Doppelberücksichtigung nach § 43 InsO zur Anwendung.[469] Der Arbeitnehmer kann diesem Prinzip zur Folge sowohl im Insolvenzverfahren gegen den Arbeitgeber als auch im Insolvenzverfahren gegen den Versicherer den gesamten Betrag seiner Forderung geltend machen, auch wenn er den Betrag insgesamt nur einmal verlangen darf. Möglicherweise kann dadurch das Ausfallrisiko gesenkt werden, der Verlust der angesparten Wertguthaben ist deshalb aber dennoch nicht ausgeschlossen.

Im Hinblick auf den Eintritt der Insolvenz eines Versicherungsunternehmens ist allerdings zu bedenken, dass die Versicherungsunternehmen neben der Zulassungskontrolle gemäß §§ 5 ff. VAG (präventive Aufsicht) auch bei ihrer laufenden Versicherungstätigkeit der Aufsicht der BaFin unterstehen, §§ 81 ff. VAG.[470] Dabei achtet die BaFin im Rahmen der Kontrolle des Geschäftsbetriebs des Versicherers (§ 81 Abs. 1 S. 4 VAG) vor allem auf die ausreichende Wahrung der Belange der Versicherten (§ 81 Abs. 1 S. 2 VAG).[471] Nach § 81 Abs. 2 S. 1 VAG kann die Aufsichtsbehörde gegenüber den Unternehmen, den

---

468 Vgl. oben S. 134 f.

469 Vgl. FK-InsO/*Schumacher*, § 43 Rn. 1; *Jaeger/Henckel*, InsO, § 43 Rn. 3.

470 *Prölss/Kollhosser*, VAG, 12. Aufl. 2005, § 81 Rn. 5; *Schimikowski*, Versicherungsvertragsrecht, S. 2. Vgl. *Wick/Feldmann*, S. 26, zum ehemaligen Bundesaufsichtsamt für das Versicherungswesen, das durch Art. 1 des Gesetzes über die integrierte Finanzdienstleistungsaufsicht vom 22. April 2002 (BGBl. I S. 1310) seit 1. Mai 2002 in der BaFin aufgegangen ist.

471 *Höhns*, Die Aufsicht über Finanzdienstleister, S. 52; *Schimikowski*, Versicherungsvertragsrecht, S. 2; *Fahr/Kaulbach/Bähr/Bähr*, VAG, 3. Aufl. 2003, § 81 Rn. 15.

Mitgliedern des Vorstandes sowie sonstigen Geschäftsleitern oder den die Unternehmen kontrollierenden Personen alle Anordnungen treffen, die geeignet und erforderlich sind, um Missstände zu vermeiden. Insbesondere sind die Versicherer verpflichtet, die dauernde Erfüllbarkeit der Verpflichtungen aus den Versicherungen sicher zu stellen (§ 81 Abs. 1 S. 5 VAG).[472] Werden diese Anforderungen nicht erfüllt, ist gemäß § 8 Abs. 1 Nr. 3 VAG die Zulassung zum Geschäftsbetrieb des Versicherungsunternehmens zu versagen.[473] Damit ist bei Versicherungsunternehmen das Risiko des Eintritts einer Insolvenz als gering zu bewerten.

Hinzu kommt, dass Versicherungsunternehmen oftmals einen Rückversicherungsvertrag mit einem Rückversicherungsunternehmen geschlossen haben. Der Versicherer kann dann Teilbeträge der zu zahlenden Versicherungssumme auf den Rückversicherer abwälzen, soweit das versicherte Risiko in der Rückversicherung enthalten war.[474]

Versicherungsunternehmen sind damit im Hinblick auf ihr eigenes Insolvenzrisiko als geeignete Sicherungsträger einzuordnen.

d) Belastung der Kautionsversicherung mit Abzügen oder bestimmten Verwertungskosten

Im Falle der Kautionsversicherung sind Verwertungskosten nicht ersichtlich. Auch hier müssen die Versicherungsprämien, die der Arbeitgeber trägt, von den Verwertungskosten unterschieden werden.

e) Einkommensteuerrechtliche Relevanz der Kautionsversicherung

Auch bei der Wahl der Kautionsversicherung als Sicherungsmodell, resultiert aus der Übernahme der Bürgschaft durch den Versicherer für den Arbeitnehmer noch kein Zufluss von Einnahmen (§ 11 Abs. 1 S. 1 EStG), welcher für eine Besteuerung notwendig wäre.[475] Der Arbeitnehmer hat daher keine negativen ein-

---

472 *Prölss/Kollhosser*, VAG, § 81 Rn. 5; *Fahr/Kaulbach/Bähr/Bähr*, VAG, § 81 Rn. 19.

473 *Höhns*, Die Aufsicht über Finanzdienstleister, S. 52; *Prölss/Kollhosser*, VAG, § 81 Rn. 5. Vgl. näher zur Versicherungsaufsicht und weiteren Befugnissen: *Höhns*, Die Aufsicht über Finanzdienstleister; *Steffen*, Versicherungsaufsicht im europäischen Wandel.

474 *Hofmann*, Privatversicherungsrecht, S. 318 ff.; *Rittweger/Petri/Schweikert/Rittweger*, ATG, B. Rn. 36.

475 Vgl. zur den relevanten einkommensteuerrechtlichen Grundprinzipien: oben S. 114.

kommensteuerrechtlichen Folgen zu befürchten. Im Übrigen wird auf die obigen Ausführungen zur Bürgschaft verwiesen.[476]

3. Arbeitgeberinteressen

Die Kautionsversicherung sollte auch den Interessen der Arbeitgeber gerecht werden:

a) Beeinträchtigung der wirtschaftlichen Handlungsfähigkeit des Arbeitgebers durch die Kautionsversicherung

Bei einer Absicherung der Arbeitnehmeransprüche über eine Kautionsversicherung bleibt der Liquiditätsvorteil[477], den die Altersteilzeitarbeit unter Verwendung eines Wertguthabens bietet, nur teilweise erhalten.

Für die Liquiditätssituation wirkt es sich zunächst negativ aus, dass der Arbeitgeber aus dem Kautionsversicherungsvertrag neben der Zahlung einer Versicherungsprämie regelmäßig auch zur Stellung von Sicherheiten zugunsten des Versicherers verpflichtet ist. Durch diesen Abfluss, der zum Teil bis zu 25 Prozent der Bürgschaftssumme beträgt[478], verringert sich die Verfügbarkeit liquider Mittel für den laufenden Geschäftsbetrieb des Arbeitgebers.

Im Gegenzug wirkt es sich jedoch vorteilhaft aus, dass die Summe einer im Rahmen der Kautionsversicherung übernommenen Bürgschaft nicht generell auf die von der Hausbank des Arbeitgebers bereitgestellte Kreditlinie angerechnet wird.[479] Der Spielraum für die Inanspruchnahme von Bankkrediten zur Finanzierung der laufenden Geschäftstätigkeit wird durch dieses Modell nicht vermindert.

Dem Arbeitgeber bleibt folglich der Liquiditätsvorteil aus der Verwendung von Wertguthaben von mindestens 75 Prozent[480] der gestundeten Arbeitsentgeltansprüche der Arbeitnehmer erhalten und er kann weiterhin auf eine ungekürzte Kreditlinie zurückgreifen.

---

476 Vgl. oben S. 139.

477 Vgl. zum Liquiditätsvorteil durch die Verwendung von Arbeitszeitkonten: oben S. 115.

478 *Kovács/Koch*, NZI 2004, 415, 421; *Link*, AuA 2004, Nr. 9, 22, 23.

479 *Wick/Feldmann*, S. 26; *Kovács/Koch*, NZI 2004, 415, 421.

480 Dieser Prozentsatz resultiert aus der Annahme, dass der Arbeitgeber eine Sicherheit in Höhe von 25 Prozent des zu sichernden Wertguthabens stellen muss.

b) Bilanzielle Vorteile auf Grund der Kautionsversicherung

Da der Arbeitgeber bei dieser Form der Sicherung im Gegensatz zur reinen Bürgschaftslösung über eine Versicherungspolice verfügt, die die Zahlungsverpflichtungen des Arbeitgebers absichern soll, kommt eine Bilanzverkürzung nach internationalen Rechnungslegungsvorschriften (IAS 19.7 und 19.54) in Betracht.[481] Die endgültige Entscheidung über die Zulässigkeit der Bilanzverkürzung hängt jedoch von der genauen Ausgestaltung der Kautionsversicherung im Einzelfall ab.

c) Rechtliche Durchführbarkeit der Kautionsversicherung

Der Abschluss eines Kautionsversicherungsvertrages erfolgt in der Regel in einem stark formalisierten Verfahren.[482] Diese Vorgehensweise ist u. a. auf die meist langjährige Erfahrung der Versicherer in dieser Versicherungssparte zurückzuführen.[483]

Im Hinblick auf die rechtliche Einbeziehung einer Mehrzahl von Arbeitnehmern und deren gegenwärtigen und künftigen Ansprüchen aus einer Altersteilzeitbeschäftigung kann zur Vermeidung von Wiederholungen auf die entsprechenden Ausführungen zur Bankbürgschaft verwiesen werden.[484] Dem Arbeitnehmer kann dadurch eine Sicherungslösung angeboten werden, die ab dem Beginn seiner Altersteilzeitbeschäftigung seine Ansprüche absichert, ohne dass der Arbeitgeber ein kompliziertes und störungsanfälliges Sicherungsgebilde realisieren muss. Die Kautionsversicherung ist damit als eine praktikable Sicherungslösung anzusehen.

d) Verwaltungs- und Kostenaufwand der Kautionsversicherung

Die Höhe der Versicherungsprämien richtet sich zunächst nach dem Ergebnis einer von dem Versicherer vor Abschluss der Kautionsversicherung durchgeführten Bonitätsprüfung beim Arbeitgeber. Daher variieren auch bei der

---

481 Vgl. zu den Voraussetzungen im Einzelnen: oben S. 115.

482 Vgl. dazu die Antragsmodalitäten der der R+V Versicherung, abrufbar unter: http://www.ruv.de/de/firmenkunden/kredit/kaution/index.jsp (Stand: August 2005), der DBV-Winterthur Versicherung AG, abrufbar unter: https://entry.dbv-winterthur.de/b2c/_wingarantie/index.jsp (Stand: August 2005) oder der Zürich Versicherung, abrufbar unter: http://www.zuerich.de/kredit/kaution/formulare_download.jsp (Stand April 2004).

483 Vgl. zur Historie: oben S. 145.

484 Vgl. oben S. 120 ff.

Kautionsversicherung die zu zahlenden Prämien je nach Aufwand und Risiko, wodurch diese Sicherungslösung für den Arbeitgeber mehr oder weniger attraktiv sein kann. Auch bei der Kautionsversicherung werden Arbeitgeber, deren betriebliche und finanzielle Situation bereits angespannt ist, entweder keinen Versicherer finden oder eine Haftungszusage zugunsten der Arbeitnehmer nur zu Konditionen erhalten, die sie finanziell überfordern.[485] Dadurch besteht auch hier die Gefahr, dass der Eintritt der Insolvenz beschleunigt wird. Möglicherweise muss sich der Arbeitgeber sogar verpflichten, noch weitergehendere Sicherheiten zu stellen, um überhaupt akzeptable Konditionen zu erlangen. Dies kann seine wirtschaftliche Handlungsfähigkeit weiter einschränken.

Während der laufenden Vertragsbeziehung wird die Bonitätsprüfung beim Arbeitgeber in regelmäßigen Abständen wiederholt. Damit behält sich der Versicherer vor, die Höhe der Sicherheit, die Laufzeit des Versicherungsvertrages und den Umfang der Avalprovision einer geänderten Risikosituation anzupassen. Auch dadurch können für den Arbeitgeber erhöhte Kosten entstehen, die in einer finanziell angespannten Situation den Eintritt der Insolvenz wiederum begünstigen können.

Vergleichbar mit der Situation bei der Bankbürgschaft ist die Absicherung über eine Kautionsversicherung bei solventen und wirtschaftlich starken Arbeitgebern eine teure Sicherungslösung. Die Versicherungsprämien dienen nicht dazu, Gelder für die spätere Erfüllung der Ansprüche aus den Wertguthaben bereit zu legen, sondern sie sind vielmehr die Gegenleistung dafür, dass der Arbeitgeber dem Arbeitnehmer eine Sicherheit gewährt, die vor allem seine Liquidität schont. Ein solventer Arbeitgeber ist aber nicht zwingend auf den Liquiditätsvorteil, den eine Altersteilzeitvereinbarung unter Verwendung eines Wertguthabens bietet, angewiesen. Daher wird ein solcher Arbeitgeber eher versuchen, ein Sicherungsmodell zu wählen, das bereits zur späteren Erfüllung der Arbeitnehmeransprüche beiträgt.

Einen weiteren Kostenfaktor stellt die Verpflichtung des Versicherers gemäß § 23b Abs. 2 S. 7 SGB IV dar, die Aufgaben des Arbeitgebers aus der Sozialversicherung bei dessen Zahlungsunfähigkeit zu übernehmen.[486] In einer solchen Situation ist vor allem die Berechnung und Bezahlung der Sozialversicherungsbeiträge erforderlich. Diese zusätzliche Belastung wird ebenfalls in die Höhe der Versicherungsprämie mit einzurechnen sein. Auch hierdurch verteuert sich eine Kautionsversicherung.

---

[485] *Rittweger/Petri/Schweikert/Rittweger*, ATG, B. Rn. 36.

[486] *Hauck/Noftz/Sehnert*, SGB IV, K § 23b Rn. 3.

Wie bereits angesprochen, ist der Verwaltungsaufwand auf Seiten des Arbeitgebers auf Grund des stark formalisierten Antragsverfahrens als gering anzusehen. Die Organisation und Führung der Haftungsversprechen gegenüber den Arbeitnehmern ist Aufgabe des Versicherers. Im Sicherungsfall muss der Versicherer auch die sozialrechtlichen Verpflichtungen (§ 23b Abs. 2 S. 7 SGB IV) erfüllen.[487] Allerdings muss der Arbeitgeber die erforderlichen Daten übermitteln.

4. Insolvenzsicherungsgebote aus § 7d SGB IV und § 8a ATG

Die Vereinbarung einer Kautionsversicherung zugunsten der Arbeitnehmer müsste schließlich den Anforderungen der Insolvenzsicherungsgebote aus § 7d SGB IV und § 8a ATG genügen.[488] Die im Rahmen einer Kautionsversicherung zugunsten des Arbeitnehmers übernommene Bürgschaft sichert ab der ersten Gutschrift die Wertguthaben des Arbeitnehmers gegen die Zahlungsunfähigkeit des Arbeitgebers. Festzustellen ist dabei insbesondere, dass eine auf Grund der Kautionsversicherung übernommene Bürgschaft für einmal entstandene Forderungen der Arbeitnehmer nicht mehr nachträglich einseitig zu Lasten der Arbeitnehmer beseitigt werden kann.

Ferner ist auf Grund § 23b Abs. 2 S. 7 SGB IV dafür gesorgt, dass der auf den Bestand des Wertguthabens der einzelnen Arbeitnehmer entfallende Arbeitgeberanteil am Gesamtsozialversicherungsbeitrag auch bei Zahlungsunfähigkeit des Arbeitgebers gesichert ist.

Die Absicherung der Wertguthaben über eine Kautionsversicherung entspricht mithin den Vorgaben des § 7d SGB IV und des § 8a ATG.

5. Zusammenfassung

Die Kautionsversicherung bietet für die Absicherung der Arbeitnehmeransprüche aus den Wertguthaben einen ausreichenden Schutz. Der auf Grund zahlreicher Aufsichtsmechanismen zwar sehr unwahrscheinliche aber dennoch mögliche Eintritt einer Insolvenz des bürgenden Versicherungsunternehmens kann nicht völlig ausgeschlossen werden. Dieses Restrisiko ist aber in einer Volkswirtschaft, deren wirtschaftlicher Erfolg neben dem Vertrauen in eine funktionierende Bankwirtschaft auch von dem Vertrauen in eine leistungsstarke Versicherungswirtschaft lebt, in Kauf zu nehmen. Die Kautionsversicherung erfüllt insgesamt alle Kriterien der gesetzlichen Insolvenzschutzgebote aus § 7d

---

487 *Hauck/Noftz/Sehnert*, SGB IV, K § 23b Rn. 3.

488 Vgl. oben S. 102 ff. und S. 106 ff.

SGB IV und § 8a ATG. Als positives Merkmal zugunsten der Arbeitgeber ist hervorzuheben, dass die Kautionsversicherung – abgesehen von den zu erbringenden Sicherheiten – eine Sicherungslösung darstellt, die zumindest teilweise die Liquidität schont.

Auf Seiten der Arbeitnehmer ist indes als nachteilig anzuführen, dass die Kautionsversicherung auf Grund der bestehenden Kündigungsmöglichkeiten des Versicherers nicht mit Sicherheit alle bis zum Ende der Altersteilzeit entstehenden Forderungen abdecken kann. Zwar bleibt bei einer Kündigung die übernommene Bürgschaft für die bis zu diesem Zeitpunkt entstandenen Forderungen eines Arbeitnehmers bestehen, jedoch muss dann für die zukünftig bis zum Ende des Altersteilzeitverhältnisses neu entstehenden Forderungen eine erneute Sicherungslösung gefunden werden. Dies könnte sich bei der dann verschlechterten finanziellen Situation des Arbeitgebers als problematisch erweisen.

Im Hinblick auf die Arbeitgeberinteressen wirken sich vor allem die relativ hohen Kosten der Kautionsversicherung, die nicht zur Erfüllung der späteren Ansprüche aus den Wertguthaben beitragen, nachteilig aus. Solvente Arbeitgeber sollten die Kautionsversicherung daher nicht vorrangig wählen. Dies kann im Einzelfall natürlich anders sein, wenn der Arbeitgeber die Kosten der Kautionsversicherung dadurch kompensiert, dass er die Mittel, die er nicht gleich für die spätere Erfüllung der Vergütungsansprüche verwendet, gewinnbringend anlegt.

Ein Vorteil dieser Lösung kann schließlich die Möglichkeit sein, nach internationalen Rechungslegungsstandards eine Bilanzverkürzung vorzunehmen.

Da auch die Insolvenzsicherungsgebote nach § 7d SGB IV und § 8a ATG erfüllt sind, stellt die Kautionsversicherung unter den genannten Einschränkungen ein geeignetes Sicherungsmodell dar.

§ 7 Verpfändungslösungen

Eine weitere Möglichkeit zur Sicherung der Arbeitnehmeransprüche aus den Wertguthaben ist die Verpfändung von Vermögenswerten des Arbeitgebers an den Arbeitnehmer.[489] Dabei ist zunächst die Bestellung eines Pfandrechts an beweglichen Sachen und Rechten des Arbeitgebers zu prüfen. In diesem Zusammenhang werden auch zwei spezielle Verpfändungslösungen – das sog. Fondsmodell und die Verpfändung von Ansprüchen aus einer Rückdeckungsversicherung – vorgestellt. Schließlich kommen auch Grundpfandrechte an Immobilien des Arbeitgebers in Betracht. Die Verpfändung stellt grundsätzlich eine unternehmensinterne Insolvenzsicherungslösung dar.

I. Pfandrechte an beweglichen Sachen und Rechten

1. Ausgestaltung

a) Sicherungsvertrag

Rechtsgrund der Verpfändung ist ein formfreier Sicherungsvertrag, der regelmäßig stillschweigend geschlossen wird.[490] Er ist ein im BGB nicht geregelter Vertragstyp, der die genauen Bedingungen der Verpfändung, wie beispielsweise die Festlegung der gesicherten Forderung, die Rückgewähr und die Verwertung des Pfandes regeln kann.[491] Da er unter den Vertragsparteien Verpflichtungen regelt, die nicht im Gegenseitigkeitsverhältnis stehen, ist er als nicht gegenseitiger Vertrag eigener Art einzustufen.[492]

b) Bestellung eines Pfandrechts

Für die Bestellung eines Pfandrechts an einer beweglichen Sache des Arbeitgebers ist gemäß § 1205 Abs. 1 S. 1 BGB erforderlich, dass der Eigentümer die

---

489 *Wiezer*, S. 109; *Kovács/Koch*, NZI 2004, 415, 421; *Rolfs*, NZI 2004, 561, 565; *Link*, AuA 2004, Nr. 19, S. 22; *Langohr-Plato/Morisse*, BB 2002, 2330, 2331; *Hanau/Arteaga*, BB 1998, 2054.

490 MüKo/*Damrau*, BGB, § 1205 Rn. 6; *Palandt/Bassenge*, BGB, § 1204 Rn. 3. Vgl. BGH NJW-RR 1991, 305 zum Sicherungsvertrag im Rahmen einer Grundschuld.

491 Vgl. MüKo/*Oechseler*, BGB, Anh. §§ 929-936 Rn. 25; *Palandt/Bassenge*, BGB, § 1204 Rn. 3.

492 Vgl. MüKo/*Oechseler*, BGB, Anh. §§ 929-936 Rn. 25 ff.; *Palandt/Bassenge*, BGB, § 930 Rn. 15.

Sache dem Pfandrechtsgläubiger übergibt[493] und beide Teile darüber einig sind, dass dem Pfandrechtsgläubiger das Pfandrecht zustehen soll.[494] Vereinbaren die Parteien, dass sich das Pfandrecht auf eine künftige Sache beziehen soll – beispielsweise die Verpfändung künftiger Bestandteile eines Warenlagers[495] –, ist zu beachten, dass ein Pfandrecht nur an einer existenten Sache bestellt werden kann.[496] Die notwendige Einigung über die Pfandrechtsbestellung kann jedoch vorweggenommen werden, wodurch zum Zeitpunkt der Besitzergreifung durch den Gläubiger nach vorangegangenem Eigentumserwerb[497] des Verpfänders das Pfandrecht automatisch entsteht.[498] Dabei wird jedoch vorausgesetzt, dass die bis zu diesem Zeitpunkt nicht bindende Einigung über die Pfandrechtsbestellung noch fortbesteht.[499] Davon ist allerdings grundsätzlich auszugehen[500], sofern das Lossagen für die Beteiligten nicht erkennbar war.[501] Erlangt der Arbeitnehmer demnach Kenntnis von der widerrufenen Einigung der Pfandrechtsbestellung, so hat er die Wahl, ob er weitere ungesicherte Vorleistungen gegenüber diesem Arbeitgeber unterlässt oder ob er eine andere Sicherheit durchsetzt[502].

Die Bestellung eines Pfandrechts an Rechten des Arbeitgebers richtet sich gemäß § 1274 Abs. 1 BGB nach den Vorschriften für die Übertragung des jeweiligen Rechtes. Entsprechend den jeweiligen Anforderungen müssen sich die Parteien darüber einig sein, dass ein Pfandrecht bestellt werden soll.[503] Für

---

493 Vgl. zu den Übergabesurrogaten der §§ 1205 Abs. 1 S. 2, 1205 Abs. 2 und 1206 BGB, die dem Verpfänder ebenso keine alleinige und ausschließliche Einwirkungsmöglichkeit auf das Pfand ermöglichen: *Baur/Stürner*, Sachenrecht, § 55 Rn. 16 f.; MüKo/*Damrau*, BGB, § 1206 Rn. 4; *Staudinger/Wiegand*, BGB, § 1206 Rn. 2.

494 Vgl. zur Parallelität zu §§ 929 ff. BGB: MüKo/*Damrau*, BGB, § 1205 Rn. 1; *Staudinger/Wiegand*, BGB, § 1205 Rn. 1; *Baur/Stürner*, Sachenrecht, § 55 Rn. 16.

495 Vgl. zur zulässigen Verpfändung von Sachgesamtheiten: *Staudinger/Wiegand*, BGB, § 1204 Rn. 35; *Baur/Stürner*, Sachenrecht, § 55 Rn. 5.

496 MüKo/*Damrau*, BGB, § 1204 Rn. 11; *Staudinger/Wiegand*, BGB, § 1204 Rn. 43.

497 Vgl. zum gutgläubigen Erwerb des Pfandrechts nach § 1207 BGB: *Baur/Stürner*, Sachenrecht, § 55 Rn. 18.

498 MüKo/*Damrau*, BGB, § 1204 Rn. 11, § 1205 Rn. 2; *Staudinger/Wiegand*, BGB, § 1204 Rn. 43.

499 MüKo/*Damrau*, BGB, § 1204 Rn. 11, § 1205 Rn. 2; *Staudinger/Wiegand*, BGB, § 1204 Rn. 36, 43.

500 MüKo/*Damrau*, BGB, § 1205 Rn. 2; *Staudinger/Wiegand*, BGB, § 1205 Rn. 8; BGH WM 1977, 218, 219 zum parallelen Fall bei der Sicherungsübereignung.

501 MüKo/*Damrau*, BGB, § 1205 Rn. 2; *Staudinger/Wiegand*, BGB, § 1205 Rn. 8.

502 Vgl. zum Anspruch auf Sicherheitsleistung nach § 8 Abs. 4 ATG: oben S. 108.

503 MüKo/*Damrau*, BGB, § 1274 Rn. 1; *Staudinger/Wiegand*, BGB, § 1274 Rn. 3.

den Fall der Verpfändung von Forderungen sind darüber hinaus die §§ 1279 ff. BGB zu beachten. So ist der Forderungsgläubiger gemäß § 1280 BGB zur Wirksamkeit der Verpfändung verpflichtet, diese dem Schuldner anzuzeigen. Sollen künftige Forderungen des Arbeitgebers als Pfand dienen, so ist dies in gleichem Maße möglich, wie die Übertragung derartiger künftiger Rechte zulässig ist (§§ 1274 Abs. 1 S. 1, 398 S. 1 BGB).[504] Erforderlich ist somit, dass im Zeitpunkt der Einigung über die Pfandrechtsbestellung die zu verpfändende künftige Forderung zweifelsfrei bestimmt werden kann.[505] Das Pfandrecht entsteht allerdings erst, wenn die verpfändete Forderung selbst zur Entstehung gelangt und die nach § 1280 BGB notwendige Anzeige, die allerdings auch schon vor Entstehung der Forderung vorgenommen werden kann, erfolgt ist.[506]

Bei einer Mehrzahl von zu sichernden Wertguthaben kann es aus organisatorischen Gründen sinnvoll sein, für die Arbeitnehmer einen Treuhänder auftreten zu lassen, der als Sicherungsnehmer fungiert.[507]

c) Akzessorietät

Das Pfandrecht ist ein akzessorisches Sicherungsmittel, da es vom Bestand einer zu sichernden Forderung abhängig ist (§§ 1204 Abs. 1, 1210 Abs. 1 BGB).[508] Das Pfandrecht erlischt schließlich erst mit dem vollständigen Erlöschen der Forderung, für die es bestellt worden ist (§ 1252 BGB).

Diese Abhängigkeit ist jedoch insoweit gelockert, als das Pfandrecht gemäß § 1204 Abs. 2 BGB auch für die Sicherung einer zukünftigen Forderung bestellt werden kann. Dies ist gerade für die Sicherung der Wertguthaben von großer Bedeutung, da im Zeitpunkt der Pfandrechtsbestellung die Ansprüche aus den Wertguthaben erst zukünftig entstehen werden. Dabei ist es jedoch für die Entstehung des Pfandrechtes unerlässlich, dass die zu sichernde Forderung ihrem Entstehungsgrund nach bestimmbar ist, auch wenn deren endgültige Höhe noch

---

504 *Staudinger/Wiegand*, BGB, § 1273 Rn. 14; *Erman/Michalski*, BGB, § 1273 Rn. 3.

505 MüKo/*Damrau*, BGB, § 1273 Rn. 4; *Staudinger/Wiegand*, BGB, § 1273 Rn. 15; *Erman/Michalski*, BGB, § 1273 Rn. 3; *Gottwald/Gottwald*, Insolvenzrechts-Handbuch, § 42 Rn. 34.

506 MüKo/*Damrau*, BGB, § 1273 Rn. 4; *Staudinger/Wiegand*, BGB, § 1273 Rn. 16; *Gottwald/Gottwald*, Insolvenzrechts-Handbuch, § 42 Rn. 34.

507 Vgl. dazu die Ausführungen im Rahmen der Bewertung der Verpfändungslösung, unten S. 162, und die Ausführungen zu den Treuhandlösungen, unten S. 200 ff.

508 MüKo/*Damrau*, BGB, § 1204 Rn. 15; *Staudinger/Wiegand*, BGB, § 1204 Rn. 19; *Baur/Stürner*, Sachenrecht, § 55 Rn. 4.

nicht absehbar ist.[509] Im Rahmen der Sicherung der Wertguthaben erfüllen die Parteien dieses Kriterium durch die Bestimmung, dass das Pfandrecht alle gegenwärtigen und künftigen Forderungen des Arbeitnehmers – eines bestimmten Gläubigers – gegen den Arbeitgeber – einen bestimmten Schuldner – sichern soll.[510] Mit Hilfe der Akzessorietät kann dem Arbeitnehmer über die Verpfändung von beweglichen Sachen und Rechten eine Sicherung der Wertguthaben geboten werden, die grundsätzlich von Anfang an besteht und sich an die jeweiligen Veränderungen der Wertguthaben – Zunahme oder Abnahme – anpasst.

d) Rangfolge

Wurde ein Vermögensgegenstand mehrfach an verschiedene Gläubiger verpfändet, ist auch die Rangfolge der Pfandrechte (§ 1209 BGB) zu beachten, da sie darüber Aufschluss gibt, in welcher Reihenfolge die Pfandgläubiger Befriedigung aus dem Gegenstand suchen können.[511] Insoweit gilt das Prioritätsprinzip, wonach die früher bestellte Sicherheit der später bestellten vorgeht.[512]

e) Pfandreife

Das Recht zur Befriedigung aus einem Pfand – die sog. Pfandreife – erlangt der Pfandgläubiger, sobald die gesicherte Forderung ganz oder zum Teil fällig ist.[513] Diese Rechtsfolge ergibt sich für das Pfandrecht an beweglichen Sachen aus § 1228 Abs. 2 S. 1 BGB und bezüglich der Verpfändung von Rechten aus §§ 1273 Abs. 2, 1228 Abs. 2 S. 1 und 1282 Abs. 1 S. 1 BGB. Den Eintritt der Fälligkeit bestimmt regelmäßig der zugrunde liegende Arbeitsvertrag i.V.m. § 271 BGB. Unabhängig von den darin getroffenen Vereinbarungen fingiert allerdings § 41 Abs. 1 InsO die Fälligkeit von Forderungen für den Fall der vorherigen Eröffnung des Insolvenzverfahrens über das Vermögen des Arbeitgebers.

---

509 BGH WM 1998, 2463; BGHZ 86, 340, 346 f.; BGH NJW 1983 1619, 1620; MüKo/*Damrau*, BGB, § 1204 Rn. 22 f.; *Staudinger/Wiegand*, BGB, Vorb. § 1204 Rn. 22, § 1204 Rn. 24; *Palandt/Bassenge*, BGB, § 1204 Rn. 14; *Baur/Stürner*, Sachenrecht, § 55 Rn. 13; *Kümpel*, Bank- und Kapitalmarktrecht, Rn. 2.635.

510 Vgl. BGH NJW 1965, 965; OLG Bremen BB 1974, 154; MüKo/*Damrau*, BGB, § 1204 Rn. 23; *Staudinger/Wiegand*, BGB, § 1204 Rn. 24.

511 MüKo/*Ganter*, InsO, Vorb. § 49 Rn. 73 ff; *Staudinger/Wiegand*, BGB, § 1209 Rn. 1 ff.

512 MüKo/*Ganter*, InsO, Vorb. § 49 Rn. 73; *Staudinger/Wiegand*, BGB, § 1209 Rn. 1.

513 MüKo/*Damrau*, BGB, § 1228 Rn. 8; *Staudinger/Wiegand*, BGB, § 1228 Rn. 3.

2. Bewertung

a) Insolvenzrechtliche Vorgaben

Im Folgenden wird untersucht, ob eine allgemeine Verpfändungslösung die insolvenzrechtlichen Vorgaben erfüllt.[514] Dabei werden die Rechtsfolgen der Verfahrenseröffnung für den Sicherungsvertrag dargestellt, die verschiedenen Möglichkeiten einer Insolvenzanfechtung der Pfandrechtsbestellung untersucht und die Stellung eines rechtsgeschäftlichen Pfandrechtes in der Insolvenz des Sicherungsgebers näher beleuchtet.

(1) Rechtsfolgen der Eröffnung des Insolvenzverfahrens für den Sicherungsvertrag

Die Eröffnung des Insolvenzverfahrens über das Vermögen des Arbeitgebers könnte sich auch auf den Sicherungsvertrag mit dem Arbeitnehmer in Altersteilzeit auswirken. Wie bereits erwähnt, könnte nach den Vorgaben in den §§ 103 ff. InsO der Vertrag entweder automatisch erlöschen (§§ 115 f. InsO), von der Mitwirkung des Insolvenzverwalters abhängig sein (§ 103 InsO) oder aber auch unverändert – eventuell mit veränderter Kündigungsmöglichkeit (§§ 108 f. InsO) – fortbestehen, wenn keine Sonderregelungen existieren.[515]

Wie bereits oben festgestellt, handelt es sich bei dem Sicherungsvertrag um einen nicht gegenseitigen Vertrag eigener Art, der auch kein Dauerschuldverhältnis darstellt.[516] Auch ist der Vertrag weder als ein Auftragsverhältnis noch als eine Geschäftsbesorgung einzustufen. Folglich sind die §§ 108 f., 115 f. und 103 InsO unanwendbar. Der Sicherungsvertrag wird demnach von der Verfahrenseröffnung nicht berührt. Der Rechtsgrund für die Bestellung des Pfandrechtes bleibt demnach auch in der Insolvenz des Arbeitgebers erhalten.

(2) Insolvenzanfechtung

Die Bestellung eines Pfandrechtes könnte der Insolvenzanfechtung nach §§ 129 ff. InsO unterliegen. Dazu müsste zunächst auf Grund einer Rechtshandlung eine objektive Benachteiligung der Insolvenzgläubiger eingetreten sein (§ 129 Abs. 1 InsO). Eine Rechtshandlung gilt dabei als in dem Zeitpunkt

---

514 Vgl. zur mangelnden Insolvenzfestigkeit der in diesem Zusammenhang oft erwähnten „Sicherheitenpoolverträge“, wonach die bestellten Sicherheiten jeweils auch für andere am Pool beteiligte Gläubiger zu halten sind, BGH BB 2005, 2148, 2149.

515 MüKo/*Kreft*, InsO, § 103 Rn. 1.

516 Vgl. oben S. 158 f.

vorgenommen, in dem ihre rechtlichen Wirkungen eintreten (§ 140 InsO). Im Zusammenhang mit der Verpfändung künftiger Forderungen ist für diese zeitliche Einordnung auf die tatsächliche Entstehung der Forderungen abzustellen und nicht etwa auf die dingliche Einigung bezüglich der Verpfändung.[517]

Grundsätzlich verkürzen Sicherheiten, die der Insolvenzschuldner (vorliegend der Arbeitgeber) aus seinem Vermögen erbringt, die Zugriffsmöglichkeiten der übrigen Insolvenzgläubiger. Diese werden dadurch im Verhältnis zu dem Insolvenzgläubiger, der die Sicherheit erhält und damit die Erfüllung seiner Forderung erlangt, objektiv benachteiligt.[518]

(a) Bargeschäft (§ 142 InsO)

Eine Beschränkung der Anfechtbarkeit auf Fälle der vorsätzlichen Gläubigerbenachteiligung nach § 133 Abs. 1 InsO ergibt sich jedoch aus dem sog. Bargeschäft nach § 142 InsO, sofern für eine Leistung des Insolvenzschuldners – vorliegend die Bestellung einer Sicherheit – unmittelbar eine gleichwertige Gegenleistung in dessen Vermögen fließt (§ 142 InsO).[519] Entgegen dem Wortlaut des § 142 InsO bleibt konsequenterweise auch eine Anfechtung wegen inkongruenter Deckung (§ 131 InsO) möglich, da bei Geschäften dieser Art dem Schuldner keine gleichwertige Gegenleistung zukommt.[520]

Die Privilegierung der Bargeschäfte folgt daraus, dass bei einer wirtschaftlichen Betrachtungsweise keine Vermögensverschiebung zu Lasten des Schuldnervermögens stattfindet, sondern eine bloße Vermögensumschichtung erfolgt.[521] Dabei ist es den Parteien freigestellt, wer zuerst die jeweils geschuldete Leistung erbringt.[522] Die Gegenleistung müsste ferner unmittelbar für die Leistung des Schuldners erfolgen (§ 142 InsO). Darunter ist ein enger zeitlicher Zusammenhang zu verstehen, der das Bargeschäft von typischen Kreditgeschäften

---

517 BGH NJW 2003, 2171; BGH ZIP 1996, 2080, 2082.

518 Vgl. MüKo/*Kirchhof*, InsO, § 129 Rn. 150; FK-InsO/*Dauernheim*, § 129 Rn. 36; *Bork*, Einführung in das Insolvenzrecht, S. 113.

519 MüKo/*Kirchhof*, InsO, § 142 Rn. 1, 13 ff.; FK-InsO/*Dauernheim*, § 142 Rn. 1, 4.

520 BGH NJW 1999, 645, 646; BGH NJW 1993, 3267, 3268; MüKo/*Kirchhof*, InsO, § 142 Rn. 21.

521 BGH ZIP 1993, 3267; FK-InsO/*Dauernheim*, § 142 Rn. 1; *Schmidt*, WM 1983, 490, 493.

522 MüKo/*Kirchhof*, InsO, § 142 Rn. 4 f., 15; FK-InsO/*Dauernheim*, § 142 Rn. 5.

abgrenzen soll.[523] Unschädlich ist es in diesem Zusammenhang, wenn die beiderseitigen Leistungen erst erhebliche Zeit nach Vertragschluss erbracht werden sollen und inzwischen die wirtschaftliche Krise des Schuldners eintritt, sofern nur der zeitliche Zusammenhang zwischen dem Leistungsaustausch gewahrt bleibt.[524] Der zeitliche Rahmen lässt sich jedoch nicht allgemeingültig festlegen und wird weitgehend von der Verkehrsanschauung bestimmt.[525] Im Zusammenhang mit der Bestellung von Kreditsicherheiten ist ein zeitlicher Rahmen des Leistungsaustausches von etwa zwei Wochen anerkannt.[526]

Wird zur Sicherung ein Pfandobjekt verpfändet, welches das gesamte spätere Wertguthaben absichern soll, so gelangt keine gleichwertige Gegenleistung in das Vermögen des Arbeitgebers.[527] Der Wert des Pfandes übersteigt zu Beginn der Altersteilzeitvereinbarung bei weitem den Wert der zu sichernden Arbeitsleistungen, die der Arbeitnehmer zunächst unbezahlt gegenüber dem Arbeitgeber erbringt. Das Wertguthaben wächst erst im Laufe der Zeit in seinem Umfang. Mangels Gleichwertigkeit liegt somit kein Bargeschäft im Sinne des § 142 InsO vor. Eine Gläubigerbenachteiligung ist dann gegeben.

Anders ist der Fall gelagert, wenn der Arbeitgeber entsprechend dem Wert der empfangenen Arbeitsleistungen, für die er vorübergehend keine Bezahlung schuldet, innerhalb des zeitlichen Zusammenhanges eine bewegliche Sache oder ein Recht an den Arbeitnehmer verpfändet. Dann liegt eine unmittelbar gleichwertige Gegenleistung im Sinne des § 142 InsO vor, die die Annahme eines Bargeschäftes rechtfertigt. Können die Vertragsparteien bereits bei Abschluss der Altersteilzeitvereinbarung absehen, in welchen Zeitpunkten der Arbeitnehmer die Vorleistungen erbringen wird, kann sich der Arbeitgeber auch im Voraus zu einer solchen schrittweisen künftigen Verpfändung entschließen. In diesen Fällen bleibt die Anfechtung auf die vorsätzliche Benachteiligung (§ 133 Abs. 1 InsO) und die inkongruente Deckung (§ 131 InsO) beschränkt.

---

523 MüKo/*Kirchhof*, InsO, § 142 Rn. 15; FK-InsO/*Dauernheim*, § 142 Rn. 5; *Nerlich/Römermann/Nerlich*, § 142 InsO Rn. 11 f.

524 MüKo/*Kirchhof*, InsO, § 142 Rn. 15; FK-InsO/*Dauernheim*, § 142 Rn. 5.

525 MüKo/*Kirchhof*, InsO, § 142 Rn. 18; *Gottwald/Huber*, Insolvenzrechts-Handbuch, § 46 Rn. 77, 81.

526 Vgl. MüKo/*Kirchhof*, InsO, § 142 Rn. 18; *Obermüller*, Insolvenzrecht in der Bankpraxis, Rn. 6.74. BGHZ 28, 344, 347 ließ auch einen Zeitraum von drei Wochen zwischen Auftragserteilung und Forderungsabtretung zur Auftragsvergütung genügen.

527 Vgl. FK-InsO/*Dauernheim*, § 142 Rn. 4; *Obermüller*, Insolvenzrecht in der Bankpraxis, Rn. 6.70.

(b) Kongruente und inkongruente Deckung (§§ 130 f. InsO)

Je nach dem, ob ein Bargeschäft nach § 142 InsO angenommen werden kann, ist entweder sowohl die Anfechtung wegen kongruenter und inkongruenter Deckung oder nur die Anfechtung wegen inkongruenter Deckung möglich. Auf Grund der geringen zeitlichen Reichweite dieser beiden Anfechtungsarten, ist dadurch die Sicherung der Wertguthaben im Wege einer Verpfändung von beweglichen Sachen und Rechten nicht gefährdet. Deshalb kann diesbezüglich von einer weiteren Untersuchung abgesehen werden.

(c) Vorsätzliche Benachteiligung (§ 133 InsO)

In allen Fällen, also unabhängig davon, ob ein Bargeschäft angenommen werden kann, droht die Möglichkeit der Insolvenzanfechtung wegen vorsätzlicher Benachteiligung gemäß § 133 InsO. Wie bereits oben erwähnt, unterwirft § 133 Abs. 1 InsO solche Rechtshandlungen der Insolvenzanfechtung, die der Insolvenzschuldner mit dem Vorsatz der Gläubigerbenachteiligung in den letzten zehn Jahren vor dem Antrag auf Insolvenzeröffnung vorgenommen hat, wenn der andere Teil zu diesem Zeitpunkt den Vorsatz des Schuldners kannte.

Im Zusammenhang mit der Stellung von Sicherheiten wird eine solche vorsätzliche Gläubigerbenachteiligung angenommen, wenn eine Sicherheit aufschiebend bedingt auf den Eintritt der Schuldnerinsolvenz bestellt worden ist.[528] Diese Beurteilung stützt sich darauf, dass eine solche Sicherung nur gezielt für den Insolvenzfall unternommen wurde und dadurch die Insolvenzmasse schmälert, ohne dass dies für die übrigen Gläubiger vor Eintritt der Insolvenz erkennbar gewesen wäre.[529] Auf die in diesem Abschnitt vorgestellten unbedingten Verpfändungslösungen trifft diese Einschätzung jedoch nicht zu.[530] Zwar ist der Anlass für die Vereinbarung eines Pfandrechtes die denkbare Insolvenz des Arbeitgebers, jedoch hat das unbedingte Pfandrecht auch außerhalb der Insolvenz des Arbeitgebers seine Bedeutung, ermöglicht es doch dem Arbeitnehmer bei Pfandreife die zügige Befriedigung seiner Ansprüche.[531] Eine vorsätzliche Gläubigerbenachteiligung kann erst unterstellt werden, wenn der Sicherungsgeber bei der Bestellung den Eintritt seiner Insolvenz während der

---

528 BGH DB 1997, 2113, 2115; BGH ZIP 1993, 521, 522; BAG DB 1978, 1843, 1844; FK-InsO/*Dauernheim*, § 133 Rn. 15; *Grabmaier*, S. 64 f.

529 BGH DB 1997, 2113, 2115; BGH ZIP 1993, 521, 522; BAG DB 1978, 1843, 1844; *Grabmaier*, S. 64 f.

530 Vgl. BGH DB 1997, 2113, 2115; *Grabmaier*, S. 65.

531 Vgl. BGH DB 1997, 2113, 2115 f.; *Grabmaier*, S. 65 f.

Dauer des Sicherungsgeschäfts konkret für wahrscheinlich hielt.[532] Sofern solche Anhaltspunkte nicht von Anfang an gegeben sind, ist eine erfolgreiche Anfechtung der Verpfändung aus § 133 InsO nicht zu erwarten.[533] Darüber hinaus entsprechen die Arbeitsvertragsparteien den gesetzlichen Insolvenzschutzgeboten aus § 7d SGB IV und § 8a ATG. Eine Anfechtbarkeit würde den Gesetzeszweck vereiteln.

(3) Abgesonderte Befriedigung, Insolvenzplan und sonstige Insolvenzfolgen

In der Insolvenz des Arbeitgebers ist der Arbeitnehmer als rechtsgeschäftlicher Pfandgläubiger schließlich nach Maßgabe der §§ 166 bis 173 InsO für Hauptforderung, Zinsen und Kosten zur abgesonderten Befriedigung aus dem Pfandgegenstand berechtigt (§ 50 Abs. 1 InsO). Dem Arbeitnehmer gebührt nicht die Sache selbst, jedoch ist er vor den übrigen Gläubigern aus dem Pfandgegenstand, der zur Haftungsmasse des Schuldners gehört, zu befriedigen (§ 170 Abs. 1 S. 2 InsO).[534]

Zu beachten ist, dass die Befriedigung der absonderungsberechtigten Arbeitnehmer im Rahmen eines sog. Insolvenzplans (§§ 1 S. 1, 217 ff. InsO) abweichend von den Vorschriften des Regelinsolvenzverfahrens verlaufen kann (§ 217 Abs. 1 InsO).[535] Grundvoraussetzung ist dafür, dass das hier betroffene Absonderungsrecht überhaupt in anderer Form gestaltet werden darf bzw. es dem Arbeitnehmer erlaubt ist, darüber zu disponieren.[536] So muss beispielsweise ein entgegenstehender Tarifvertrag, der die Bestellung der Sicherung ursprünglich angeordnet hatte, die Abänderung gestatten bzw. die Tarifvertragsparteien müssen der Umbildung im Plan zustimmen (§ 4 Abs. 3, 4 TVG).[537] Ist eine Modifizierung des Absonderungsrechtes allerdings zulässig, so kann der Insolvenzplan u. a. bestimmen, dass die gesicherte Forderung gekürzt, ein bestimmter Teil des Verwertungserlöses an die Masse ausgekehrt wird oder der Absonderungsberechtigte ganz oder teilweise auf sein Absonderungsrecht

---

532 Vgl. BGH DB 1997, 2113, 2115 f.; FK-InsO/*Dauernheim*, § 133 Rn. 15; *Grabmaier*, S. 66.

533 *Küppers/Louven*, BB 2004, 337, 341.

534 *Bork*, Einführung in das Insolvenzrecht, Rn. 246; *Foerste*, Insolvenzrecht, Rn. 368.

535 *Gottwald/Braun*, Insolvenzrechts-Handbuch, § 66 Rn. 1; *Pape/Uhlenbruck*, Insolvenzrecht, Rn. 778, Rn. 785; *Niesert*, Rn. 638; *Bork*, Einführung in das Insolvenzrecht, Rn. 310 ff.; *Foerste*, Insolvenzrecht, Rn 475 ff. Vgl. zum Insolvenzplanverfahren ausführlich: *Gottwald/Braun*, Insolvenzrechts-Handbuch, §§ 66 ff.

536 MüKo/*Eidenmüller*, InsO, § 221 Rn. 71.

537 MüKo/*Eidenmüller*, InsO, § 221 Rn. 71; FK-InsO/*Jaffé*, § 221 Rn 35.

verzichtet.[538] Die ursprünglich abgesicherte Rechtsstellung kann einem absonderungsberechtigten Arbeitnehmer jedoch nicht ohne weiteres entzogen werden. Sofern sich der absonderungsberechtigte Gläubiger nicht bereits im Erörterungs- und Abstimmungstermin über den Insolvenzplan (§ 235 InsO) mit seiner Position durchsetzen konnte, kann er sich jedenfalls auf den Minderheitenschutz nach § 251 InsO stützen. Auf seinen Antrag ist die gerichtliche Bestätigung des Insolvenzplanes (§ 248 InsO) zu versagen, wenn er dem Plan spätestens im Abstimmungstermin ausdrücklich widersprochen hat und wenn er durch den Plan schlechter gestellt wird, als er ohne Plan stünde.[539] Das Absonderungsrecht eines Arbeitnehmers kann somit auch durch einen Insolvenzplan nicht ohne Beteiligung des betroffenen Arbeitnehmers beeinträchtigt werden.

(4) Besonderheit bei Verpfändung einer Forderung

Bei der Darstellung der Insolvenzfolgen ist ferner festzustellen, dass bei der Verpfändung einer Forderung das Pfandrecht an dieser nicht durch eine im Insolvenzverfahren erklärte Aufrechnung unterlaufen werden kann.[540] Die Aufrechnung ist dem Forderungsinhaber (Insolvenzschuldner) gegenüber entsprechend § 392 BGB i.V.m. §§ 135, 136 BGB unwirksam.

(5) Zwischenergebnis

Aus insolvenzrechtlicher Sicht führt die Verpfändung von Vermögensgegenständen des Arbeitgebers damit zu einer bestandskräftigen Sicherung.

b) Arbeitnehmerinteressen

Um den Interessen der Arbeitnehmer gerecht zu werden, hat auch eine Verpfändungslösung folgenden Anforderungen zu genügen:
(1) Laufzeit des Pfandrechtes an beweglichen Sachen und Rechten

---

538 Zu den Gestaltungsmöglichkeiten: MüKo/*Eidenmüller*, InsO, § 221 Rn. 53 ff.; FK-InsO/*Jaffé*, § 221 Rn. 18 ff; *Pape/Uhlenbruck*, Insolvenzrecht, Rn. 785; *Niesert*, Rn. 659; *Bork*, Einführung in das Insolvenzrecht, Rn. 324; *Foerste*, Insolvenzrecht, Rn. 486.

539 *Gottwald/Braun*, Insolvenzrechts-Handbuch, § 68 Rn. 106; *Pape/Uhlenbruck*, Insolvenzrecht, Rn. 810; *Niesert*, Rn. 669; *Bork*, Einführung in das Insolvenzrecht, Rn. 323 ff., 341; *Foerste*, Insolvenzrecht, Rn. 486.

540 BGH KTS 1975, 40, 41; *Gottwald/Gottwald*, Insolvenzrechts-Handbuch, § 42 Rn. 31; *Kuhn/Uhlenbruck*, § 48 KO Rn. 5.

Werden bereits bestehende bewegliche Sachen oder Forderungen im Wert der zu erwartenden maximalen Größe des Wertguthabens an den Arbeitnehmer verpfändet, so steht dem Arbeitnehmer eine Sicherungslösung zur Verfügung, die die gesamte Laufzeit abdeckt. Der Wert des Pfandes ist so kalkuliert, dass das nach Ablauf der Arbeitsphase bestehende Wertguthaben abgedeckt ist.

Vereinbaren die Parteien die Verpfändung zukünftiger Vermögensgegenstände des Arbeitgebers, ist dadurch jedoch nicht sichergestellt, dass die gewählte Sicherungslösung die gesamte Laufzeit des Altersteilzeitverhältnisses überdauert. Der Arbeitgeber könnte in vertragswidriger Art und Weise die Einigung bezüglich der Pfandrechtsbestellung an den zukünftigen Vermögensgegenständen widerrufen, bevor der Arbeitnehmer den Besitz an dem entsprechenden Pfand erlangt hat.[541] Eine weitere Unsicherheit besteht darin, dass es der Arbeitgeber entgegen der ursprünglichen Vereinbarung unterlassen könnte, den zukünftigen Vermögensgegenstand überhaupt zu erwerben. Dadurch würde das Pfandrecht mangels Pfandes nicht zur Entstehung gelangen. Grund für diese Vertragsbrüche könnte sein, dass der Arbeitgeber wegen seiner betrieblichen und finanziellen Situation nicht mehr in der Lage ist, die ursprüngliche Vereinbarung einzuhalten. Zwar wird ein bis zu diesem Zeitpunkt entstandenes Pfandrecht durch diese vertragswidrigen Handlungen des Arbeitgebers nicht berührt und die bis zu diesem Zeitpunkt erbrachten Arbeitsleistungen bleiben gesichert. Allerdings muss eine neue Sicherungslösung für die verbleibende Zeit der geplanten Vorleistungen gefunden werden.

(2) Möglichkeit der einseitigen Beeinträchtigung oder Beseitigung des Pfandrechtes an beweglichen Sachen und Rechten

Das Pfandrecht an dem Vermögensgegenstand vermittelt dem Arbeitnehmer eine Rechtsposition, die über §§ 1227 und 1276 BGB geschützt ist. Demnach kann der Pfandgläubiger eines Pfandes an einer beweglichen Sache die für den Schutz des Eigentums geltenden Ansprüche entsprechend erheben (§ 1227 BGB). Nach § 1276 BGB darf ein verpfändetes Recht nur mit Zustimmung des Pfandgläubigers aufgehoben oder geändert werden, falls das Pfandrecht dadurch betroffen wird.

Ein Freigabeanspruch des Arbeitgebers wegen anfänglicher Übersicherung (§ 138 Abs. 1 BGB) ist nicht zu befürchten. Im Rahmen der Absicherung der Arbeitszeitguthaben liegt kein besonders auffälliges Missverhältnis von gesicherter Forderung und Wert der Sicherheit vor, so dass keine abstrakte Gefahr besteht, dass dadurch die wirtschaftliche Bewegungsfreiheit des Schuldners

---

541 Vgl. zum Widerruf der Einigung im Rahmen der Pfandrechtsbestellung: oben S. 158 f.

(Arbeitgebers) eingeschränkt wird.[542] Der Wert der verpfändeten Gegenstände orientiert sich am Umfang der zukünftigen Wertguthaben, also den Vorleistungen, die der Arbeitnehmer dem Arbeitgeber zu seiner wirtschaftlichen Betätigung zur Verfügung stellen will.

Bei einer Verpfändung ist ferner zu beachten, dass das wirksam entstandene Pfandrecht im Falle der Übereignung des Pfandes durch den Verpfänder an einen Dritten nach § 936 BGB erlöschen könnte.[543] Dafür ist Voraussetzung, dass sich der Erwerber in gutem Glauben bezüglich der Lastenfreiheit der Sache – Nichtbestehen des Pfandrechts an dem veräußerten Gegenstand – befindet (§ 936 Abs. 2 BGB). Ferner muss dieser gute Glaube auch noch im Zeitpunkt der qualifizierten Besitzerlangung fortbestehen, wenn der Eigentumserwerb durch Besitzkonstitut (§ 930 BGB) oder durch Abtretung des Herausgabeanspruchs (§ 931 BGB) erfolgen soll (§ 936 Abs. 1 S. 2 und 3 BGB).[544] In diesen Fällen muss der Erwerber dieselbe Besitzposition erlangen wie beim Erwerb vom Nichtberechtigten gemäß §§ 932 – 934 BGB. Für die Übereignung des Pfandes nach § 930 BGB bedeutet dies, dass eine Lastenfreiheit zugunsten des Erwerbers erst eintritt, wenn der Erwerber nachträglich den unmittelbaren Besitz an der Sache erhält und zu diesem Zeitpunkt noch gutgläubig ist (§ 933 BGB). Im Falle der Übereignung nach §§ 931 BGB, bei der der Veräußerer mittelbarer Besitzer ist, tritt Lastenfreiheit ein, wenn dieser den Herausgabeanspruch abtritt (§ 934 Alt. 1 BGB). Ist der Veräußerer nicht mittelbarer Besitzer (§ 934 Alt. 2 BGB), erlangt der Erwerber erst dann unbelastetes Eigentum, wenn er im mittelbaren Besitz der Sache ist. In beiden Konstellationen des § 931 BGB i.V.m. § 934 BGB darf jedoch der unmittelbare Besitzer nicht Inhaber des Pfandrechtes sein (§ 936 Abs. 3 BGB). Auf Grund der damit notwendigen Übergabe des Pfandes an den Erwerber bzw. der erforderlichen Aufgabe des unmittelbaren Besitzes an dem Pfand, ist ein Erlöschen des Pfandrechts ohne Mithilfe des Pfandgläubigers nur schwer zu bewerkstelligen.

Schließlich ist bei Pfandrechten stets deren Rang zu beachten (§ 1209 BGB). Die Rechtsstellung des begünstigten Arbeitnehmers könnte daher durch ein

---

542 Vgl. ausführlich zur anfänglichen Übersicherung: BGH ZIP 1998, 684, 685; *Lwowski*, FS Schimansky, 1999, 389 ff; *Ganter*, WM 2001, 1 ff. Vgl. zum Freigabeanspruch: BGH NJW 1981, 571.

543 MüKo/*Quack*, BGB, § 936 Rn. 4; *Staudinger/Wiegand*, BGB, § 936 Rn. 2; *Baur/Stürner*, Sachenrecht, § 52 Rn. 51.

544 MüKo/*Quack*, BGB, § 936 Rn. 16 ff.; *Staudinger/Wiegand*, BGB, § 936 Rn. 13 ff.; *Baur/Stürner*, Sachenrecht, § 52 Rn. 52.

zeitlich vorhergehendes Pfandrecht eines Dritten am selben Gegenstand geschmälert sein.[545]

(3) Insolvenzrisiko der am Sicherungsmodell beteiligten Einrichtungen

Sofern das Pfand durch Übergabe in den unmittelbaren Besitz des Arbeitnehmers gelangt oder der Arbeitgeber ein Recht an den Arbeitnehmer verpfändet, sind keine sonstigen Personen an diesen Vorgängen beteiligt, deren Insolvenz zu besorgen sein könnte. Sollten Dritte – zu denken wäre an einen Treuhänder[546] oder einen Werkunternehmer – dennoch in irgendeiner Form unmittelbaren Besitz an dem Pfand erlangen, ermöglicht die Eigentümerstellung des Verpfänders diesem gegebenenfalls nach Tilgung[547] der gesicherten Forderung die Aussonderung nach §§ 985 BGB, 47 InsO.

(4) Belastung des Pfandrechtes an beweglichen Sachen und Rechten mit Abzügen oder bestimmten Verwertungskosten

Muss die Sicherung auf Grund der Insolvenz des Arbeitgebers zur Befriedigung der Arbeitnehmeransprüche in Anspruch genommen werden, hängen die Kosten für die Verwertung des Pfandes davon ab, wer zur Verwertung berechtigt ist.

Bei beweglichen Gegenständen ist entscheidend, wer das Pfand in unmittelbarem Besitz hat bzw. bei Besitz eines Dritten, von wem dieser sein Besitzrecht ableitet (§§ 166 Abs. 1, 170 f. InsO).[548] Dabei ist § 166 Abs. 1 InsO so zu verstehen, dass es auf den Besitz des Insolvenzschuldners oder des Insolvenzverwalters bei Verfahrenseröffnung ankommt.[549] Sollte der Insolvenzverwalter im Zeitpunkt der Verfahrenseröffnung den unmittelbaren Besitz an der Sache haben oder leitet ein Dritter aus dem Lager des insolventen Schuldners seinen Besitz von diesem ab, kann der Insolvenzverwalter gemäß § 170 Abs. 1 InsO aus dem Verwertungserlös die Kosten der Feststellung (vier Prozent des Verwertungserlöses – § 171 Abs. 1 S. 2 InsO) und die Kosten der Verwertung

---

545 Vgl. dazu ausführlich: MüKo/*Damrau*, BGB, § 1209 Rn. 1 ff.

546 Vgl. dazu: unten S. 175 f.

547 Vgl. entsprechend *Gottwald/Gottwald*, Insolvenzrechts-Handbuch, § 40 Rn. 46 f.

548 *Uhlenbruck/Uhlenbruck*, § 166 Rn. 6; *Gottwald/Gottwald*, Insolvenzrechts-Handbuch, § 42 Rn. 109 f.; *Marotzke*, Das neue Insolvenzrecht, S. 11 f.; *Bork*, in: FS Gaul, S. 71, 75. A. A. *Obermüller*, Insolvenzrecht in der Bankpraxis, Rn. 6.320a; MüKo/*Lwowski*, InsO, § 166 Rn. 37, die ein Verwertungsrecht des Insolvenzverwalters nur für den Fall bejahen, dass dieser unmittelbaren Besitz an der Sache hat.

549 *Uhlenbruck/Uhlenbruck*, § 166 Rn. 6; *Gottwald/Gottwald*, Insolvenzrechts-Handbuch, § 42 Rn. 109; *Bork*, in: FS Gaul, S. 71, 75.

(grundsätzlich fünf Prozent des Verwertungserlöses, sofern die tatsächlichen Kosten nicht erheblich niedriger oder höher lagen – § 171 Abs. 2 InsO) vorweg für die Insolvenzmasse entnehmen. Führt die Verwertung des Pfandes zu einer Belastung der Masse mit Umsatzsteuer[550], so ist der Umsatzsteuerbetrag zusätzlich anzusetzen (§ 171 Abs. 2 S. 3 InsO).[551] Dies kann bei einem Umsatzsteuersatz von gegenwärtig 16 Prozent[552] gemäß § 12 Abs. 1 UStG insgesamt zu einer Verringerung des Verwertungserlöses um 25 Prozent führen. Dieser Abschlag ist bei der Verpfändung von Gegenständen, die der Insolvenzverwalter verwerten darf, im Rahmen der Berechung des Umfangs der erforderlichen Sicherheit mit einzukalkulieren.

Allerdings ist zu bedenken, dass eine Verpfändung gemäß §§ 1206 f. BGB die Übertragung des Besitzes auf den Pfandgläubiger notwendig macht, so dass eine Verwertung des Pfandes durch den Insolvenzverwalter regelmäßig ausgeschlossen sein dürfte. Ist der Insolvenzverwalter folglich mangels entsprechenden Besitzes nicht zur Verwertung berechtigt, bleibt das Recht des Pfandgläubigers zur Verwertung aus § 1228 BGB bestehen (§§ 166 Abs. 1, 173 Abs. 1 InsO).[553] Eine Kostenbeteiligung der Gläubiger entsprechend § 170 Abs. 1 S. 1 InsO ist nicht vorgesehen, da die Verwertung durch die Gläubiger die Masse nicht belastet.[554]

Das Verwertungsrecht einer verpfändeten Forderung liegt im Gegensatz zur Verwertung einer zur Sicherheit abgetretenen Forderung beim Gläubiger (§ 173 Abs. 1 InsO) und nicht beim Verwalter.[555] Eine analoge Anwendung des § 166 Abs. 2 InsO – Verwertung von zur Sicherheit abgetretener Forderungen durch

---

550 Vgl. zur Umsatzsteuerpflicht im Rahmen der Verwertung von Sicherungsgut: BFH ZIP 2005, 2119; *Niesert*, Rn. 682 ff.; *Gottwald*/Gottwald, Insolvenzrechts-Handbuch, § 42 Rn. 143, 178 ff.; *Onusseit*, ZIP 2000, 777 ff.; ZIP 2002, 1344 ff.; *Mitlehner*, NZI 2002, 534 ff.

551 MüKo/*Lwowski*, InsO, § 171 Rn. 63 f.; *Gottwald*/*Gottwald*, Insolvenzrechts-Handbuch, § 42 Rn. 143.

552 Ab 01.01.2007: 19 Prozent Umsatzsteuer. Zu berücksichtigen ist auch der ermäßigte Umsatzsteuersatz von 7 Prozent (§ 12 Abs. 2 UStG).

553 MüKo/*Lwowski*, InsO, § 173 Rn. 1; *Gottwald*/*Gottwald*, Insolvenzrechts-Handbuch, § 42 Rn. 150.

554 *Niesert*, Rn. 603.

555 MüKo/*Lwowski*, InsO, § 166 Rn. 137 f.; FK-InsO/*Wegener*, § 166 Rn. 6; *Smid*/*Smid*, § 166 InsO Rn. 33; *Gottwald*/*Gottwald*, Insolvenzrechts-Handbuch, § 42 Rn. 122, 151; *Grabmaier*, S. 68 f.; *Kayser*, FS Kreft, 2004, 341, 356 f. A. A. *Marotzke*, ZZP 1996, 415, 447 f.; *Marotzke*, Das neue Insolvenzrecht, S. 23 ff.

den Verwalter – scheitert mangels einer planwidrigen Regelungslücke.[556] In den Gesetzesmaterialien wird eindeutig zwischen der Sicherungszession und der Forderungsverpfändung unterschieden und die Verwertung dem Gläubiger überlassen, da dem Drittschuldner die Verpfändung nach § 1280 BGB angezeigt wurde.[557] Dass anders als in der ursprünglichen Gesetzesbegründung beabsichtigt[558], die offen gelegte Sicherungszession nun auch unter § 166 Abs. 2 InsO fällt[559], ist auf Grund der vergleichbaren Interessenlage eine gesetzliche Ungereimtheit, die hinzunehmen ist.

Für die Sicherung der Arbeitnehmeransprüche durch Verpfändung bedeutet dies, dass Vorsorge getroffen werden muss, dass dem Arbeitgeber keine Besitzposition verbleibt, die ihn bzw. den Insolvenzverwalter zur Verwertung berechtigt (§ 166 Abs. 1 InsO). Bei einem rechtsgeschäftlichen Pfandrecht, welches den Besitzübergang zur Entstehungsvoraussetzung hat, sind allerdings ohnehin kaum Situationen vorstellbar, in denen der Besitz beim Arbeitgeber verbleibt. Eine besondere Kostenbelastung ist daher nicht zu befürchten.

(5) Einkommenssteuerrechtliche Relevanz des Pfandrechtes an beweglichen Sachen und Rechten

Es ist die Frage zu klären, ob die Verpfändung von Vermögensgegenständen an den Arbeitnehmer einen steuerbaren Vorgang darstellt. Die Bestellung eines Pfandrechtes müsste den Zufluss von Einkommen bedeuten (§ 11 Abs. 1 S. 1 EStG). Das ist dann der Fall, wenn der Arbeitnehmer die wirtschaftliche Verfügungsmacht über den verpfändeten Gegenstand erlangt.[560] Durch das Pfandrecht bekommt der Sicherungsnehmer den unmittelbaren oder mittelbaren Besitz an dem Pfand (§§ 1205 f. BGB). Er kann zur Ziehung von Nutzungen (§ 1213 BGB) oder bei drohendem Verderb zur Veräußerung des Pfandes (§§ 1219 ff. BGB) berechtigt sein. Dadurch erhält der Pfandgläubiger mit der Pfandrechtsbestellung eine Reihe von Einwirkungsmöglichkeiten, die auch einem tatsächlich Verfügungsberechtigten zustehen. Im störungsfreien Verlauf ist der

---

556 *Grabmaier*, S. 69. A. A. *Bode/Bergt/Obenberger*, DB 2000, 1864, 1865; Blomeyer, BetrAV 1999, 293, 302; *Marotzke*, ZZP 1996, 415, 447 f., da § 166 Abs. 2 InsO auch bei angezeigter Sicherungsabtretung gelte; *Marotzke*, Das neue Insolvenzrecht, S. 23 ff.

557 Begr. RegE zu § 191 RegE-InsO (heutiger § 166 Abs. 2 InsO), BT-Drucks. 12/2443, S. 178 f.

558 Begr. RegE zu § 191 RegE-InsO (heutiger § 166 Abs. 2 InsO), BT-Drucks. 12/2443, S. 179.

559 BGH NJW 2002, 3475 ff.

560 Vgl. zur den relevanten einkommensteuerrechtlichen Grundprinzipien: oben S. 114.

Sicherungsnehmer jedoch bis zur Pfandreife grundsätzlich nicht zur Verwertung oder sonstigen Einwirkung auf das Pfand berechtigt. Er ist vielmehr zur ordnungsgemäßen Verwahrung des Vermögensgegenstandes nach § 1215 i.V.m. §§ 688 ff. BGB verpflichtet. Damit steht dem Arbeitnehmer gerade nicht die volle wirtschaftliche Verfügungsmacht über das Pfand zu[561], ein Zufluss im Sinne des § 11 Abs. 1 S. 1 EStG liegt nicht vor.[562] Es sind folglich keine negativen einkommensteuerrechtlichen Folgen zu befürchten.

c) Arbeitgeberinteressen

Eine Verpfändungslösung müsste auch den Interessen der Arbeitgeber gerecht werden:

(1) Beeinträchtigung der wirtschaftlichen Handlungsfähigkeit des Arbeitgebers durch das Pfandrecht an beweglichen Sachen und Rechten

Bei einer Absicherung der Arbeitnehmeransprüche über eine Verpfändungslösung bleibt der Liquiditätsvorteil[563], den die Altersteilzeitarbeit unter Verwendung eines Wertguthabens bietet, nicht erhalten. Durch die Verpfändung werden Vermögenswerte, die sich entweder bereits im Betriebsvermögen des Arbeitgebers befinden, oder solche, die gerade zu diesem Zweck angeschafft worden sind, aufgrund der prinzipiell notwendigen Übergabe[564] an den Arbeitnehmer oder an Dritte gebunden. Der ursprüngliche Liquiditätsvorteil wird somit durch die Verpfändung wieder aufgehoben.

Auf Grund des mit der Verpfändung einhergehenden Verlustes der alleinigen Einwirkungsmöglichkeiten auf diese Vermögenswerte, kommen Gegenstände, die für die betriebliche Tätigkeit des Arbeitgebers unentbehrlich sind, insbesondere alle Betriebs- und Produktionsmittel, von vornherein nicht als Pfandrechtsobjekte in Betracht. Auch wenn bei der Verpfändung ein Übergabesurrogat nach § 1206 BGB gewählt wird, behält der Arbeitgeber zwar Mitbesitz an diesen Gegenständen, er begibt sich jedoch in seiner Geschäftsführung in die

---

561 *Hanau*, BB 1998, 2054, 2055.

562 Vgl. BMF-Schreiben vom 13.02.1998 = BB 1998, 680; BMF-Schreiben vom 16.04.1982 = DB 1982, 880; *Hanau/Arteaga*, BB 1998, 2054, 2055.

563 Vgl. zum Liquiditätsvorteil durch die Verwendung von Arbeitszeitkonten: oben S. 115.

564 Vgl. zu den Übergabesurrogaten der §§ 1205 Abs. 1 S. 2, 1205 Abs. 2 und 1206 BGB, die aber dem Verpfänder auch keine alleinige und ausschließliche Einwirkungsmöglichkeit auf das Pfand ermöglichen, *Baur/Stürner*, Sachenrecht, § 55 Rn. 16 f.; MüKo/*Damrau*, BGB, § 1206 Rn. 4; *Staudinger/Wiegand*, BGB, § 1206 Rn. 2.

Abhängigkeit des begünstigten Arbeitnehmers. Bei Entscheidungen über den betroffenen Gegenstand ist stets die Mitwirkung des Sicherungsnehmers erforderlich.[565]

Darüber hinaus dient das Anlage- und Umlaufvermögen des Arbeitgebers häufig zur Sicherung des laufenden Geschäftsbetriebes im Verhältnis zu anderen Geschäftspartnern. Zu denken ist in diesem Zusammenhang vor allem an Sicherungsübereignungen (§§ 929, 930, 158 Abs. 2 BGB) und Sicherungszessionen (§§ 398, 158 Abs. 2 BGB). Damit kommen auch aus diesem Grund zahlreiche bewegliche Gegenstände und betriebliche Forderungen von Anfang an nicht für eine Verpfändung in Frage. Zudem sollte der zu verpfändende Gegenstand während der Laufzeit des Altersteilzeitprogramms möglichst keinen Wertverlust erleiden.

Insgesamt ist damit eine Verpfändungslösung nur für solche Arbeitgeber eine sinnvolle Alternative, die nicht auf den mittelfristigen Liquiditätsvorteil der Wertguthaben angewiesen sind und entsprechende Vermögenswerte[566] entbehren können.

(2) Bilanzielle Vorteile auf Grund des Pfandrechtes an beweglichen Sachen und Rechten

Zwar verliert der Arbeitgeber bei der Verpfändung den Besitz an den betreffenden Vermögensgegenständen, jedoch überträgt er diese nicht vollständig auf eine von ihm unabhängige rechtliche Einheit. Die Voraussetzungen einer Bilanzverkürzung nach internationalen Rechnungslegungsvorschriften (IAS 19.7 und 19.54) liegen deshalb nicht vor.[567]

(3) Rechtliche Durchführbarkeit des Pfandrechtes an beweglichen Sachen und Rechten

Grundsätzlich ist der Arbeitgeber gezwungen, mit jedem Arbeitnehmer einzeln eine Einigung über die Pfandrechtsbestellung herbeizuführen und die erforderliche Übergabe an den jeweiligen Arbeitnehmer bzw. ein Übergabesurrogat bezüglich des zu verpfändenden Gegenstandes zu bewirken. Die dazu erforderlichen Schritte können bereits bei Abschluss der Altersteilzeitvereinbarung

---

565 MüKo/*Damrau*, BGB, § 1206 Rn. 4; *Staudinger/Wiegand*, BGB, § 1206 Rn. 2.

566 Vgl. die besonderen Verpfändungsmodelle (das sog. Fondsmodell und die Verpfändung von Ansprüchen aus einer Rückdeckungsversicherung): sogleich unten S. 179 ff. und S. 193 ff.

567 Vgl. zu den Voraussetzungen im Einzelnen: oben S. 115.

unternommen werden. Bei einer größeren Anzahl von zu sichernden Wertguthaben und einer Mehrzahl von Pfandgegenständen vergrößert sich der Aufwand in rechtlicher und tatsächlicher Hinsicht erheblich. Zwar können die einmal verwendeten Verträge für eine Vielzahl von zu sichernden Wertguthaben angewendet werden, dennoch ist für jeden zu sichernden Arbeitnehmer und für jeden Pfandrechtsgegenstand eine gesonderte Prüfung vorzunehmen. Unter Umständen kann sich daher die Einschaltung eines Treuhänders anbieten.[568]

Die Verpfändung von Rechten erscheint in ihrer rechtlichen Durchführung aus denselben Gründen als nicht unproblematisch, auch wenn sie zeitgleich mit dem Abschluss der Altersteilzeitvereinbarung für die Zukunft vorgenommen werden kann.

(4) Verwaltungs- und Kostenaufwand des Pfandrechtes an beweglichen Sachen und Rechten

Bei den genannten Verpfändungslösungen hängt die Kostenbelastung grundsätzlich von der Art des verpfändeten Gegenstandes ab.

Je nach Anzahl der zu sichernden Wertguthaben und je nach Menge und Umfang der beweglichen Pfandobjekte entsteht ein mehr oder weniger großer Verwaltungs- und Organisationsaufwand. Der einzelne Arbeitnehmer könnte beispielsweise nicht die Möglichkeit besitzen, einen größeren beweglichen Gegenstand unmittelbar in Besitz zu nehmen. In dieser Hinsicht kann die Einschaltung eines Treuhänders, der die Rechte für die Arbeitnehmer ausübt, zu einer wesentlichen Erleichterung bei der Verpfändung beweglicher Gegenstände führen.[569]

Demgegenüber ist die Verpfändung von Rechten und Forderungen mit geringem Verwaltungs- und Organisationsaufwand verbunden, da keine Übergabe wie bei den beweglichen Gegenständen für die Bestellung des Pfandrechtes notwendig ist.

d) Insolvenzsicherungsgebote aus § 7d SGB IV und § 8a ATG

Die Vereinbarung einer Verpfändungslösung müsste schließlich den Anforderungen der Insolvenzsicherungsgebote aus § 7d SGB IV und § 8a ATG

---

568 Vgl. dazu sogleich die Verpfändung an einen Treuhänder oder die verschiedenen Treuhandlösungen, unten S. 200 ff.

569 Vgl. dazu die verschiedenen Treuhandlösungen, unten S. 200 ff.

genügen.[570] Die Verpfändung von Vermögensgegenständen an den Arbeitnehmer sichert bei entsprechender Werthaltigkeit dieser Gegenstände das Wertguthaben des Arbeitnehmers ab der ersten Gutschrift gegen die Zahlungsunfähigkeit des Arbeitgebers. Festzustellen ist, dass das einmal entstandene Pfandrecht zugunsten des Arbeitnehmers nicht mehr nachträglich ohne dessen Mitwirkung beseitigt werden kann.

Problematisch erscheint es hingegen, mit Hilfe einer Verpfändungslösung auch die Arbeitgeberanteile am Gesamtsozialversicherungsbeitrag (§§ 28d, 28e, 20 Abs. 1 SGB IV) abzudecken.[571] Als akzessorisches Sicherungsmittel setzt ein Pfandrecht stets eine Forderung des Sicherungsnehmers (Arbeitnehmer) gegen den Schuldner (Arbeitgeber) voraus.[572] Nach § 28e Abs. 1 S. 1 SGB IV handelt es sich bei der Zahlungspflicht des Gesamtsozialversicherungsbeitrages um eine öffentlich-rechtliche Verpflichtung, die der Arbeitgeber gegenüber der Krankenkasse als Einzugstelle (§ 28h Abs. 1 S. 1 SGB IV) zu erfüllen hat.[573] Diese Verpflichtung ist demnach eine Forderung des jeweiligen Sozialversicherungsträgers und nicht des Arbeitnehmers.[574] Letzterer hat nur einen arbeitsvertraglichen Anspruch auf den vereinbarten Bruttolohn, der lediglich den Arbeitnehmeranteil am Gesamtsozialversicherungsbeitrag enthält. Auf Grund der Akzessorietät kann zugunsten des Arbeitnehmers folglich nur ein Pfandrecht in Höhe seiner arbeitsvertraglichen Forderungen (Wertguthaben) bestellt werden. Im Verhältnis Arbeitgeber zu Arbeitnehmer kann somit kein Pfandrecht zugunsten des Arbeitnehmers bestellt werden, das in der Gesamtsumme auch den Arbeitgeberanteil am Gesamtsozialversicherungsbeitrag abdeckt.

Dieser Konflikt kann nur gelöst werden, wenn die arbeitsvertragliche Forderung des Arbeitnehmers gegenüber dem Arbeitgeber laufend um den Betrag erweitert wird, der dem Arbeitgeberanteil am Gesamtversicherungsbeitrag entspricht. Zur Vermeidung eines Missbrauchs durch den Arbeitnehmer bei störungsfreiem Verlauf des (Altersteilzeit-) Arbeitsverhältnisses, sollte dieser dem Arbeitnehmer zusätzlich zugewendete Anspruch unter eine aufschiebende Bedingung (§ 1204 Abs. 2 Alt. 2 BGB) des Eintritts der Insolvenzreife des Arbeitgebers gestellt werden. In der Insolvenz des Arbeitgebers kann dann aus dem Erlös der

---

570 Vgl. oben S. 102 ff. und S. 106 ff.

571 Vgl. zur rechtlichen Einordnung des Arbeitgeberanteils am Gesamtsozialversicherungsbeitrag: *Schnapp*, GS Heinze, S. 815 ff.

572 MüKo/*Damrau*, BGB, § 1204 Rn. 15; *Staudinger/Wiegand*, BGB, § 1204 Rn. 28; *Palandt/Bassenge*, BGB, § 1204 Rn. 12.

573 *Hauck/Noftz/Sehnert*, § 28e SGB IV Rn. 4; *Schnapp*, GS Heinze, S. 816, 818.

574 BSGE 15, 118, 122 f.; *Schnapp*, GS Heinze, S. 817.

Pfandverwertung sowohl der Arbeitnehmer- als auch der Arbeitgeberanteil abgeführt werden, der auf die eigentlichen Zahlungsverpflichtung des Arbeitgebers entfällt. Dieses Ergebnis wird auch von § 23b Abs. 2 S. 3 SGB IV getragen, der Wertguthaben nur soweit als beitragspflichtig behandelt, wenn hiervon tatsächlich Beträge entrichtet werden. Die Sicherung des Arbeitgeberanteils kann somit durch die Erweiterung des Wertguthabens erreicht werden.[575]

Insolvenzanfechtungsrechtlichen Bedenken, die daraus resultieren könnten, dass auf diese Weise einem Gläubiger (Arbeitnehmer) speziell für den Fall der Insolvenz des Insolvenzschuldners (Arbeitgebers) etwas zugewendet werden soll, kann dadurch begegnet werden, dass durch diese Gestaltung lediglich den gesetzlichen Geboten des § 7d SGB IV und des § 8a ATG nach Sicherung des Arbeitgeberanteils am Gesamtsozialversicherungsbeitrag entsprochen wird. Die Erfüllung der gesetzlichen Vorgaben, die auf verschiedenen Wegen möglich und unbedenklich ist, kann dann in der vorstehend genannten Variante keine Gläubigerbenachteiligung im Sinne der §§ 129 ff. InsO bedeuten.

e) Zusammenfassung

Die Verpfändung von Vermögensgegenständen bietet in der Insolvenz des Arbeitgebers für die Wertguthaben ausreichenden Schutz. Um darüber hinaus auch den Arbeitgeberanteil am Gesamtsozialversicherungsbeitrag in die Sicherung mit einzubeziehen, ist die der Verpfändung zu Grunde liegende Forderung des Arbeitnehmers um einen dem Arbeitgeberanteil entsprechenden Betrag (bedingt) zu erweitern. Auf diese Weise werden auch die Insolvenzschutzgebote der §§ 7d SGB IV und 8a ATG erfüllt.

Bei einer Verpfändung ist ferner zu bedenken, dass der Liquiditätsvorteil, den die Verwendung der Wertguthaben für den Arbeitgeber bietet, aufgehoben wird. Es kommt zu einer Bindung von Vermögen, das allenfalls in geringem Maße für die Geschäftstätigkeit des Arbeitgebers verwendet werden kann. Selbst wenn bewegliche Gegenstände, Rechte oder Forderungen für die Betriebstätigkeit noch zur Verfügung stehen, ist stets die Mitwirkung des Pfandgläubigers erforderlich, wenn über das weitere Schicksal der Gegenstände, Rechte oder Forderungen entschieden werden soll. Dadurch kann sich der Arbeitgeber leicht in die Abhängigkeit des Arbeitnehmers bei der Ausübung seiner Geschäftstätigkeit begeben. Bei einer Vielzahl zu sichernder Wertguthaben unter Verwendung mehrerer Pfandgegenstände kann sowohl die rechtliche Durchführung als auch der Verwaltungsaufwand zu erheblichen Belastungen führen. In solchen

---

575 *Peters-Lange*, Sozialrecht in der Insolvenz, Rn. 327.

Fällen sollte daher eine Sicherungslösung gewählt werden, die diesen Aufwand bündelt.

Die allgemeine Verpfändung von Vermögensgegenständen zur Sicherung der Wertguthaben erscheint daher nur für die Sicherung weniger Arbeitnehmer als geeignet. Darüber hinaus muss der Arbeitgeber auch die entsprechenden Vermögenswerte entbehren können.

II. Verpfändung der Vermögenswerte an einen Treuhänder

Zur Harmonisierung der rechtlichen Durchführung und zur Verringerung des Verwaltungsaufwandes im Rahmen einer Verpfändungslösung, wird auch die Einschaltung eines Treuhänders[576] zwischen Arbeitgeber und Arbeitnehmer vorgeschlagen.[577] Eine solche Lösung ist allerdings von den unten vorgestellten Treuhandlösungen zu unterscheiden, bei denen die Vertragsparteien in einer tatsächlichen Treuhandbeziehung stehen.[578] Ohne den Abschluss eines Treuhandvertrages soll der Treuhänder selbst Halter des Pfandrechts werden.

Da es nach §§ 1204, 1252 BGB erforderlich ist, dass der Pfandrechtsgläubiger Inhaber der zu sichernden Forderung ist, wird dem Treuhänder von dem Arbeitgeber durch ein abstraktes Schuldversprechen gemäß § 780 BGB eine Forderung eingeräumt, die der Summe der zu sichernden Wertguthaben entspricht.[579] Dieses Vorgehen entspricht einer verbreiteten Praxis im Rahmen der Kreditsicherung durch Grundpfandrechte: Der Kreditnehmer gibt in Höhe der Darlehenssumme ein abstraktes Schuldversprechen ab, wodurch die Hypothek zur Sicherung der abstrakten Forderung bestellt wird.[580] Im Rahmen der Sicherung der Wertguthaben wird das abstrakte Schuldversprechen gleichzeitig als Vertrag zugunsten Dritter (§ 328 Abs. 1 BGB) ausgestaltet.[581] Dadurch erlangen die Arbeitnehmer jeweils das Recht, die Leistung aus dem Schuldversprechen als Mitgläubiger gemäß § 432 BGB zu fordern. Dadurch wird eine Zweckbindung dieses Sicherungsmodells erreicht und den Arbeitnehmern auch in der Insolvenz des Treuhänders ein eigener Anspruch gegen den Arbeitgeber auf Zahlung des Sicherungsbetrages bzw. Stellung der Sicherheit eingeräumt.[582]

---

576 Vgl. zu den Anforderungen an einen Treuhänder unten S. 203.

577 *Wieser*, S. 112 f.; *Smid/Lindenberg*, DZWIR 2006, 133, 134 ff.

578 Vgl. dazu unten S. 200 ff.

579 *Wieser*, S. 112; *Smid/Lindenberg*, DZWIR 2006, 133, 135.

580 Vgl. MüKo/*Hüffer*, BGB, § 780 Rn. 32; *Staudinger/Marburger*, BGB, § 780 Rn. 31.

581 *Wieser*, S. 112.

582 *Wieser*, S. 112; *Smid/Lindenberg*, DZWIR 2006, 133, 137.

Im Hinblick auf die Bewertung dieses Modells kann auf die obigen Ausführungen zu der Verpfändung von beweglichen Sachen und Rechten verwiesen werden. Nochmals hervorzuheben ist, dass die Einschaltung eines Treuhänders im Falle der Absicherung einer größeren Zahl von Arbeitnehmern eine Erleichterung bei der rechtlichen Durchführung und eine Verringerung des Verwaltungsaufwandes bedeuten kann. Dies wird in aller Regel jedoch zu einer Steigerung der Kosten führen, da der Treuhänder zumindest eine Aufwandsentschädigung verlangen wird.

III. Fondsmodell

Im Rahmen der Sicherung von Wertguthaben stellt eine bestimmte Art der Verpfändungslösung, das sog. Fondsmodell, eine verbreitete Variante dar.[583]

1. Ausgestaltung

Beim Fondsmodell verwendet der Arbeitgeber das während der Arbeitsphase vom jeweiligen Arbeitnehmer erarbeitete, aber nicht zur Auszahlung gebrachte Entgelt nebst Sozialversicherungsbeiträgen zum Erwerb von Anteilscheinen an einem risikoarmen Investmentfonds. Die Anteilscheine verpfändet er sodann an den einzelnen Arbeitnehmer.

a) Eigentums- und Besitzverhältnisse an den Anteilscheinen eines Investmentfonds vor der Verpfändung

Durch den Erwerb der Anteilscheine wird der Arbeitgeber in der Regel Miteigentümer (§ 30 Abs. 1 S. 1 Alt. 2 InvG[584]) an einem Sondervermögen (§§ 2 Abs. 2, 30 InvG), das die gesamten Anlagen des Investmentfonds[585] (§ 2 Abs. 1,

---

583 *Grabmaier*, S. 77, 86 ff; *Wiezer*, S. 123; *Link*, AuA 2004, Nr. 19, S. 22; *Kovács/Koch*, NZI 2004, 415, 421; *Rolfs*, NZI 2004, 561, 565; *Gaul/Süßbrich*, ArbRB 2004, 149, 151; *Langohr-Plato/Morisse*, BB 2002, 2330, 2331.

584 Durch Art. 17 Abs. 1 des Investmentmodernisierungsgesetz vom 15. Dezember 2003 (BGBl. I S. 2676) wurden das Auslandinvestment-Gesetz vom 9. September 1998 (BGBl. I S. 2820) und das Gesetz über Kapitalanlagegesellschaften (KAGG) vom 9. September 1998 (BGBl. I S. 2726) außer Kraft gesetzt und durch das InvG vom 15. Dezember 2003 (BGBl. I S. 2676) ersetzt.

585 Zur rechtlichen Gestaltung eines Investmentfonds, vgl. *Kümpel*, Bank- und Kapitalmarktrecht, Rn. 12.1 ff., 12.51 ff.; BuB/*Baur*, Rn. 9/1 ff, 9/73 ff., 9/172 ff.; *Clausen*, Bank- und Börsenrecht, S. 556 ff; *Schwintowski/Schäfer/Schäfer*, Bankrecht, § 16 Rn. 1 ff.; *Grabmaier*, S. 86 ff.

Abs. 4 InvG) umfasst.[586] Das Sondervermögen wird von einer Kapitalanlagegesellschaft für Rechnung der Anleger verwaltet (§§ 2 Abs. 2, 6 InvG) und von einer Depotbank verwahrt (§§ 20, 24 InvG). Die Kapitalanlagegesellschaft, die Depotbank und der Anleger bilden damit das sog. „Investmentdreieck“ des deutschen Kapitalanlagerechts.[587] Die erworbenen Anteile am Sondervermögen werden in Anteilscheinen, die regelmäßig als Inhaberpapiere zu qualifizieren sind[588], verbrieft (§ 33 Abs. 1 S. 1, 2 InvG). Diese lässt der Arbeitgeber auf einem Depotkonto gesondert[589] für jeden zu sichernden Arbeitnehmer bei einem Kreditinstitut, beispielsweise seiner Hausbank, verwahren. Das Kreditinstitut wird jedoch in aller Regel das Depot nicht selbst führen, sondern die Verwahrung der Papiere wiederum einer Wertpapiersammelbank[590] (§ 1 Abs. 3 DepotG) übertragen.[591] Die Wertpapiersammelbank ist dadurch unmittelbare Besitzerin der Wertpapiere, die sie für die bei ihr jeweils angeschlossenen Banken als mittelbare Besitzerin der ersten Stufe verwahrt.[592]

---

586 *Kümpel*, Bank- und Kapitalmarktrecht, Rn. 12.71; *Claussen*, Bank- und Börsenrecht, S. 557; *Grabmaier*, S. 101.

587 *Grabmaier*, S. 99.

588 Inhaberpapiere gestatten dabei nur dem jeweiligen Inhaber des Wertpapiers, das verbriefte Recht geltend zu machen. Zur Übertragung des Inhaberpapiers gilt der Grundsatz: „Das Recht aus dem Papier folgt dem Recht am Papier“. Vgl. dazu: *Claussen*, Bank- und Börsenrecht, S. 512; *Brox*, Handels- und Wertpapierrecht, Rn. 458; *Gursky*, Wertpapierrecht, S. 11.

589 Vgl. zur rechtlichen Zulässigkeit der Bestellung eines einzigen Pfandrechtes aus Gründen der Vereinfachung bei einer Mehrzahl von zu sichernden Entgeltforderungen und einer Mehrzahl von Arbeitnehmern: *Grabmaier*, S. 156.

590 Dies erfolgt in Deutschland durch die *Clearstream Banking AG*, Tochter der Clearstream Banking S.A., eine Clearinggesellschaft mit Sitz in Luxemburg. Diese Gesellschaft ist wiederum eine Tochter der Deutsche Börse AG. Zu ihren Aufgaben zählen u. a. die Verwahrung von Wertpapieren (Custody) und die Abwicklung von Wertpapiertransaktionen (Settlement). Bei *Clearstream* werden im Kundenauftrag Wertpapiere im Wert von 7,3 Billionen Euro verwaltet und jährlich über 60 Millionen Transaktionen mit einem Gesamt-Transfervolumen von etwa 10 Billionen Euro abgewickelt (Stand Ende 2003), vgl.: *Schwintowski/Schäfer/Schäfer*, Bankrecht, § 16 Rn. 55; *Boos/Fischer/Schulte-Mattler/Füllbier*, § 1 KWG Rn. 62 ff.

591 *Kümpel*, Bank- und Kapitalmarktrecht, Rn. 2.644; *Schwintowski/Schäfer/Schäfer*, Bankrecht, § 16 Rn. 53 ff.; *Grabmaier*, S. 156.

592 Vgl. BGH NJW 1997, 2110, 2111; OLG Karlsruhe WM 1999, 2451, 2454; *Kümpel*, Bank- und Kapitalmarktrecht, Rn. 2.644; *Schwintowski/Schäfer/Schäfer*, Bankrecht, § 16 Rn. 55; *Heinsius/Horn/Than*, Depotgesetz, 1975, § 3 Rn. 5, 11.

Die Bank- und Depotkunden (Arbeitgeber) als zukünftige Verpfänder sind mittelbare Besitzer der zweiten Stufe.[593]

b) Bestellung des Pfandrechtes und Besitzverhältnisse nach der Verpfändung

Zur Sicherung der Wertguthaben verpflichtet sich der Arbeitgeber, dem Arbeitnehmer die ihm jeweils zugeordneten gegenwärtigen und künftigen Anteilscheine aus dem Depotkonto zu verpfänden. Diese Verpfändung der künftigen Inhaberpapiere ist ausreichend bestimmt und richtet sich dabei nach den Vorschriften über das Pfandrecht an beweglichen Sachen, §§ 1293 i.V.m. 1204 ff. BGB.[594] Da der Arbeitgeber mittelbarer Besitzer der Wertpapiere ist, vollzieht sich die notwendige Übergabe des Pfandes (§ 1205 Abs. 1 BGB) durch die Übergabesurrogate nach § 1205 Abs. 2 BGB bzw. § 1206 BGB.

Gemäß § 1205 Abs. 2 BGB kann der Arbeitgeber als mittelbarer Besitzer zweiter Stufe demnach dem Arbeitnehmer seinen mittelbaren Besitz an den Wertpapieren übertragen und seiner depotführenden Bank (mittelbarer Besitzer erster Stufe) die Verpfändung anzeigen.[595] Die Übertragung des mittelbaren Besitzes kann dabei dadurch erfolgen, dass die Sammeldepotanteile des Arbeitgebers in ein Depot des Arbeitnehmers umgebucht werden. Diese Variante scheidet jedoch in den meisten Fällen aus, weil der Arbeitnehmer in aller Regel kein Wertpapierdepot bei dieser Bank halten wird. Demnach bleibt nur die Möglichkeit, die Übertragung des mittelbaren Besitzes über § 870 BGB zu ereichen, wonach der bisherige mittelbare Besitzer dem Erwerber seinen Anspruch auf Herausgabe abtritt. Als Abtretungsgegenstand kommt dabei der Herausgabeanspruch aus dem Verwahrungsvertrag mit der depotführenden Bank in Betracht (§§ 695 S. 1, § 398 ff. BGB). Die Abtretung kann sich dabei auch auf künftige Herausgabeansprüche beziehen, wodurch sie bereits bei Abschluss einer Altersteilzeitvereinbarung für die Zukunft vorgenommen werden kann. Im Hinblick auf die notwendige Anzeige ist ausreichend, wenn der Arbeitgeber der Bank als Besitzmittlerin anzeigt, dass sie fortan für den entsprechenden Arbeitnehmer besitzen soll.[596]

---

593 Vgl. BGH NJW 1997, 2110, 2111; OLG Karlsruhe WM 1999, 2451, 2454; *Kümpel*, Bank- und Kapitalmarktrecht, Rn. 2.644; *Schwintowski/Schäfer/Schäfer*, Bankrecht, § 16 Rn. 55; *Heinsius/Horn/Than*, Depotgesetz, § 3 Rn. 11.

594 *Baur/Stürner*, Sachenrecht, § 55 Rn. 11; *Grabmaier*, S. 152 ff.

595 OLG Karlsruhe WM 1999, 2451, 2454; *Staudinger/Wiegand*, BGB, § 1205 Rn. 30; *Palandt/Bassenge*, BGB, § 1205 Rn. 9; *Grabmaier*, S. 164 f.

596 MüKo/*Damrau*, BGB, § 1205 Rn. 20; *Palandt/Bassenge*, BGB, § 1205 Rn. 9.

Entscheiden sich die Parteien für den Übergabeersatz nach § 1206 BGB, muss der Arbeitgeber dem Arbeitnehmer an den Fondsanteilen Mitbesitz (§ 866 BGB) einräumen und dafür Sorge tragen, dass die Herausgabe der Wertpapiere nur an ihn und den Arbeitnehmer gemeinschaftlich erfolgen kann (§ 1206 BGB).[597]

c) Abwicklung des Fondsmodells und praktische Erscheinungen

Wurden die verpfändeten Anteilscheine bis zum Ende der Arbeitsphase des einzelnen Arbeitnehmers nicht zur Befriedigung der Arbeitnehmeransprüche im Insolvenzfall benötigt, so kann mit Zustimmung des Arbeitnehmers (§ 1255 Abs. 1 BGB) durch die schrittweise Veräußerung dieser Wertpapiere die Bezahlung des Arbeitnehmers in der Freistellungsphase finanziert werden.

Um der inzwischen bestehenden Nachfrage gerecht zu werden, bieten nun auch verschiedene Finanzdienstleister[598] eigene Fondsmodelle an, die sich im Prinzip an der dargestellten Wirkungsweise orientieren. Auch hier erwirbt der Arbeitgeber in Höhe der Wertguthaben nebst den dafür geschuldeten Sozialversicherungsbeiträgen Anteile an risikoarmen Fonds, die dann zur Sicherung an die Arbeitnehmer verpfändet werden. Ein wesentlicher Vorteil ist, dass der Arbeitgeber von dem Finanzdienstleister „aus einer Hand" eine Sicherungslösung erhält, bei der ihm ein Großteil der Verwaltungsaufgaben abgenommen wird.

2. Bewertung

In weiten Teilen deckt sich die Bewertung des Fondsmodells mit den Ausführungen zu der allgemeinen Verpfändungslösung. Im Folgenden wird daher nur auf die Besonderheiten eingegangen.

a) Insolvenzrechtliche Vorgaben

Im Hinblick auf die insolvenzrechtlichen Vorgaben kann auf die Ausführungen zur Verpfändung beweglicher Sachen und Rechte verwiesen werden.[599] Der Arbeitnehmer ist in der Insolvenz des Arbeitgebers als rechtsgeschäftlicher

---

597 Vgl. dazu ausführlich: *Grabmaier*, S. 163 ff.

598 Vgl. beispielsweise: *Zeitkontenrückdeckung* der Allianz AG, abrufbar unter: http://business.allianz.de/produkte/personen/betriebliche_altersversorgung/index.html; *Comflex (Verpfändung)* der Commerzbank AG, abrufbar unter: http://www.commerzbank.com; *Gothaer Altersteilzeitlösung* der Gothaer Lebensversicherung AG, abrufbar unter: http://www.gothaer.de.

599 Vgl. dazu oben S. 162 ff.

Pfandgläubiger nach Maßgabe der §§ 166 bis 173 InsO zur abgesonderten Befriedigung aus dem Pfandgegenstand berechtigt (§ 50 Abs. 1 InsO).

Hinsichtlich der Insolvenzanfechtung[600] ist hervorzuheben, dass es sich bei dem Fondsmodell unter bestimmten Umständen um ein Bargeschäft nach § 142 InsO handeln kann, das nur unter den Voraussetzungen des § 133 Abs. 1 InsO (vorsätzliche Benachteiligung) bzw. § 131 InsO (inkongruente Deckung) angefochten werden kann. Bei dieser Sicherungslösung werden Vermögenswerte des Arbeitgebers schrittweise verpfändet, die sich in ihrem Umfang an den „Überstunden" des Arbeitnehmers orientiert. Der Arbeitgeber verpflichtet sich im Umfang der zunächst unbezahlt erhaltenen Arbeitsleistungen zur Verpfändung einer entsprechenden Anzahl von Anteilscheinen. Der Wert des Pfandes, dessen alleinigen Besitz der Arbeitgeber aufgibt, entspricht damit stets den erhaltenen Arbeitsleistungen, für die zu diesem Zeitpunkt noch keine Entgeltzahlungen zu erbringen sind. Leistung und Gegenleistung sind damit gleichwertig. Zu achten ist allerdings darauf, dass die zeitliche Grenze, innerhalb derer der Leistungsaustausch vorgenommen werden muss, eingehalten wird. Zu befürchten ist daher grundsätzlich allein die Insolvenzanfechtung des Fondsmodells wegen vorsätzlicher Benachteiligung nach § 133 Abs. 1 InsO, deren Voraussetzungen im Regelfall nicht erfüllt sein werden. Auf Grund der relativ kurzen zeitlichen Rückwirkung der Anfechtung wegen inkongruenter Deckung nach § 131 InsO ist die Insolvenzfestigkeit des Fondsmodells, das über mehrere Jahre Pfandrechte der Arbeitnehmer entstehen lässt, nicht ernsthaft bedroht.

b) Arbeitnehmerinteressen

Auch in Bezug auf die Arbeitnehmerinteressen kann weitgehend auf die obigen Ausführungen zu der Verpfändung beweglicher Sachen und Rechte verwiesen werden.[601] Abweichungen werden im Folgenden dargestellt.

(1) Vorrangiges Pfandrecht nach den *AGB-Banken* und *AGB-Sparkassen*

Der Sicherungswert des Pfandrechtes an den Fondsanteilen könnte insbesondere durch ein vorrangiges Pfandrecht der Banken und Sparkassen nach Nr. 14 *AGB-Banken* (i.d.F. von 2002)[602] und Nr. 21 *AGB-Sparkassen* (i.d.F. von 2002)[603]

---

600 Vgl. zur Insolvenzanfechtung einer Verpfändung entsprechend oben S. 162 f.

601 Vgl. dazu oben S. 167 ff.

602 Vgl. zum Wortlaut: WM 2002, 1307 ff.

603 Vgl. zum Wortlaut: ZBB 2002, 139 ff.

beeinträchtigt sein. Das Pfandrecht wird formularmäßig[604] in die Vertragsbeziehung zwischen Bank und Bankkunde einbezogen und soll alle bestehenden, künftigen und bedingten Ansprüche aus der Geschäftsverbindung der Kreditinstitute mit ihren Kunden absichern.[605] Es erstreckt sich auf alle Vermögensgegenstände, also Wertpapiere, sonstige bewegliche Sachen, gegenwärtige oder zukünftige Ansprüche des Bankkunden gegen die Bank aus deren bankmäßigen Geschäftsverbindung – insbesondere die Rückgewähransprüche des Kunden aus der Verwahrung der Kontoguthaben (§§ 700 Abs. 1, 488 Abs. 1 BGB), an denen sie Besitz haben oder noch erlangen werden (Nr. 14 Abs. 1 *AGB-Banken*, Nr. 21 Abs. 1 *AGB-Sparkassen*).[606] Für das oben dargestellte Fondsmodell bedeutet das beispielsweise, dass die verpfändeten Anteilscheine grundsätzlich mit einem vorrangigen Pfandrecht zugunsten der depotführenden Hausbank[607] belastet sind. Dieses Pfandrecht an den Anteilscheinen kann dann entweder aus den Allgemeinen Geschäftsbedingungen einer bereits bestehenden Geschäftsverbindung resultieren oder es ist eine Folge aus dem Depotvertrag mit dem depotführenden Kreditinstitut. Die Vorrangigkeit des Pfandrechts des Kreditinstituts (§ 1209 BGB) ergibt sich daraus, dass das Kreditinstitut regelmäßig zeitlich vor den Arbeitnehmern den erforderlichen Besitz an den Wertpapieren erlangen wird, die Entstehungsvoraussetzungen des Pfandrechtes auf Grund AGB damit zeitlich vor denen des Arbeitnehmerpfandrechts gegeben sind.[608]

Die Rechtsprechung[609] hat den Umfang der formularmäßig bestellten Pfandrechte jedoch wiederholt eingeschränkt, was seinen Niederschlag in den Ausnahmetatbeständen der Nr. 14 Abs. 3 *AGB-Banken* und der Nr. 21 Abs. 2 *AGB-Sparkassen* gefunden hat.[610] Danach erstreckt sich das Pfandrecht der Banken und Sparkassen nicht auf Werte, die mit einer ausdrücklichen Zweckbestimmung für eine bestimmte Verwendung in ihre Verfügungsmacht gelangt sind. Auf Grund der großen Bedeutung, die das AGB-Pfandrecht für Banken

---

604 Vgl. zur Rechtmäßigkeit der Einbeziehung dieser Allgemeinen Geschäftsbedingungen: BGH WM 1983, 926, 927; BGH WM 1995, 375, 377; BuB/*Gößmann*, Rn. 1/383, 1/405.

605 *Kümpel*, Bank- und Kapitalmarktrecht, Rn. 2.625 ff.; BuB/*Gößmann*, Rn. 1/397, 1/405.

606 *Kümpel*, Bank- und Kapitalmarktrecht, Rn. 2.638 ff.

607 Vgl. zu den Besitzverhältnissen bei Sammelverwahrung der Wertpapiere oben S. 179 f.

608 BuB/*Gößmann*, Rn. 1/387; *Grabmaier*, S. 184.

609 BGH WM 1985, 688, 689; BGH WM 1987, 1457, 1458 f.; BGH WM 1990, 1954, 1955.

610 BuB/*Gößmann*, Rn. 1/406 ff.

und Sparkassen darstellt[611], hat der Bankkunde jedoch nicht die Möglichkeit diesen das Pfandrecht durch die bloße Zweckbestimmung einseitig zu entziehen. Vielmehr bedarf es des Einverständnisses der Bank oder Sparkasse, das dann ausdrücklich oder konkludent erteilt wird, wenn aus der Erklärung und aus dem Verhalten des Kunden eindeutig erkennbar wird, dass von ihnen ein Verzicht auf ihr Pfandrecht gewollt ist.[612] Eine in dieser Weise zwischen Bank und Kunde getroffene Einzelabrede führt somit zum Verzicht auf das zunächst entstandene Pfandrecht.[613] Dies bedeutet, dass das Pfandrecht der Banken und Sparkassen an den zur Sicherung verwahrten Vermögensgegenständen nur dann erlischt, wenn der Arbeitgeber ausdrücklich darauf aufmerksam gemacht hat, mit der Verwahrung der Vermögenswerte einen Sicherungszweck zugunsten der Arbeitnehmer zu verfolgen, der durch ein Pfandrecht der Bank oder Sparkasse nicht vereitelt werden soll.[614] Demnach muss bei der Vertragsgestaltung im Rahmen einer Verpfändungslösung, bei der eine Bank oder Sparkasse Besitz oder eine sonstige Verfügungsmacht über das Pfand erhält, der Arbeitgeber verpflichtet werden, eine eindeutige Zweckbestimmungserklärung abzugeben.

(2) Kursrisiko

Im Rahmen des Fondsmodells ist allerdings noch eine weitere, vor allem von der Wahl des Investmentfonds abhängige Gefahr zu beachten. Denn auch wenn das Pfandrecht alle soeben angesprochenen Hürden auf dem Weg zu seiner Verwertung genommen hat, bleibt stets die Unsicherheit, ob die Anteilscheine an dem Investmentfonds tatsächlich den erhofften Wert verkörpern.[615] Arbeitgeber und Arbeitnehmer müssen sich bei dieser Sicherungslösung stets des bestehenden Kursrisikos bewusst sein. Um dieses Risiko zu begrenzen, sollte ein Fonds gewählt werden, der in sichere Vermögenswerte investiert und möglichst keine spekulativen Anlageformen enthält.

(3) Insolvenzrisiko der am Sicherungsmodell beteiligten Einrichtungen

Da beim Fondsmodell Vermögensgegenstände verpfändet werden, an denen der unmittelbare Besitz in der Regel durch Dritte ausgeübt wird, muss gewährleistet

611 Vgl. BGH WM 1983, 926, 927.

612 Vgl. hierzu ausführlich: BuB/*Gößmann*, Rn. 1/407 ff.

613 BGH WM 1985, 688, 689.

614 Vgl. BuB/*Gößmann*, Rn. 1/408; *Grabmaier*, S. 185 f.

615 Vgl. die Wertberichtigung des offenen Immobilienfonds *Grundbesitz Invest* der DB Real Estate, einer Tochter der Deutschen Bank: SZ vom 14. Dezember 2005, S. 19, 30.

sein, dass die zur Sicherung dienenden Vermögenswerte auch vor der Insolvenz der mit ihrer Verwahrung betrauten Einrichtungen geschützt sind.

Es ist somit das Insolvenzrisiko der mit der Verwaltung der Vermögenswerte beauftragten Kapitalanlagegesellschaft (§ 6 Abs. 1 InvG), der das Sondervermögen verwahrenden Depotbank (§§ 20 Abs. 1, 24 InvG) und der die Anteilscheine der Anleger (Arbeitgeber) verwahrenden Hausbank (eventuell in Zusammenarbeit mit einer Wertpapiersammelbank) näher zu beleuchten. Auf die mit der Insolvenz dieser Einrichtungen einhergehenden Insolvenzfolgen wird ebenso eingegangen.

(a) Insolvenz der Kapitalanlagegesellschaft

Die Kapitalanlagegesellschaft ist gemäß §§ 1 Abs. 1 S. 1, S. 2 Nr. 6 KWG, 2 Abs. 6 InvG ein Kreditinstitut, das der Aufsicht der BaFin unterliegt (§§ 6 Abs. 1 KWG, 5 InvG). Die BaFin ist befugt, alle Anordnungen zu treffen, die erforderlich und geeignet sind, um den Geschäftsbetrieb der Kapitalanlagegesellschaft mit den gesetzlichen und vertraglichen Verpflichtungen in Einklang zu bringen.[616] Sie prüft insbesondere die Erlaubnis, das Investmentgeschäft zu betreiben (§ 7 InvG), kontrolliert die Kapitalanforderungen (§ 11 InvG) und überwacht diverse Melde- und Anzeigepflichten der Kapitalanlagegesellschaft (§§ 10, 12 InvG).

Kommt es trotz dieser Aufsicht zu einer Insolvenz der Kapitalanlagegesellschaft[617], sind die Anleger durch das Investmentgesetz i.V.m. der Insolvenzordnung geschützt. Gemäß § 30 Abs. 1 InvG bilden die Vermögensgegenstände (§ 2 Abs. 4 InvG), die im Rahmen eines Investmentfonds durch das angelegte Geld angeschafft wurden, ein Sondervermögen (§ 2 Abs. 2, 3 InvG), das die Kapitalanlagegesellschaft lediglich verwaltet (§ 6 Abs. 1 InvG).[618] Der Anleger ist regelmäßig Miteigentümer an diesem Sondervermögen (§ 30 Abs. 1 S. 1 Alt. 2 InvG), das gemäß § 38 Abs. 3 S. 2 InvG nicht zur Insolvenzmasse der Kapitalanlagegesellschaft zählt.[619] Über die Depotbank (§§ 28 Abs. 1 Nr. 1, 39 Abs. 2 InvG) kann der anlegende Arbeitgeber die Nichtzugehörigkeit der im Fonds verwalteten Vermögensgegenstände zur Insolvenzmasse der Kapital-

---

616 BuB/*Baur*, Rn. 9/101.

617 Vgl. zur Insolvenzgefahr einer Kapitalanlagegesellschaft die aktuelle Entwicklung beim offenen Immobilienfonds *Grundbesitz Invest* der DB Real Estate, einer Tochter der Deutschen Bank: Schließung des Fonds wegen Wertberichtigungen des Immobilienbestandes: SZ vom Mittwoch, 14. Dezember 2005, S. 19, 30.

618 Zur rechtlichen Ausgestaltung des Investmentfonds vgl. oben: S. 179 f.

619 *Kümpel*, Bank- und Kapitalmarktrecht, Rn. 12.70; BuB/*Baur*, Rn. 9/291.

anlagegesellschaft geltend machen und die Aussonderung[620] dieser Gegenstände nach §§ 985, 1011, 432 Abs. 1 BGB, § 47 InsO[621] verlangen.[622] In rechtlicher Konsequenz verliert die Kapitalanlagegesellschaft dadurch das Verfügungsrecht über das Sondervermögen (§ 38 Abs. 3 S. 1 InvG), das dann durch die Depotbank ausgeübt wird (§ 39 Abs. 1 InvG). Diese hat in der Folge die Möglichkeit, das Sondervermögen entweder abzuwickeln (§ 39 Abs. 2 InvG) oder mit Genehmigung der Bundesanstalt[623] die Verwaltung des Sondervermögens auf eine andere Kapitalanlagegesellschaft zu übertragen (§ 39 Abs. 3 InvG). Wird die letzt genannte Alternative gewählt, bleibt das Sondervermögen bestehen und der Anlagezweck kann weiter verfolgt werden.[624] Die Insolvenz einer Kapitalanlagegesellschaft gefährdet daher nicht die zur Sicherung dienenden Vermögensgegenstände.

(b) Insolvenz der Depotbank

Wie oben dargestellt[625], ist auch eine Depotbank zwingend an der Konstruktion eines Investmentfonds beteiligt (§ 20 Abs. 1 InvG). Sie unterliegt bei der Wahrnehmung ihrer Aufgaben ebenso der Aufsicht der BaFin (§ 21 InvG), die insbesondere deren Eigenkapitalausstattung überwacht (§§ 1 Abs. 1 S. 1, S. 2 Nr. 5, 10 KWG). Unterschreitet das haftende Eigenkapital die in § 21 Abs. 6 InvG vorgeschriebene Mindesthöhe oder erfüllt die Depotbank ihre gesetzlichen oder vertraglichen Verpflichtungen nicht ordnungsgemäß, kann die BaFin der Kapitalanlagegesellschaft den Wechsel der Depotbank auftragen (§ 21 Abs. 2 InvG).

Dennoch ist es theoretisch denkbar, dass die Depotbank in Insolvenz gerät, möglicherweise auf Grund von Zahlungsunfähigkeit (§ 46b Abs. 1 S. 3 KWG, § 17 InsO). Rechtliche Grundlage für die Verwahrung des Sondervermögens eines

---

620 Vgl. zur Aussonderung allgemein: *Bork*, Einführung in das Insolvenzrecht, Rn. 236 ff.; *Foerste*, Insolvenzrecht, Rn. 344 ff.

621 FK-InsO/*Joneleit*/*Imberger*, § 47 Rn. 11; *Gottwald*/*Gottwald*, Insolvenzrechts-Handbuch, § 40 Rn. 9.

622 *Kuhn*/*Uhlenbruck*, § 43 KO Rn. 8d; *Canaris*, Großkommentar HGB, Bankvertragsrecht, 3. Aufl., 1981, Rn. 2414; *Kümpel*, Bank- und Kapitalmarktrecht, Rn. 12.75; *Grabmaier*, S. 103; *Gottwald*/*Gottwald*, Insolvenzrechts-Handbuch, § 40 Rn. 44.

623 Unter Bundesanstalt ist die *Bundesanstalt für Finanzdienstleistungsaufsicht* zu verstehen (§§ 4 Abs. 2, 5 S. 1 InvG, §§ 6 ff. KWG).

624 Vgl. zum Ganzen ausführlich: *Canaris*, Bankvertragsrecht, Rn. 2411 ff.; *Kümpel*, Bank- und Kapitalmarktrecht, Rn. 12.70 ff.; BuB/*Baur*, Rn. 9/289 ff.; *Brinkhaus*/*Scherer*/*Schödermeier*/*Baltzer*, KAGG, 2003, § 14 Rn. 5; *Grabmaier*, S. 100 ff.

625 Vgl. oben S. 179 f.

Investmentfonds ist das DepotG.[626] Die zum Sondervermögen zählenden Wertpapiere können dabei von der Depotbank selbst verwahrt oder von dieser aus Gründen der Sicherheit oder Praktikabilität bei der Verwertung einer anderen Bank, sog. Drittverwahrung nach § 3 DepotG, anvertraut werden.[627] Die Verwahrer haben dann die Wahl, die Gegenstände entweder in Sonderverwahrung (§ 2 DepotG) oder in Sammelverwahrung (§ 5 DepotG) zu nehmen. Bei der ersten Variante behält der Anleger seine bisherige Eigentumsposition (§ 30 Abs. 1 S. 1 Alt. 2 InvG), während er bei der Sammelverwahrung gemäß § 6 Abs. 1 S. 1 DepotG Miteigentümer nach Bruchteilen an dem zum Sammelbestand des Verwahrers gehörenden Wertpapieren wird.[628] Aufgrund dieser dinglichen Rechte steht den Anlegern damit ein Anspruch auf Aussonderung nach den Gesetzen zu, die außerhalb des Insolvenzverfahrens gelten (§ 47 InsO).[629] Die Miteigentümer können die Herausgabe ihres Eigentums an den Wertpapieren nach §§ 985 BGB, 47 InsO verlangen. Auf ein Recht zum Besitz (§ 986 Abs. 1 BGB) kann sich die Depotbank dann nicht mehr berufen, da dem Insolvenzverwalter zwar ein Erfüllungswahlrecht nach § 103 InsO bezüglich des Verwahrungsvertrages zusteht[630], die BaFin aber regelmäßig den Wechsel der Depotbank angeordnet haben wird (§ 21 Abs. 2 S. 1 InvG). Eine Erfüllung des Verwahrungsvertrages wird dadurch unmöglich sein (§ 275 Abs. 1 BGB). Parallel dazu kann der Verwahrungsvertrag regelmäßig durch ein außerordentliches Kündigungsrecht beendet werden.[631] Der Herausgabeanspruch der Anleger ist gemäß § 28 Abs. 2 S. 1 InvG durch die Kapitalanlagegesellschaft geltend zu machen.

(c) Insolvenz der Hausbank

Schließlich ist es denkbar, dass der Arbeitgeber als Anleger die Anteilscheine an dem Investmentfonds bei seiner Hausbank verwahren lässt. Diese unterliegt ebenso gemäß §§ 1 Abs. 1 S. 1, S. 2 Nr. 5, 6 ff. KWG der Aufsicht der BaFin, die alle erforderlichen Maßnahmen ergreifen, um Missständen entgegenzuwirken, die die der Bank anvertrauten Vermögensgegenstände gefährden

---

626 Vgl. dazu ausführlich: BuB/*Kümpel*, Rn. 8/1 ff.

627 BuB/*Kümpel*, Rn. 8/11; *Baumbach/Hopt*, Handelsgesetzbuch, 32. Aufl., 2006, § 3 DepotG Rn. 1; *Heinsius/Horn/Than*, Depotgesetz, § 2 Rn. 2.

628 Vgl. zu den Eigentumsverhältnissen ausführlich: BuB/*Kümpel*, Rn. 8/45 ff.; *Heinsius/Horn/Than*, Depotgesetz, § 2 Rn. 8, § 6 Rn. 3, 9.

629 *Canaris*, Bankvertragsrecht, Rn. 2208; BuB/*Kümpel*, Rn. 8/15, 8/45; *Grabmaier*, S. 107, 109.

630 FK-InsO/*Wegener*, § 103 Rn. 19.

631 *Canaris*, Bankvertragsrecht, Rn. 2208; BuB/*Kümpel*, Rn. 8/15 f.; *Grabmaier*, S. 107.

könnten.[632] Bezüglich der rechtlichen Grundlage der Verwahrung gelten die obigen Ausführungen zur Verwahrung bei der Depotbank entsprechend. Auch wenn eine Drittverwahrung (§ 3 DepotG) bei einer Wertpapiersammelbank vorgenommen wird, kann auf die obige Darstellung Bezug genommen werden. Zusammengefasst behält auch hier der Anleger (Arbeitgeber) seine (Mit-) Eigentümerstellung an den Wertpapieren, so dass er im Falle der Insolvenz der Bank Aussonderung nach den §§ 985 BGB, 47 InsO verlangen kann.

(d) Zwischenergebnis

Damit stellt die Eröffnung des Insolvenzverfahrens über das Vermögen der beteiligten Dritten keine Gefahr für die zur Sicherheit verpfändeten Vermögensgegenstände dar. Letztlich kann der verpfändende Arbeitgeber im Insolvenzverfahren über das Vermögen des Verwahrers stets seine Eigentumsrechte geltend machen und Aussonderung verlangen.

(4) Kosten der Verwertung

Auch hinsichtlich der Verwertungskosten kann auf die obigen Ausführungen zur Verpfändung von beweglichen Sachen und Rechten Bezug genommen werden.[633] Zwar kann es beim Fondsmodell Konstellationen geben, in denen der Arbeitgeber mittelbarer Mitbesitzer an den Wertpapieren ist (§ 1206 BGB), allerdings ist die unmittelbar besitzende Bank, die die Anteilscheine verwahrt, nicht dem Lager des Arbeitgebers im Sinne des § 166 Abs. 1 InsO zuzuordnen.[634] Da ein späterer Insolvenzverwalter des Arbeitgebers die Wertpapiere, die wie bewegliche Sachen zu behandeln sind (§ 1293 BGB), somit nicht im Besitz im Sinne des § 166 Abs. 1 InsO hat, darf er sie nicht verwerten. Dieses Recht verbleibt bei dem jeweiligen Pfandgläubiger, wodurch keine gesonderten Verwertungskosten anfallen.

c) Arbeitgeberinteressen

Auch hinsichtlich der Arbeitgeberinteressen kann weitgehend auf die obigen Ausführungen zu der Verpfändung beweglicher Sachen und Rechte verwiesen werden.[635] Abweichungen werden im Folgenden dargestellt.

---

632 Vgl. zu den rechtlichen Konsequenzen einer Bankeninsolvenz: oben S. 135 ff.

633 Vgl. dazu: oben S. 162 ff.

634 Vgl. zu den Besitzanforderungen: oben S. 179 f.

635 Vgl. dazu: oben S. 162 ff.

(1) Beeinträchtigung der wirtschaftlichen Handlungsfähigkeit des Arbeitgebers durch das Fondsmodell

Bei dem Fondsmodell wird der Verzicht auf den Liquiditätsvorteil, den die Verwendung der Wertguthaben bietet, besonders deutlich. Stehen dem Arbeitgeber jedoch entsprechende Vermögenswerte für eine Verpfändung zur Verfügung, ist unter den Verpfändungslösungen gerade das Fondsmodell eine empfehlenswerte Option. Die zur Sicherung angeschafften Anteilscheine können später unproblematisch für die Erfüllung der Arbeitnehmeransprüche verwendet werden. Die in aller Regel durch den Fonds erwirtschaftete Rendite[636] kann der Arbeitgeber darüber hinaus für die Deckung der entstehenden Kosten verwenden.

(2) Bilanzielle Vorteile auf Grund des Fondsmodells

Da es sich auch bei dem Fondsmodell um eine Verpfändungslösung handelt, bei der der Arbeitgeber nur den Besitz, aber nicht das Eigentum an den entsprechenden Gegenständen aufgibt, kommt eine Bilanzverkürzung nach internationalen Rechnungslegungsvorschriften (IAS 19.7 und 19.54) nicht in Betracht.[637]

(3) Rechtliche Durchführbarkeit des Fondsmodells

Im Hinblick auf die rechtliche Durchführung kann zunächst auf die Ausführungen zur Verpfändung von beweglichen Sachen und Rechten verwiesen werden.[638] Bei Abschluss der Altersteilzeitvereinbarung mit dem betroffenen Arbeitnehmer, in der sich der Arbeitgeber zur Einrichtung einer Sicherheit verpflichtet, können sich die Vertragsparteien jedoch bereits über die spätere Verpfändung der noch zu erwerbenden Wertpapiere einigen.[639] Die Verpfändung wird dann wirksam, wenn die Anteilscheine tatsächlich angeschafft wurden und die erforderliche Übergabe durch die §§ 1205 Abs. 2 oder 1206 BGB ersetzt worden ist. Bei einer größeren Zahl zu sichernder Arbeitnehmer kann aus Gründen der Vereinfachung auch die Einschaltung eines Treuhänders sinnvoll sein.[640]

---

636 Eine Ausnahme gilt für Immobilienfonds, die regelmäßig zur Steuerminderung negative Renditen erwirtschaften.

637 Vgl. zu den Voraussetzungen: oben S. 115.

638 Vgl. oben S. 158.

639 Vgl. oben S. 158 f.

640 Vgl. dazu die Verpfändung an einen Treuhänder, oben S. 175 f., oder die verschiedenen Treuhandlösungen, unten S. 199 ff.

(4) Verwaltungs- und Kostenaufwand des Fondsmodells

Durch die Einbindung der am Fondsmodell beteiligten Kreditinstitute und Finanzdienstleister muss der Arbeitgeber zunächst mit erhöhten Kosten (Provisionen und laufende Depotgebühren) rechnen. Diese sollten allerdings durch die Gewinne aus dem Investmentfonds kompensiert werden können. Dabei ist es jedoch nicht unwahrscheinlich, dass dem Arbeitgeber darüber hinaus ein Überschuss verbleibt.

Der Verwaltungsaufwand ist jedoch als nicht unerheblich einzuschätzen, wenn der Arbeitgeber die Organisation des Fondsmodells in eigener Regie übernimmt. Zwar kommt es in der Regel zu keinen Verschiebungen der Wertpapiere, da sie in ihrer physischen Gestalt stets bei der depotführenden Bank bzw. einer Wertpapiersammelbank verbleiben. Dadurch werden die organisatorischen Probleme vermieden, die bei größeren beweglichen Pfandobjekten auftreten können. Jedoch müssen die Pfanddepots, die der Arbeitgeber für jeden zu sichernden Arbeitnehmer angelegt hat, laufend geführt und aktualisiert werden. Dies gilt auch dann, wenn der Arbeitgeber nur ein einziges Pfanddepot anlegt hat und dabei mit Hilfe der verwahrenden Bank eine genaue Zuordnung der verpfändeten Wertpapiere an einzelne Arbeitnehmer erreicht. Denn entsprechend den erbrachten Arbeitsleistungen müssen neue Wertpapiere angeschafft und dem jeweiligen Arbeitnehmer zugeordnet werden. Erbringt der Arbeitnehmer konstante Arbeitsleistungen für sein Wertguthaben, kann die Verwaltung durch die Verwendung von Daueraufträgen stark vereinfacht werden. Gerade bei der gesetzlichen Altersteilzeit, die im Blockmodell von der Erbringung kontinuierlicher Arbeitsleistungen ausgeht, ist ein solches Vorgehen möglich. Im Fall der gesetzlich nicht geförderten Altersteilzeit hängt dies jedoch vom Einzelfall ab.

Entscheidet sich der Arbeitgeber hingegen für ein spezielles Fondsmodell eines Finanzdienstleisters, reduziert sich der Verwaltungsaufwand spürbar, da dieser einen Großteil der Verwaltungsaufgaben übernimmt. Hierfür fallen jedoch üblicherweise Kosten an, die vom Arbeitgeber zu tragen sind.

d) Insolvenzsicherungsgebote aus § 7d SGB IV und § 8a ATG

Hinsichtlich dieser Kriterien wird auf die obigen Ausführungen zu der Verpfändung beweglicher Sachen und Rechte verwiesen.[641] Hervorzuheben ist auch unter diesem Gesichtspunkt, dass das Fondsmodell nur dann die Anforderungen erfüllen kann, wenn der gewählte Investmentfonds in Anlagen investiert, die in ihrer Werthaltigkeit schwankungsarm sind und aus ihrer Entwicklung in der

---

641 Vgl. oben S. 162 ff.

Vergangenheit die Prognose rechtfertigen, die Forderungen aus den Wertguthaben im Sicherungsfall auch in Zukunft erfüllen zu können.

e) Zusammenfassung

Das Fondsmodell bietet für die Ansprüche der Arbeitnehmer in der Insolvenz des Arbeitgebers ausreichenden Schutz. Beim Fondsmodell müssen sich die Vertragsparteien jedoch bewusst sein, dass die Werthaltigkeit dieser Sicherheit vor allem von der Wahl der Anlagen abhängt, in welche die Kapitalanlagegesellschaft investiert.

Für Arbeitgeber, die nicht zwingend auf den vorübergehenden Liquiditätsvorteil, der aus der Verwendung von Wertguthaben entsteht, angewiesen sind, hat das Fondsmodell den Vorteil, dass die zur Sicherung eingesetzten Mittel bei störungsfreiem Verlauf später zur Erfüllung der Arbeitnehmeransprüche verwendet werden können. Der Arbeitgeber tätigt damit keine unnötigen Ausgaben, die nicht zur Befriedigung der Entgeltforderungen beitragen. Gleichzeitig hat der Arbeitgeber eine hohe Chance, dass er durch das Fondsmodell eine Rendite erwirtschaftet, die regelmäßig über den anfallenden Kosten liegen dürfte. Bedient er sich bei der Wahl des Fondsmodells eines Finanzdienstleisters, erhöhen sich zwar die anfallenden Kosten, allerdings vermindert sich dadurch spürbar sein Verwaltungsaufwand.

IV. Verpfändung von Ansprüchen aus einer Rückdeckungsversicherung

Als besondere Form der Verpfändung von Rechten kommt die Sicherung der Arbeitnehmeransprüche über die Verpfändung der Rechte aus einer Rückdeckungsversicherung in Betracht. Im Rahmen der betrieblichen Altersversorgung ist diese Variante bei der Insolvenzsicherung von Pensionszusagen ein verbreitetes Sicherungsmodell.[642]

1. Ausgestaltung

Bei einer Rückdeckungsversicherung schließt der Arbeitgeber eine Kapitallebensversicherung[643] auf das Leben des Arbeitnehmers ab (§ 159 Abs. 1 Alt. 2

642 BGH ZIP 1997, 1596; *Hanau/Arteaga*, Gehaltsumwandlung zur betrieblichen Altersversorgung, S. 280 ff.; *van Bühren/Teslau*, Handbuch Versicherungsrecht, S. 1043 f.; *Prölss/Martin/Kollhosser*, Vorb. § 159 Rn. 32; *Grabmaier*, S. 81; *Kayser*, FS Kreft, 2004, 341, 354; *Armbrüster*, DZWIR 2005, 385 ff; *Elfring*, NJW 2005, 2192 ff.; *Rolfs*, NZS 2004, 561, 565; *Fröhling*, ZInsO 2006, 249; *Arteaga*, ZIP 1998, 276.

643 Vgl. zur Ausgestaltung einer Lebensversicherung: *van Bühren/Teslau*, Handbuch Versicherungsrecht, § 13 Rn. 4 ff.

VVG), wobei das Bezugsrecht beim Arbeitgeber verbleibt.[644] Der Arbeitnehmer ist die versicherte Person, ohne allerdings eigene Rechte aus diesem Vertrag zu erlangen.[645] Selbst wenn dem Arbeitnehmer darüber hinaus ein widerrufliches Bezugsrecht eingeräumt wird – dann ist von einer Direktversicherung die Rede – bekommt der Arbeitnehmer keine zusätzlichen Rechte. Eine solche Direktversicherung gewährt ihm nur eine tatsächliche Aussicht auf den Erwerb eines künftigen Anspruchs.[646] Die Versicherungssumme der Rückdeckungsversicherung sollte sich grundsätzlich nach dem Umfang des Wertguthabens einschließlich der Sozialversicherungsbeiträge richten. Damit es jedoch bei Eintritt des Insolvenzfalles und der damit regelmäßig einhergehenden vorzeitigen Beendigung des Versicherungsverhältnisses zu keiner Finanzierungslücke kommt, ist der Sicherungswert dieser Lösung an dem jeweiligen Rückkaufswert der Lebensversicherung (§ 176 VVG) zu orientieren. Das ist bei der Kalkulierung der Versicherungssumme zu berücksichtigen. Das aufgrund der Verwendung der Wertguthaben nicht zur Auszahlung gebrachte Arbeitsentgelt wird dabei zur Bezahlung der Versicherungsprämien verwendet. Die Ansprüche des Arbeitgebers gegen das Versicherungsunternehmen werden schließlich zur Sicherung der Arbeitnehmeransprüche gemäß §§ 1273 Abs. 1, 1274 Abs. 1 BGB i.V.m. § 13 Abs. 3 ALB[647] an den Arbeitnehmer verpfändet. Die Verpfändung wird sodann dem Versicherungsunternehmen angezeigt (§ 1280 BGB, § 13 Abs. 4 ALB).[648]

2. Bewertung

a) Insolvenzrechtliche Vorgaben

Die Eröffnung des Insolvenzverfahrens über das Vermögen des Arbeitgebers (Versicherungsnehmer) bewirkt nach der neueren Rechtsprechung des BGH nicht mehr das automatische Erlöschen des Versicherungsvertrages.[649] Vielmehr verlieren die noch offenen Ansprüche aus dem gegenseitigen Vertrag im Insol-

---

644 *van Bühren/Teslau*, Handbuch Versicherungsrecht, § 13 Rn. 31.

645 *van Bühren/Teslau*, Handbuch Versicherungsrecht, § 13 Rn. 31.

646 BGH NJW 2005, 2231, 2232; *van Bühren/Teslau*, Handbuch Versicherungsrecht, § 13 Rn. 30; *Armbrüster/Pilz*, KTS 2004, 481, 484 f.; HK-InsO/*Büchler*, 2006, § 47 Rn. 47.

647 Allgemeine Bedingungen für die kapitalbildende Lebensversicherung (Musterbedingungen), Stand 10.06.2002, abgedruckt in: *van Bühren/Teslau*, Handbuch Versicherungsrecht, § 13 Rn. 482 ff.; vgl. auch: http://www.gdv.de.

648 Vgl. zur Ausgestaltung einer Rückdeckungsversicherung: *Hanau/Arteaga*, Gehaltsumwandlung zur betrieblichen Altersversorgung, S. 280 ff.; *van Bühren/Teslau*, Handbuch Versicherungsrecht, § 13 Rn. 29 ff.; *Prölss/Martin/Kollhosser*, Vorb. § 159 Rn. 32; *Elfring*, NJW 2005, 2192; *Grabmaier*, S. 81; *Arteaga*, ZIP 1998, 276, 277.

649 Vgl. BGH NJW 2002, 2783, 2785. Vgl. im Übrigen entsprechend oben S. 148.

venzverfahren ihre Durchsetzbarkeit. Die Ansprüche bleiben nach der Eröffnung des Verfahrens bestehen und der Vertrag ist nach Maßgabe der auf ihn anwendbaren Gesetze abzuwickeln.[650] Dies bedeutet, dass der Insolvenzverwalter nach § 103 Abs. 1 InsO ein Erfüllungswahlrecht hat. Verlangt der Insolvenzverwalter nicht ausnahmsweise vom Versicherungsunternehmen die Erfüllung des Vertrages, so ist das Versicherungsunternehmen verpflichtet, den anfallenden Rückkaufswert zu erstatten (§ 176 Abs. 1 VVG).

Fraglich ist jedoch, ob der Insolvenzverwalter zusätzlich eine förmliche Kündigung nach § 165 Abs. 1 VVG i.V.m. § 80 Abs. 1 InsO aussprechen muss. Eine jüngere Entscheidung des BGH kann in diese Richtung interpretiert werden, da – wie der zuständige IX. Senat selbst andeutet – durch den Wegfall der Erlöschenstheorie eine förmliche Kündigung erforderlich sein könnte.[651] Eine abschließende Entscheidung hat er in diesem Punkt jedoch nicht getroffen. Auch die Literatur votiert in dieser Frage uneinheitlich.[652] Für eine erforderliche Kündigung spricht, dass die betroffenen Verträge nach Maßgabe der auf sie anwendbaren Gesetze abzuwickeln sind. Dies folgt nicht zuletzt aus den insolvenzrechtlichen Vorschriften, die zwar in den §§ 103 ff. InsO Bestimmungen über die Erfüllung von Rechtsgeschäften nach Eröffnung des Insolvenzverfahrens geben, aber dem Insolvenzgläubiger nach Aufhebung des Insolvenzverfahrens die Möglichkeit einräumen, mit Hilfe des Nachforderungsrechts[653] gemäß § 201 Abs. 1 InsO ihre restlichen Forderungen geltend zu machen. Wurde demnach ein gegenseitiger Vertrag nach Verfahrenseröffnung nicht entsprechend der auf ihn anzuwendenden Vorschriften aufgelöst, können sich hieraus auch nach Verfahrensaufhebung erneut Ansprüche des Vertragspartners ergeben. Sollen also während des Insolvenzverfahrens Rechtsfolgen herbeigeführt werden, die eine tatsächliche Beendigung des zugrunde liegenden Vertrages erfordern, ist zunächst eine solche Beendigung herbeizuführen. Für den Versicherungsvertrag bedeutet dies, dass der auf die Versicherung anfallende Rückkaufswert erst ausbezahlt werden kann, wenn die Versicherung durch Rücktritt, Kündigung oder Anfechtung tatsächlich aufgehoben worden ist (§ 176 InsO). Will der Insolvenzverwalter also an der Erfüllung des Versicherungsvertrages nicht mehr fest-

---

650 Vgl. zum Ganzen: BGH NJW 2002, 2783, 2785; BGH NJW 2003, 2744, 2745; *Kayser*, FS Kreft, 2004, 341, 343 ff.;*Bork*, Einführung in das Insolvenzrecht, Rn. 156 ff.; *Elfring*, NJW 2005, 2192, 2193; *Bärenz*, NZI 2006, 72 ff.

651 BGH NJW 2005, 2231, 2232.

652 Für eine förmliche Kündigung: *Armbrüster*, DZWIR 2005, 385, 386; *Armbrüster/Pilz*, KTS 2004, 481, 485; *Elfring*, NJW 2005, 2192, 2193; *Elfring*, BB 2004, 617, 619; *Fröhling*, ZInsO 2006, 249. Gegen eine förmliche Kündigung: *Prölss/Martin/Kollhosser*, § 165 Rn. 3; *Kayser*, FS Kreft, 2004, 341 ff.

653 Vgl. *Häsemeyer*, Insolvenzrecht, Rn. 20.07.

halten und den Rückkaufswert zur Insolvenzmasse ziehen, so muss er eine förmliche Kündigung erklären.[654] Die schriftliche (§ 14 Abs. 1 ALB) Erfüllungsablehnung wird aber regelmäßig auch als eine stillschweigende Kündigung des Versicherungsvertrages (§ 165 Abs. 1 VVG, § 9 ALB) ausgelegt werden können.[655]

In der Insolvenz des Arbeitgebers gewährt das Pfandrecht dem gesicherten Arbeitnehmer ein Absonderungsrecht nach § 50 Abs. 1 InsO. Da durch die Insolvenz des Arbeitgebers gemäß § 41 InsO, §§ 1273 Abs. 2 S. 1, 1228 Abs. 2 S. 1 BGB Pfandreife eintritt, ist der Arbeitnehmer nach § 1282 Abs. 1 S. 1 BGB i.V.m. § 173 InsO selbst zur Einziehung der Versicherungsforderung – Rückkaufswert der Lebensversicherung – berechtigt.

Alternativ dazu bleibt dem Arbeitnehmer nach Rücksprache mit dem Insolvenzverwalter die Möglichkeit, von einer Kündigung der Rückdeckungsversicherung abzusehen und mit Zustimmung des Versicherungsnehmers (Arbeitgeber) in den Versicherungsvertrag einzutreten (§ 177 Abs. 1 S. 1 VVG).[656] Dazu muss der Arbeitnehmer zuvor als Bezugsberechtigter eingesetzt werden und nach Übernahme des Vertrages grundsätzlich gemäß § 177 Abs. 1 S. 2 VVG den auf die Versicherung entfallenden Rückkaufswert erstatten. Zu berücksichtigen ist dabei jedoch, dass die Erstattung des Rückkaufwertes durch den Arbeitnehmer im vorliegenden Falle der Verpfändung der Rechte des Versicherungsvertrages entbehrlich ist, da der Rückkaufswert auf Grund der Verpfändung ohnehin dem Arbeitnehmer gebührt. Verfügt der Arbeitnehmer über die entsprechenden Mittel die Versicherung fortzuführen und seinen Lebensunterhalt ohne die Auszahlung des Rückkaufwertes zu bestreiten, bietet sich eine solche Vorgehensweise an. Denn eine bestehende Lebensversicherung stellt im Allgemeinen einen größeren Wert dar, als er in dem Rückkaufswert bei vorzeitiger Aufhebung des Versicherungsvertrages zum Ausdruck kommt.

---

[654] Der Insolvenzverwalter wäre in der gegebenen Situation nicht an die Zustimmung (§ 1276 BGB) des Pfandgläubigers gebunden. Da vorliegend die Rückdeckungsversicherung so ausgestaltet sein sollte, dass der Rückkaufswert den jeweiligen Umfang des Wertguthabens samt der Arbeitgeberanteile am Gesamtsozialversicherungsbeitrag entspricht, ist eine Beeinträchtigung des verpfändeten Rechtes nicht zu befürchten. Vgl. zu dieser Problematik: *Prölss/Martin/Kollhosser*, § 165 Rn. 2; *van Bühren/Teslau*, Handbuch Versicherungsrecht, S. 1096; MüKo/*Damrau*, BGB, § 1276 Rn. 9, § 1274 Rn. 78; *Elfring*, NJW 2005, 2192, 2193 f.

[655] *Elfring*, BB 2004, 617, 619; *Beckmann/Matusche-Beckmann/Brömmelmeyer*, Versicherungsrechts-Handbuch, § 42 Rn. 100.

[656] *Prölss/Martin/Kollhosser*, § 177 Rn. 2; *van Bühren/Teslau*, Handbuch Versicherungsrecht, S. 1128.

Im Hinblick auf die übrigen insolvenzrechtlichen Vorgaben kann auf die obigen Ausführungen zur Verpfändung von beweglichen Sachen und Rechten[657] sowie zum Fondsmodell[658] verwiesen werden. Die Verpfändung der Ansprüche aus einer Rückdeckungsversicherung ist daher insgesamt als insolvenzfest einzustufen[659], sofern sie nicht innerhalb der letzten zehn Jahre mit dem Vorsatz der Gläubigerbenachteiligung vorgenommen worden ist (§ 133 InsO).

b) Arbeitnehmerinteressen

Der Arbeitnehmer ist vorliegend aus einer Sicherungslösung berechtigt, die ihm während der Gesamtdauer seiner Altersteilzeitarbeit zur Verfügung steht. Zum theoretisch denkbaren Insolvenzrisiko des Versicherungsunternehmens wird auf die Ausführungen zur Kautionsversicherung verwiesen.[660] Der Arbeitnehmer muss weder eine Verringerung des Sicherungswertes aus anfallenden Kosten befürchten, noch einkommensteuerrechtliche Nachteile hinnehmen.

c) Arbeitgeberinteressen

Die soeben beschriebene Sicherungslösung kommt wie beim Fondsmodell nur für Arbeitgeber in Frage, die wirtschaftlich in der Lage sind, auf den Liquiditätsvorteil, den die Verwendung von Wertguthaben bietet, zu verzichten. Denn die Mittel für die spätere Erfüllung der während der Laufzeit der Altersteilzeit noch nicht fälligen Lohn- und Gehaltsansprüche müssen für die Bezahlung der Versicherungsprämien eingesetzt werden.

Bei der Verpfändung der Ansprüche aus einer Rückdeckungsversicherung kommt eine Bilanzverkürzung nach internationalen Rechnungslegungsvorschriften (IAS 19.7 und 19.54) in Betracht.[661] Zwar handelt es sich auch hierbei um eine Verpfändungslösung, die diese bilanzielle Gestaltungsmöglichkeit grundsätzlich nicht zulässt[662], jedoch hat der Arbeitgeber bei dieser Form der Verpfändung eine Versicherungspolice erworben, die der Absicherung seiner Zahlungsverpflichtungen gegenüber den Arbeitnehmern dient.

---

657 Vgl. oben S. 162 ff.

658 Vgl. oben S. 182 ff.

659 Vgl. entsprechend zur Insolvenzfestigkeit der Abtretung eines Rückzahlungsanspruchs bei nicht durchgeführtem Vertrag: BGH NJW 2003, 2744, 2746.

660 Vgl. oben S. 148 ff.

661 *Höfer/Oppermann*, BetrAV 2000, 551, 552. Vgl. zu den Voraussetzungen im Einzelnen oben S. 115.

662 Vgl. oben S. 174.

Der erforderliche Verwaltungsaufwand hält sich durch die Einschaltung eines Versicherungsunternehmens in überschaubaren Grenzen. Hierfür müssen allerdings die bei Lebensversicherungen üblichen hohen Kosten bezahlt werden. Die Rendite aus den eingesetzten Mitteln ist im Vergleich zu anderen Verpfändungslösungen, insbesondere dem Fondsmodell, erheblich geringer. Das folgt zunächst daraus, dass der Arbeitgeber im Insolvenzfall in den meisten Fällen nur den Rückkaufswert realisieren kann, wodurch er von der Überschussbeteiligung einer Lebensversicherung nicht profitieren kann. Darüber hinaus sind Lebensversicherungsverträge in der Regel auf längerfristige Perioden angelegt, wodurch sich eine solche Sicherung als wenig flexibel erweist. Hinzu kommt, dass eine Verpfändung der Rückdeckungsversicherung nicht auf Veränderungen der vom Arbeitnehmer zunächst unbezahlt erbrachten Arbeitsleistungen reagieren kann. In der Regel sind feste regelmäßige Prämienzahlungen vereinbart, wodurch der Arbeitgeber dieses Sicherungsinstrument nicht an die tatsächlichen Arbeitsleistungen anpassen kann. Sofern dann der Arbeitnehmer bei kürzeren Altersteilzeitverhältnissen am Ende seiner Beschäftigung nicht den Lebensversicherungsvertrag übernimmt, wird der Arbeitgeber in vielen Fällen mangels verfügbarer Mittel die Versicherung kündigen müssen, um mit dem Rückkaufswert die Ansprüche aus den Wertguthaben zu bedienen. Für die Sicherung von Wertguthaben aus kürzeren Altersteilzeitprogrammen ist daher eine solche Verpfändungslösung nicht geeignet.

d) Insolvenzsicherungsgebote aus § 7d SGB IV und § 8a ATG

Die Verpfändung der Ansprüche aus einer Rückdeckungsversicherung stellt insgesamt eine insolvenzbeständige Sicherungslösung dar. Durch die bedingte Erweiterung der Arbeitnehmerforderung in Höhe des Arbeitgeberanteils am Gesamtsozialversicherungsbeitrag, kann auf diese Weise auch der Arbeitgeberanteil am Gesamtsozialversicherungsbeitrag abgesichert werden.[663] Die Voraussetzungen der Insolvenzschutzgebote nach § 7d SGB IV und § 8a ATG können erfüllt werden.

e) Zusammenfassung

Die Verpfändung von Ansprüchen aus einer Rückdeckungsversicherung ist eine insolvenzfeste Sicherungslösung. Das Modell bringt aber in wirtschaftlicher Hinsicht erhebliche Nachteile mit sich. Diese resultieren vor allem daraus, dass im Sicherungsfall regelmäßig nur der auf die Versicherung entfallende Rückkaufswert zu erzielen sein wird. Die anfänglich hohen Kosten einer Lebensversicherung lassen keine hohe Rendite erwarten. Im Übrigen erweist sich die Ver-

---

[663] Vgl. oben S. 175 f.

pfändung einer Rückdeckungsversicherung als starre und unflexible Alternative für die Sicherung von Wertguthaben, die aus Altersteilzeitverhältnissen hervorgehen, die für nur mittelfristige Zeiträume angelegt sind. Ein anderes Ergebnis kann nur dann erreicht werden, wenn entweder der Arbeitgeber selbst oder der gesicherte Arbeitnehmer finanziell in der Lage ist, in den Versicherungsvertrag einzutreten.

V. Grundpfandrechte – Ausgestaltung und Bewertung

Zur Sicherung der Wertguthaben der Arbeitnehmer kommen auch Hypotheken (§ 1113 BGB) oder Grundschulden (§ 1191 BGB), sog. Grundpfandrechte, in Betracht. Ihre Bestellung setzt u. a. eine dingliche Einigung (§ 873 Abs. 1 BGB) über die Belastung eines Grundstückes mit diesen Rechten und eine Eintragung in das Grundbuch voraus (§ 873 Abs. 1 i.V.m. § 1115 bzw. §§ 1192 Abs. 1, 1115 BGB).

Zwar eignen sich diese Instrumente grundsätzlich für die Sicherung der Arbeitnehmeransprüche aus den Wertguthaben, allerdings begegnet gerade die Umsetzung im Rahmen der Wertguthabensicherung verschiedensten Problemen. Als vordergründiges Beispiel ist dafür zu nennen, dass aufgrund der erforderlichen Grundbucheintragung beim Ersterwerb bzw. der zu beachtenden Formvorschriften (§ 1154 Abs. 1, Abs. 2 bzw. §§ 1192, 1154 Abs. 1, Abs. 2 BGB) bei Übertragungen dieser Rechte ein relativ schwerfälliges Sicherungsinstrument entsteht. Dies hat für den Arbeitgeber einen zusätzlichen Verwaltungsaufwand zur Folge, der sich vor allem bei wechselndem Personalbestand auswirkt. Das entscheidende Argument gegen die Sicherung über Grundpfandrechte liefert allerdings der Umstand, dass der Arbeitgeber in der Regel keine Grundstücke zur Verfügung haben wird, an denen er für den einzelnen Arbeitgeber ein vorrangiges (§ 879 BGB) Grundpfandrecht bestellen kann. In den meisten Fällen dienen die Grundstücke zur Absicherung langfristiger Kredite für die Finanzierung der Geschäftstätigkeit des Arbeitgebers. Aufgrund des geltenden Prioritätsprinzips[664] werden andere Gläubiger bereits zuvor einen höheren Rang eingenommen haben bzw. der Arbeitgeber ist gezwungen, aus betrieblichen Gründen die oberen Ränge für zukünftige Darlehensgeber bereit zu halten.

Aus diesen Gründen wird bereits an dieser Stelle von einer weiteren Untersuchung der Grundpfandrechte zur Sicherung der Wertguthaben Abstand genommen.

---

[664] MüKo/*Wacke*, BGB, § 879 Rn. 11.

§ 8 Treuhandlösungen

Als weitere Möglichkeit zur Sicherung der Wertguthaben der Arbeitnehmer, einschließlich der Arbeitgeberanteile am Gesamtsozialversicherungsbeitrag, kommt die Vereinbarung einer Treuhandlösung in Betracht.[665] Zu diesem Zweck überträgt der Arbeitgeber Vermögenswerte auf einen Treuhänder, die dann im Sicherungsfall für die Erfüllung der Arbeitnehmeransprüche zur Verfügung stehen sollen.

I. Allgemeine Erwägungen

1. Begrifflichkeit

Es gibt weder eine gesetzliche Regelung, noch einen allgemein anerkannten Begriff der Treuhand.[666] Gemeinsame Voraussetzung aller Arten einer bürgerlich-rechtlichen Treuhandschaft ist, dass dem Treuhänder vom Treugeber eine Rechtsposition an einem Treugut eingeräumt wird, die der Treuhänder im eigenen Namen ausübt.[667] Dadurch besitzt der Treuhänder nach außen hin ein Mehr an Rechten, als er nach der gleichzeitig mit dem Treugeber geschlossenen schuldrechtlichen Treuhandabrede ausüben darf.[668]

Innerhalb der verschiedenen Begrifflichkeiten ist die uneigennützige Treuhand, auch Verwaltungstreuhand genannt, von der eigennützige Treuhand, auch Sicherungstreuhand genannt, zu unterscheiden.[669] Das entscheidende Abgrenzungskriterium ist dabei die Interessenlage.[670] Die (echte)[671] Verwaltungstreu-

---

665 Vgl. *Wieser*, S. 134 ff.; *Baldringer/Jordans*, AuR 2005, 429, 431; *Kovács/Koch*, NZI 2004, 415, 421; *Rolfs*, NZS 2004, 561, 565; *Langohr-Plato/Morisse*, BB 2002, 2330, 2331; *Fischer*, DB 2001, 21; *Fischer/Thoms-Meyer*, DB 2000, 1861, 1863.

666 MüKo/*Ganter*, InsO, § 47 Rn. 355; MüKo/*Heermann*, § 675 Rn. 107 f.; *Staudinger/Schilken*, BGB, Vorb. § 164 Rn. 48; *Palandt/Heinrichs*, BGB, Überbl. v. § 104 Rn. 25; *Hirschberger*, S. 5; *Gernhuber*, JuS 1988, 355 ff.

667 *Gernhuber*, JuS 1988, 355, 356; *Staudinger/Schilken*, BGB, Vorb. § 164 Rn. 48.

668 *Staudinger/Schilken*, BGB, Vorb. § 164 Rn. 48; *Gottwald/Gottwald*, Insolvenzrechts-Handbuch, § 39 Rn. 31; *Palandt/Heinrichs*, BGB, Überbl. v. § 104 Rn. 25.

669 *Coing*, Die Treuhand kraft privaten Rechtsgeschäfts, S. 89; MüKo/*Ganter*, InsO, § 47 Rn. 356; *Jaeger/Henckel*, InsO, § 47 Rn. 61; *Palandt/Bassenge*, BGB, § 903 Rn. 35; *Hirschberger*, S. 7; *Gernhuber*, JuS 1988, 355, 356.

670 *Coing*, Die Treuhand kraft privaten Rechtsgeschäfts, S. 89; *Kübler/Prütting/Prütting*, § 47 Rn. 25; *Palandt/Bassenge*, BGB, § 903 Rn. 35.

671 Vgl. im Gegensatz dazu die unechte Verwaltungstreuhand, bei der dem Treuhänder das Treugut ebenso zur Verwaltung überlassen wird, die Rechtszuständigkeit aller-

hand dient dabei vor allem den Interessen des Treugebers, der das Treugut auf den Treuhänder überträgt (und ggf. übergibt), damit dieser es nach seinen Weisungen verwaltet.[672] Ein Beispiel dafür ist die sog. Inkassozession, bei der der Zessionar im eigenen Namen für den Zedenten die Forderung einzieht. Bei der Sicherungstreuhand hat der Treuhänder hingegen ein eigenes Interesse, da die Übertragung (und Übergabe) des Treugutes regelmäßig die Sicherung einer Forderung des Treuhänders bezweckt.[673] Als Beispiele sind die Sicherungsübereignung oder die Sicherungszession zu nennen.

2. Treuhandvertrag

Die schon oben angesprochene Treuhandabrede organisiert das Treuhandverhältnis, weil sie das rechtliche „Können" des Treuhänders im Außenverhältnis beschränkt und das „Dürfen" im Innenverhältnis definiert.[674] Der Treuhandvertrag ist der Rechtsgrund für das Behaltendürfen der Vermögensgegenstände beim Treuhänder und kann darüber hinaus Weisungsrechte hinsichtlich der genauen Vermögensverwaltung beinhalten, Zuschusspflichten des Treugebers bei Unterdeckung statuieren und Regelungen bezüglich der späteren Rückübertragung treffen.[675] Er kommt durch Angebot und Annahme nach den §§ 145 ff. BGB zustande.[676]

Fraglich ist, ob der Treuhandvertrag je nach Art seiner Gestaltung – uneigennützig oder eigennützig – einem der typisierten Verträge des BGB zugeordnet werden kann. Zwar muss jedes Treuhandverhältnis prinzipiell gesondert und nach den jeweiligen Umständen des Einzelfalls qualifiziert werden, aber dennoch können einige allgemein gültige Aussagen getroffen werden.

Für die uneigennützige (Verwaltungs-) Treuhand ist weitgehend anerkannt, dass es sich bei ihr um einen Auftrag (§ 662 BGB) bzw. bei Entgeltlichkeit um eine

---

dings beim Treugeber verbleibt. Hauptfall ist das Inkassomandat, bei dem der Treuhänder nur eine Einzugsermächtigung (§ 185 BGB) erhält, vgl. MüKo/*Ganter*, InsO, § 47 Rn. 359; *Jaeger/Henckel*, InsO, § 47 Rn. 61.

672 MüKo/*Ganter*, InsO, § 47 Rn. 360; *Jaeger/Henckel*, InsO, § 47 Rn. 61; FK-InsO/*Joneleit/Imberger*, § 47 Rn. 41.

673 MüKo/*Ganter*, InsO, § 47 Rn. 373; *Jaeger/Henckel*, InsO, § 47 Rn. 57; FK-InsO/*Joneleit/Imberger*, § 47 Rn. 43.

674 Vgl. MüKo/*Heermann*, BGB, § 675 Rn. 108; *Gernhuber*, JuS 1988, 355, 357; *Gottwald/Adolphsen*, in: Kölner Schrift zur Insolvenzordnung, S. 1043, 1051.

675 Vgl. zum Inhalt: *Armbrüster*, S. 38 f.; *Küppers/Louven*, BB 2004, 337, 340.

676 *Liebich/Mathews*, Treuhand und Treuhänder in Recht und Wirtschaft, S. 79 f.

Geschäftsbesorgung (§ 675 Abs. 1 BGB) handelt.[677] Dem ist zuzustimmen. Eine Geschäftsbesorgung im Sinne der §§ 675 Abs. 1 bzw. 662 BGB zeichnet sich grundsätzlich dadurch aus, dass sich der Geschäftsbesorger gegenüber dem Geschäftsherrn verpflichtet, eine selbständige Tätigkeit wirtschaftlicher Art zur Wahrnehmung fremder Vermögensinteressen auszuüben, deren Verfolgung an sich Sache des Geschäftsherrn ist.[678] Diese Kriterien werden von einer Verwaltungstreuhand – wie auch die obigen Beispiele zeigen – regelmäßig erfüllt.

Problematischer hingegen erscheint die Einordnung einer Sicherungstreuhand, da sie in ihrer Grundform den Interessen des Treuhänders dient.[679] Die Einordnung als Geschäftsbesorgung erscheint fraglich, weil im Rahmen einer Sicherungstreuhand (jedenfalls überwiegend) keine Interessen des vermeintlichen Geschäftsherren (Treugebers) verfolgt werden. Dies ist jedoch notwendige Voraussetzung für die Bejahung einer Geschäftsbesorgung. Da auch andere typisierte Verträge, insbesondere ein Dienst- oder Werkvertrag (§§ 611 ff., 631 BGB) nicht auf die Sicherungstreuhandabrede anzuwenden sind, ist vom Vorliegen eines Vertrages sui generis auszugehen.[680] Im Rahmen der Privatautonomie ist eine solche Ausgestaltung zulässig (§§ 311 Abs. 1, 241 Abs. 1 BGB). Der Treugeber wird aus der Treuhandabrede verpflichtet, dem Treuhänder das Treugut zu übereignen, damit dieser im Verhältnis zu den übrigen Gläubigern des Treugebers eine dingliche Sicherung erhält. Der Treuhänder hingegen geht im Wesentlichen die Verpflichtung ein, das Treugut ordnungsgemäß zu behandeln und mit Wegfall des Sicherungszwecks an den Treugeber zurück zu übereignen. Die Pflichten des Treuhänders stehen dabei allerdings nicht im Gegenseitigkeitsverhältnis zu der Pflicht des Treugebers auf Übereignung des Treugutes. Insgesamt sind hier weitgehende Parallelen zur Sicherungsabrede im Rahmen einer Sicherungsübereignung zu erkennen, die ebenfalls nicht gesetzlich geregelt ist und als nicht gegenseitiger Vertrag eigener Art qualifiziert wird.[681]

---

677 *Liebich/Mathews*, Treuhand und Treuhänder in Recht und Wirtschaft, S. 79 f.; *Armbrüster*, S. 38 f.; *Häsemeyer*, Insolvenzrecht, Rn. 20.79; MüKo/*Ganter*, InsO, § 47 Rn. 355; FK-InsO/*Wegener*, § 116 Rn. 29; *Hirschberger*, S. 17.

678 BGHZ 45, 223, 228 f.; BGH NJW 1989, 1216, 1217; Larenz SchR II/1 § 56 V (S. 422); *Medicus*, Schuldrecht II, Rn. 433; MüKo/*Heermann*, BGB, § 675 Rn. 3.

679 Vgl. zur Notwendigkeit einer differenzierten Betrachtung: *Gernhuber*, JuS 1988, 355, 358; *Armbrüster*, S. 39 Fn. 182, S. 42.

680 MüKo/*Ott*, InsO, § 116 Rn. 24; *Häsemeyer*, Rn. 20.79; *Armbrüster*, S. 39 Fn. 182, S. 42.

681 MüKo/*Oechsler*, BGB, Anh. §§ 929-936 Rn. 25 ff.; *Palandt/Bassenge*, BGB, § 930 Rn. 15.

3. Treugut

Als Treugut kommen schließlich all jene Vermögensgegenstände des Treugebers (Arbeitgebers) in Betracht, die auch im Rahmen der obigen Verpfändungslösungen vorgestellt worden sind.[682] Besonders geeignet erscheint auch hier die Übertragung von Investmentfondsanteilen. Selbstverständlich können auch sonstige liquide Mittel auf den Treuhänder übertragen werden, die dann möglichst gewinnbringend angelegt werden sollten.[683]

4. Treuhänder

Als Treuhänder kommt prinzipiell jede natürliche oder juristische Person in Betracht. Auch in dieser Hinsicht gibt es keine gesetzlichen Vorgaben, die zu berücksichtigen wären. Regelmäßig wird in Sicherungsfällen der vorliegenden Art, bei denen eine Treuhandlösung angestrebt wird, eigens ein eingetragener Verein gegründet (§§ 21 ff. BGB).[684]

Die Übertragung von Vermögenswerten unterliegt auch nicht automatisch der Banken- oder Versicherungsaufsicht nach dem KWG oder dem VAG, aus denen sich Beschränkungen für den Treuhänder ergeben könnten. Denn der Treuhänder ist grundsätzlich nicht als Kreditinstitut anzusehen, da die Entgegennahe von Geld oder sonstigen Vermögensgegenständen an sich kein Bankgeschäft darstellt, das gewerbsmäßig oder in einem Umfang betrieben werden muss, der einen in kaufmännischer Weise eingerichteten Geschäftsbetrieb erfordert (§ 1 Abs. 1 S. 1 KWG).[685] Eine Entscheidung dieser Frage hängt somit auch vom Umfang der Geschäftstätigkeit des jeweils gewählten Treuhänders ab.

Insbesondere handelt es sich bei der Überlassung von Treugut grundsätzlich um kein Einlagengeschäft nach § 1 Abs. 1 S. 2 Nr. 1 KWG, da bei einem einmaligen Auftreten des Treuhänders von diesem nicht von einer Vielzahl von Geldgebern auf Grund typisierter Verträge darlehensweise oder in ähnlicher Form Gelder entgegen genommen werden.[686] Allerdings sind die zum Einlagenbegriff entwickelten Kriterien nur Indizien für das Vorhandensein eines Einlagengeschäfts. Die Frage, ob ein Unternehmen fremde Gelder als Einlagen

---

682 Vgl. oben S. 158 ff.

683 *Fischer/Thoms-Meyer*, DB 2000, 1861, 1863.

684 *Bode/Bergt/Obenberger*, DB 2000, 1864; *Küppers/Louven*, BB 2004, 337, 338.

685 *Küppers/Louven*, BB 2004, 337, 345; *Rößler/Doetsch/Heger*, BB 1999, 2498, 2503.

686 Vgl. zu weiteren Kriterien des Einlagenbegriffs: *Boos/Fischer/Schulte-Mattler/Füllbier*, § 1 KWG Rn. 36; BGH NJW 1995, 1494, 1495.

annimmt und dadurch Bankgeschäfte betreibt, ist deshalb auf Grund einer Wertung aller Umstände des Einzelfalles unter Berücksichtigung der bankwirtschaftlichen Verkehrsauffassung zu entscheiden.[687] Es ist daher eine Einzelfallbetrachtung erforderlich.

Auch ein Depotgeschäft im Sinne von § 1 Abs. 1 S. 2 Nr. 5 KWG wird regelmäßig nicht vorliegen. Zwar kann die Verwahrung in eigenem Namen – der Treuhänder ist zivilrechtlich Eigentümer der gegebenenfalls zur Sicherheit übertragenen Wertpapiere – für fremde Rechnung ein Depotgeschäft darstellen.[688] Eine Verwahrung und Verwaltung für andere (§ 1 Abs. 1 S. 2 Nr. 5 KWG) erscheint hier dennoch fernliegend, da die Wertpapiere dem Treuhänder lediglich als Sicherheit übertragen werden. Würde in diesen Fällen stets ein Depotgeschäft angenommen werden, würde jede Bestellung von Drittsicherheiten an Wertpapieren gleichzeitig ein Bankgeschäft darstellen, das bei entsprechendem Umfang den Regelungen des KWG unterliegen könnte.

Je nach Volumen und Umfang der Geschäftstätigkeit des Treuhänders (§ 1 Abs. 1 S. 1 KWG) empfiehlt es sich zur Beseitigung von Unsicherheiten, gemäß § 4 KWG eine verbindliche Entscheidung der BaFin einzuholen, ob der Treuhänder den Vorschriften des KWG unterliegt. Im Rahmen des sog. Contractual Trust Arrangement (CTA), eine Art Pensionstreuhandfonds[689], hat die BaFin jedoch in einem Merkblatt vom November 2005 grundsätzlich angenommen, dass der Trust ein erlaubnispflichtiges Bankgeschäft betreibt.[690]

II. Einseitige Treuhand

Als eine klassische Möglichkeit zur Sicherung der Arbeitnehmeransprüche bietet sich die Vereinbarung einer einseitigen Treuhand – in Abgrenzung zur doppelseitigen Treuhand[691] – an.[692]

---

687 BGH NJW 1995, 1494, 1495; BVerwG NJW 1985, 929, 930.

688 *Boos/Fischer/Schulte-Mattler/Füllbier*, § 1 KWG Rn. 62; *Küppers/Louven*, BB 2004, 337, 345.

689 Vgl. näher zu dem Begriff: unten S. 206 f.

690 Vgl. das Merkblatt der BaFin „Hinweise zur Erlaubnispflicht und zur möglichen Freistellung nach § 2 Abs. 4 KWG so genannter Contractual Trust Arrangements zur Ausgliederung von Pensionsverpflichtungen und Verpflichtungen auf Grund von Altersteilzeitmodellen“ vom November 2005, abrufbar unter:http://www.bafin.de/merkblaetter/0511.htm..

691 Vgl. unten S. 206 ff.

692 *Liebich/Mathews*, Treuhand und Treuhänder in Recht und Wirtschaft, S. 18; *Wiezer*, S. 143; *Küppers/Louven*, BB 2004, 337, 340.

1. Ausgestaltung

Dabei wird zwischen dem Arbeitgeber als Treugeber und dem Treuhänder ein Treuhandvertrag im obigen Sinne geschlossen. Dies ist eine Art Rahmenvertrag, auf dessen Grundlage der Arbeitgeber an den Treuhänder entsprechend der Größe der Wertguthaben inklusive seines Anteils am Gesamtsozialversicherungsbeitrag Vermögenswerte überträgt. Zu diesem Zweck kann von dem Treuhänder beispielsweise auch ein offenes Treuhandkonto[693] eröffnet werden, auf dem die übertragenen Vermögenswerte verwaltet werden.[694]

Zur Sicherung der Arbeitnehmer wird diesen der Anspruch auf Rückübertragung der Vermögenswerte gemäß den §§ 1273 ff., 1204 ff. BGB verpfändet.[695] Theoretisch können auch die an den Treuhänder übertragenen Vermögenswerte selbst an die Arbeitnehmer verpfändet werden, was in rechtlicher Hinsicht eine zulässige Verpfändung zur Sicherung einer Drittschuld darstellt.[696] Allerdings ist in solchen Fällen entweder die Zustimmung des Treuhänders erforderlich (§ 185 BGB), oder es müssen die Voraussetzungen einer Verpfändung durch den Nichtberechtigten nach § 1207 BGB gegeben sein. Darüber hinaus ist, sofern es sich bei dem Pfand um einen Gegenstand handelt, der nach den Vorschriften über das Pfandrecht an beweglichen Sachen zu behandeln ist, eine Übergabe bzw. ein Übergabesurrogat notwendig (§ 1205 f. BGB). Auf Grund dieser „Erschwerungen"[697] wird in der Praxis der Verpfändung des Rückübertragungsanspruchs des Arbeitgebers der Vorzug gegeben.[698]

In diesem Zusammenhang sei angemerkt, dass ein vom Arbeitgeber eingerichtetes Sperrkonto, über das er zur Sicherung der Ansprüche nur eingeschränkt verfügen darf, nicht insolvenzfest ist.[699] Das Kontoguthaben fällt vielmehr in die Insolvenzmasse. Die durch die Sperrvereinbarung nur schuldrechtlich begünstigten Arbeitnehmer haben daher als solche in der Insolvenz des Arbeitgebers kein Aussonderungsrecht nach § 47 f. InsO.

---

693 Vgl. zu den Treuhandkonten: MüKo/*Ganter*, InsO, § 47 Rn. 392 ff.; *Claussen*, Bank- und Börsenrecht, § 5 Rn. 82a ff.

694 *Gottwald/Gottwald*, Insolvenzrechts-Handbuch, § 40 Rn. 61; *Wiezer*, S. 180.

695 Vgl. zur Bestellung und rechtlichen Ausgestaltung eines Pfandrechts an beweglichen Sachen und Rechten: oben S. 158 ff.

696 MüKo/*Damrau*, BGB, § 1205 Rn. 8; *Palandt/Bassenge*, BGB, § 1205 Rn. 1 f.

697 Vgl. zu den Möglichkeiten der Bestellung eines Pfandrechts an beweglichen Sachen: oben S. 158 f.

698 *Küppers/Louven*, BB 2004, 337, 340.

699 Vgl. BAG NZA 2004, 980, 981; MüKo/*Ganter*, InsO, § 47 Rn. 403.

2. Bewertung

Bei der einseitigen Treuhand handelt es sich ihrer rechtlichen Natur nach ebenso um ein Verpfändungsmodell. Hinsichtlich der Insolvenzvorgaben, der Arbeitnehmer- und Arbeitgeberinteressen und der Insolvenzsicherungsgebote kann daher entsprechend auf die obigen Ausführungen zur Verpfändung von beweglichen Sachen und Rechten verwiesen werden.[700] Die Besonderheiten sollen jedoch herausgestellt werden.

In der Insolvenz des Treugebers erlischt der Geschäftsbesorgungsvertrag, der der Verwaltungstreuhand zu Grunde liegt, nach den §§ 116, 115 Abs. 1 InsO. Der an den Arbeitnehmer jeweils verpfändete Rückübertragungsanspruch wird dadurch fällig und kann zur Erfüllung der Arbeitnehmeransprüche gegenüber dem Arbeitgeber verwendet werden.

Ein positiver Aspekt dieser Sicherungslösung ist, dass eine Bilanzverkürzung nach internationalen Rechnungslegungsvorschriften (IAS 19.7 und 19.54) in Betracht kommen kann. Dies folgt aus dem Umstand, dass der Arbeitgeber Vermögenswerte auf einen von ihm rechtlich unabhängigen Treuhänder überträgt und auf Grund der Verpfändung des Rückübertragungsanspruchs weder der Arbeitgeber über das Vermögen verfügen, noch ein Gläubiger darauf Zugriff erlangen kann.[701] Die Entscheidung, ob diese bilanzielle Gestaltungsmöglichkeit letztlich tatsächlich zur Anwendung kommt, hängt jedoch auch bei der einseitigen Treuhand von der genauen Ausgestaltung im Einzelfall ab.

Hervorzuheben ist ferner, dass die einseitige Treuhand eine Erleichterung des Verwaltungsaufwandes für den Arbeitgeber bringen kann. Dies wird besonders deutlich, wenn mehrere größere bewegliche Gegenstände an eine Vielzahl verschiedener Arbeitnehmer verpfändet werden sollen. In einer solchen Situation ist die Bündelung der Pfandobjekte in einer Hand, gerade auch im Hinblick auf örtliche Gegebenheiten und Lagerkapazitäten, ratsam.

Bestehen an dem Rückübertragungsanspruch mehrere Pfandrechte, so ist nach Eintritt der Pfandreife (§ 1228 Abs. 2 BGB, § 41 Abs. 1 InsO) gemäß § 1290 BGB nur derjenige Pfandgläubiger zur Einziehung berechtigt, dessen Pfandrecht den übrigen vorgeht.[702] Um einen Gleichlauf im Sicherungsfall herzustellen, ist es daher dringend notwendig, dass auf rechtsgeschäftliche Art und Weise von

---

[700] Vgl. oben S. 162 ff.

[701] Vgl. zu den Voraussetzungen im Einzelnen: oben S. 115.

[702] *Palandt/Bassenge*, BGB, § 1290 Rn. 1; *Küppers/Louven*, BB 2004, 337, 341; *Bode/Bergt/Obenberger*, DB 2000, 1864, 1866.

Anfang an für die betroffen Arbeitnehmer jeweils gleichrangige Pfandrechte an dem Rückübertragungsanspruch bestellt werden. Somit wird sichergestellt, dass jeder Pfandgläubiger nur Leistung an alle Pfandgläubiger verlangen kann (§ 432 BGB).[703] Eine solche Regelung sollte bereits mit Abschluss der jeweiligen Altersteilzeitvereinbarung getroffen werden.

III. Doppelseitige Treuhand mit Drittbegünstigung

In der betrieblichen Altersversorgung ist die doppelseitige Treuhand ein anerkanntes Sicherungsmittel. Dabei kommen sog. „Pensionsfonds" oder „Contractual Trust Arrangements" (CTA) zum Einsatz, die zur Finanzierung der unmittelbaren Pensionszusagen verwendet werden.[704] Diese CTAs werden nunmehr auch von verschiedenen Finanzdienstleistern zur Sicherung der Wertguthaben angeboten.[705] Die Arbeitnehmer werden dabei über einen Vertrag zugunsten Dritter (§ 328 Abs. 1 BGB) in die Sicherung miteingebunden.

1. Ausgestaltung der doppelseitigen Treuhand mit Drittbegünstigung (§ 328 Abs. 1 BGB)

Die CTAs orientieren sich in ihrer Ausgestaltung an dem Aufbau der sog. doppelseitigen Treuhand. Diese Erscheinungsform der Treuhand erlangt ihren Namen aus dem Umstand, dass der Treuhänder das Treugut sowohl für den Treugeber als auch für einen Dritten hält und dabei die Interessen beider Teile zu wahren hat.[706] Die doppelseitige Treuhand ist seit langem – beispielsweise im Rahmen der Konsortialkredite[707] oder des außergerichtlichen Liquidationsvergleichs[708] – anerkannt.[709]

---

703 *Palandt/Bassenge*, BGB, § 1290 Rn. 1; *Küppers/Louven*, BB 2004, 337, 341.

704 *Wiezer*, S. 134; *Gottwald/Gottwald*, Insolvenzrechts-Handbuch, § 40 Rn. 62; *Passarge*, NZI 2006, 20 ff.; *Küppers/Louven/Schröder*, BB 2005, 763 ff.; *Küppers/Louven*, BB 2004, 337 ff; *Fischer*, DB 2001, 21 ff.

705 Vgl. die Angebote der Allianz Lebensversicherung AG, abrufbar unter: http://business.alianz.de/index.html; der Commerzbank AG, abrufbar unter: https://www.commerzbank.de/; der Pension-Consult GmbH, abrufbar unter: http://www.pension-consult.de/hp/bro/PensCo-Treuhand.pdf; sowie von Mercer Human Resource Consulting, abrufbar unter: http://www.mercerhr.de/summary.jhtml/dynamic/idContent/1137420?rl=en&rl=.

706 MüKo/*Ganter*, InsO, § 47 Rn. 386; *Nerlich/Römermann/Kießner*, § 116 InsO Rn. 21; *Bork*, NZI 1999, 337; *Obermüller*, DB 1973, 1833, 1834; *Coing*, Die Treuhand kraft privaten Rechtsgeschäfts, S. 89; *Liebich/Mathews*, Treuhand und Treuhänder in Recht und Wirtschaft, S. 18.

707 Vgl. zum Begriff des Konsortialkredits, bei dem ein Darlehen nicht allein von einem Kreditgeber, sondern von einer Gruppe von Kreditgebern gemeinsam gewährt wird,

Der Treugeber (Arbeitgeber) und der Treuhänder[710] schließen dabei eine Treuhandvereinbarung mit der Zweckbestimmung der Sicherung der Wertguthaben der Arbeitnehmer einschließlich der Arbeitgeberanteile am Gesamtsozialversicherungsbeitrag. Auf der Basis dieser Vereinbarung überträgt und übergibt der Arbeitgeber sodann an den Treuhänder Vermögenswerte (liquide Mittel oder Investmentfondsanteile), die ihrem Umfang nach stets den zu sichernden Forderungen entsprechen.[711] Der Treuhänder ist hieraus verpflichtet, das übertragene Vermögen zu verwalten und möglichst Ertrag bringend anzulegen.[712]

Gleichzeitig wird durch (echten) Vertrag zugunsten Dritter (§ 328 Abs. 1 BGB) dem einzelnen Arbeitnehmer – zulässigerweise ohne dessen Mitwirkung[713] – für einen genau definierten Sicherungsfall ein eigenständiges, gegen den Treuhänder gerichtetes Forderungsrecht eingeräumt.[714] Aus diesem schuldrechtlichen Anspruch soll der Treuhänder verpflichtet sein, im Sicherungsfall das Treugut

---

Derleder/Knops/Bamberger/Hoffmann, Handbuch zum deutschen und europäischen Bankrecht, § 15 Rn. 69; BuB/*Früh*, Rn. 3/333 ff.; *Schimansky/Bunte/Lwowski/Hadding*, Bankrechts-Handbuch, § 87 Rn. 1 ff.

708 *Jaeger/Henckel*, InsO, § 47 Rn. 77; vgl. zum Begriff des ehemaligen bzw. nur noch theoretisch denkbaren *gerichtlichen* Liquidationsvergleich (§ 7 Abs. 4 VerglO), der dem Schuldner gegen Preisgabe seines gesamten Vermögens eine Befreiung von seinen Verbindlichkeiten ermöglichte, *Häsemeyer*, Insolvenzrecht, Rn. 28.04; *Bley/Mohrbutter*, Vergleichsordnung, 4. Aufl., 1979, § 7 Rn. 10; *Jaeger/Henckel*, InsO, § 47 Rn. 64.

709 RGZ 117, 143, 149; BGH WM 1966, 445; BGHZ 109, 47, 51 ff.; *Emmerich*, Die Sanierung, S. 155 f.; *Coing*, Die Treuhand kraft privaten Rechtsgeschäfts, S. 138 f.; *Liebich/Mathews*, Treuhand und Treuhänder in Recht und Wirtschaft, S. 18; *Jaeger/Henckel*, InsO, § 47 Rn. 83; *Häsemeyer*, Insolvenzrecht, Rn. 20.79; *Obermüller*, DB 1973, 1833, 1834.

710 Als Treuhänder fungiert dabei regelmäßig ein zu diesem Zweck eigens gegründeter eingetragener Verein, vgl. *Küppers/Louven*, BB 2004, 337, 338. Vgl. im Übrigen oben S. 202.

711 *Küppers/Louven/Schröder*, BB 2005, 763; *Fischer/Thoms-Meyer*, DB 2000, 1861, 1863; *Bork*, NZI 1999, 337; *Häsemeyer*, Insolvenzrecht, Rn. 20.79.

712 MüKo/*Ganter*, InsO, § 47 Rn. 387; *Küppers/Louven/Schröder*, BB 2005, 763; *Fischer/Thoms-Meyer*, DB 2000, 1861, 1863.

713 BGHZ 109, 47, 52; MüKo/*Gottwald*, BGB, § 328 Rn. 29; *Palandt/Grüneberg*, BGB, Einf. v. § 328 Rn. 6.

714 *Liebich/Mathews*, Treuhand und Treuhänder in Recht und Wirtschaft, S. 80 f.; MüKo/*Ganter*, InsO, § 47 Rn. 386; *Wiezer*, S. 148; *Hirschberger*, S. 120; *Küppers/Louven*, BB 2004, 337, 340; *Fischer/Thoms-Meyer*, DB 2000, 1861, 1863; *Bode/Bergt/Obenberger*, DB 2000, 1864, 1865.

für die Arbeitnehmer zu verwerten.[715] Im Falle der Insolvenz des Arbeitgebers bzw. bei jeder Form der Nichterfüllung der Arbeitnehmerforderungen sollen die Arbeitnehmer dadurch in die Lage versetzt werden, den Treuhänder nach Maßgabe der Sicherungsvereinbarung in Anspruch zu nehmen, ohne dass es einer eigenen vertraglichen Vereinbarung zwischen ihnen und dem Treuhänder bedarf.[716] Diese Forderungsrechte sind allerdings so sorgfältig zu formulieren, dass diese drittbegünstigende Vereinbarung keiner anderen Auslegung zugänglich ist (§ 328 Abs. 2 BGB).[717] Denn nur dann ist sichergestellt, dass den Arbeitnehmern überhaupt ein eigener Anspruch aus dem Treuhandvertrag gegen den Treuhänder erwachsen kann. Insoweit sollte genau bestimmt sein, unter welchen Voraussetzungen und Bedingungen der Arbeitnehmer diesen Anspruch erwirbt, und ob dem Arbeitgeber die Befugnis verbleiben soll, diese Begünstigung ohne die Zustimmung des Arbeitnehmers abzuändern oder aufzuheben (§ 328 Abs. 2 BGB).[718]

Soweit der Arbeitgeber im Laufe der Zeit Ansprüche aus den Wertguthaben erfüllt hat, sollte die Treuhandabrede vorsehen, dass der Treuhänder verpflichtet ist, Vermögenswerte, die nicht mehr für eine Sicherung benötigt werden, in entsprechender Höhe an den Arbeitgeber zurückzuführen. Gegebenenfalls kann der Treuhänder auch von Anfang an als Zahlstelle zur Erfüllung der Arbeitnehmerforderungen fungieren.[719]

a) Rechtsbeziehung Arbeitgeber – Treuhänder

Durch diese Gestaltung wird zwischen dem Arbeitgeber und dem Treuhänder zunächst eine Verwaltungstreuhand geschaffen, da der Treuhänder aus der Treuhandabrede verpflichtet ist, das übertragene Vermögen zu verwalten und möglichst Ertrag bringend anzulegen.[720] Der Treuhänder wird insoweit im Interesse des Treugebers tätig.

---

715 Vgl. RGZ 117, 143, 149; *Jaeger/Henckel*, InsO, § 47 Rn. 73; *Hirschberger*, S. 120.

716 *Fischer/Thoms-Meyer*, DB 2000, 1861, 1863.

717 Vgl. zur Auslegungsregel des § 328 Abs. 2 BGB: MüKo/*Gottwald*, BGB, § 328 Rn. 32 ff.

718 *Liebich/Mathews*, Treuhand und Treuhänder in Recht und Wirtschaft, S. 81; MüKo/*Ganter*, InsO, § 47 Rn. 387.

719 *Fischer/Thoms-Meyer*, DB 2000, 1861, 1863; *Bode/Bergt/Obenberger*, DB 2000, 1864.

720 Vgl. BGHZ 109, 47, 53 f.; *Serick*, Eigentumsvorbehalt und Sicherungsübertragung, Bd. II, S. 93; MüKo/*Ganter*, InsO, § 47 Rn. 387; *Jaeger/Henckel*, InsO, § 47 Rn. 85; *Palandt/Bassenge*, BGB, § 903 Rn. 35; *Wiezer*, S. 149.

Darüber hinaus besteht in dieser Rechtsbeziehung eine (fremdnützige) Sicherungstreuhand, da der Treuhänder zwar keine eigenen, jedoch die Interessen der gesicherten Arbeitnehmer wahrnimmt.[721] Der Treuhänder verfolgt damit keine unmittelbaren Interessen des Treugebers, woraus sich die Abgrenzung zur Verwaltungstreuhand ergibt. Dies ist im Rahmen der Vertragsfreiheit (§§ 311, 241 BGB) eine zulässige Gestaltung, die gerade in den Fällen der Treuhand mit Drittbegünstigung[722] anzutreffen ist.[723]

Das gleichzeitige Vorliegen der Verwaltungstreuhand und Sicherungstreuhand wird besonders deutlich, wenn der Arbeitgeber Ansprüche aus den Wertguthaben teilweise erfüllt hat, wodurch der Treuhänder die Vermögenswerte, die nicht mehr zur Sicherung benötigt werden, ausschließlich im Interesse des Arbeitgebers verwaltet.[724]

Soweit in dieser Rechtsbeziehung ausschließlich eine (uneigennützige) Verwaltungstreuhand gesehen wird, ist dies abzulehnen, da die Treuhand gerade nicht nur den Interessen des Treugebers dient.[725] Es ist damit in der Beziehung Arbeitgeber zu Treuhänder insgesamt von einer Verwaltungs- und Sicherungstreuhand auszugehen.

b) Rechtsbeziehung Arbeitnehmer – Treuhänder

In diesem Verhältnis ist die Frage zu klären, welche rechtlichen Folgen der Vertrag zugunsten Dritter für die Rechtsbeziehung des Treuhänders zum begünstigten Arbeitnehmer hat.

---

721 Vgl. BGHZ 109, 47, 53 f.; *Serick*, Eigentumsvorbehalt und Sicherungsübertragung, Bd. II, S. 93; *Liebich/Mathews*, Treuhand und Treuhänder in Recht und Wirtschaft, S. 18; *Jaeger/Henckel*, InsO, § 47 Rn. 85; *Häsemeyer*, Insolvenzrecht, Rn. 20.79; *Obermüller*, DB 1973, 1833, 1834; *Fischer*, DB 2001, 21; *Bork*, NZI 1999, 337, 339; *Bode/Bergt/Obenberger*, DB 2000, 1864, 1865.

722 Vgl. dazu sogleich unten S. 214 ff.

723 BGHZ 109, 47, 53; *Serick*, Eigentumsvorbehalt und Sicherungsübertragung, Bd. II, S. 93; *Liebich/Mathews*, Treuhand und Treuhänder in Recht und Wirtschaft, S. 18, 78, 80; *Coing*, Die Treuhand kraft privaten Rechtsgeschäfts, S. 110, 138; MüKo/*Ganter*, InsO, § 47 Rn. 387.

724 *Coing*, Die Treuhand kraft privaten Rechtsgeschäfts, S. 89.

725 So aber: *Hessling*, FS *Förster*, 405, 410; *Küppers/Louven/Schröder*, BB 2005, 763, 764 f.

(1) Eigenständiges Treuhandverhältnis zwischen Drittem (Arbeitnehmer) und Treuhänder

In der Literatur wird vielfach vertreten, dass aus dem Vertrag zwischen Arbeitgeber und Treuhänder zugunsten der Arbeitnehmer – sei es vor oder nach Eröffnung des Insolvenzverfahrens – konkludent ein weiteres Treuhandverhältnis resultiert.[726] Im Folgenden soll daher untersucht werden, ob und in welcher Form ein Treuhandverhältnis in dieser Beziehung bestehen kann. Dies soll Auswirkungen auf den späteren Sicherungswert der doppelseitigen Treuhand mit Drittbegünstigung haben.

(a) Eigenständige Sicherungstreuhand zwischen Drittem (Arbeitnehmer) und Treuhänder

Vielfach wird angenommen, dass durch den Vertrag zugunsten Dritter in dieser Rechtsbeziehung eine eigenständige Sicherungstreuhand entstanden sei.[727] Ginge man in diesem Verhältnis vom Vorliegen einer Treuhandbeziehung aus, so würde der Arbeitnehmer konsequenterweise die Rolle des Treugebers übernehmen. Ohne an dieser Stelle bereits näher auf die weitere rechtliche Zulässigkeit einzugehen, muss eine Sicherungstreuhand allerdings schon aus rein begriffsjuristischen Gründen ausscheiden. Die Sicherungstreuhand dient in ihrer Grundform der Sicherung eines Anspruchs des Treuhänders gegenüber dem Treugeber und erfolgt damit im Interesse des Treuhänders. In der vorliegenden Situation der Absicherung der Wertguthaben einschließlich der Arbeitgeberanteile am Gesamtsozialversicherungsbeitrag ist jedoch keine Konstellation vorstellbar, in der der Treuhänder einen Anspruch gegen den Arbeitnehmer auf diese Weise im eigenen Interesse absichern könnte. Eine Treuhand in diesem Personenverhältnis kann damit allenfalls im Interesse des Arbeitnehmers erfolgen. Eine Sicherungstreuhand scheidet daher in diesem Personenverhältnis aus.

(b) Eigenständige Verwaltungstreuhand zwischen Dritten (Arbeitnehmer) und Treuhänder

Aus den soeben getroffenen rechtlichen Erwägungen folgt, dass zwischen Treuhänder und Arbeitnehmer allenfalls eine uneigennützige Verwaltungstreuhand

---

726 *Hessling*, FS *Förster*, 405, 410; *Hirschberger*, 127 ff.; *Passarge*, NZI 2006, 20, 23; *Bode/Bergt/Obenberger*, DB 2000, 1864, 1865 (Schaubild); *Küppers/Louven/Schröder*, BB 2005, 763, 764.

727 *Hessling*, FS *Förster*, 405, 410; *Lohmann*, S. 209 f.; *Passarge*, NZI 2006, 20, 23; *Küppers/Louven/Schröder*, BB 2005, 763, 764.

entstanden sein kann. Fraglich ist daher, ob dies überhaupt zulässig und von den Parteien des Vertrages zugunsten Dritter gewollt sein kann.

Wie eingangs erwähnt ist die sog. Treuhand mit Drittbegünstigung seit langem allgemein anerkannt.[728] Dabei schließen der Treugeber und der Treuhänder einen Treuhandvertrag, aus dem der begünstigte Dritte ein selbständiges Forderungsrecht erhalten soll. Der Ausgestaltung der Treuhandabrede wird § 328 Abs. 1 BGB zu Grunde gelegt.[729] Der Vertragszweck liegt dann nicht im Interesse des Treugebers, sondern besteht in der Wahrnehmung wirtschaftlicher Interessen Dritter, vorliegend der Arbeitnehmer.[730] Eine solche Konstellation ist beispielsweise häufig bei der Errichtung von Anderkonten oder besonderen Treuhandkonten anzutreffen, aus denen Gläubiger des Schuldners begünstigt werden sollen.[731] In solchen Fällen ist aber regelmäßig vom Vorliegen einer ausdrücklichen Vereinbarung zwischen den Gläubigern und dem Treuhänder auszugehen. Der Annahme einer eigenständigen Verwaltungstreuhand zwischen Drittem (Arbeitnehmer) und Treuhänder stehen jedoch zahlreiche rechtliche Bedenken entgegen.

Zunächst drängt sich der Gedanke auf, dass die Annahme einer eigenständigen Treuhand zwischen Treuhänder und Arbeitnehmer einen unzulässigen Vertrag zulasten Dritter (Arbeitnehmer) darstellen könnte.[732] Der „begünstigte" Arbeitnehmer würde dadurch selbst zum Treugeber einer Verwaltungstreuhand werden, mit der regelmäßig auch Verpflichtungen aus diesem gegenseitigen Vertrag verbunden sind. Zu denken ist dabei zunächst an die Vergütungsansprüche des Treuhänders, unabhängig davon, ob diese letztlich vom Arbeitgeber getragen werden. Vertragspartner und damit nach außen Verpflichteter bliebe in diesem Treuhandverhältnis der Arbeitnehmer als Treugeber.

---

728 RGZ 117, 143, 149; BGHZ 109, 47, 52; *Siebert*, Das rechtsgeschäftliche Treuhandverhältnis, S. 200 f.; *Coing*, Die Treuhand kraft privaten Rechtsgeschäfts, S. 111 f.; *Liebich/Mathews*, Treuhand und Treuhänder in Recht und Wirtschaft, S. 80 f.

729 RGZ 117, 143, 149; BGHZ 109, 47, 52; *Siebert*, Das rechtsgeschäftliche Treuhandverhältnis, S. 200 f.; *Coing*, Die Treuhand kraft privaten Rechtsgeschäfts, S. 111 f.; *Liebich/Mathews*, Treuhand und Treuhänder in Recht und Wirtschaft, S. 80 f.

730 *Liebich/Mathews*, Treuhand und Treuhänder in Recht und Wirtschaft, S. 80.

731 Vgl. dazu: BGHZ 109, 47, 52; *Jaeger/Henckel*, InsO, § 47 Rn. 73; *Kirchhof*, FS Kreft, 359, 363; *Gottwald/Gottwald*, Insolvenzrechts-Handbuch, § 40 Rn. 63

732 Vgl. zur Unzulässigkeit einer solchen Vertragsgestaltung: BGHZ 61, 359, 361 = NJW 1974, 96; BGHZ 78, 369, 374 f. = NJW 1981, 275, 276; BGH NJW 1995, 3183, 3184; MüKo/*Gottwald*, BGB, § 328 Rn. 171 ff.; *Staudinger/Jagmann*, BGB, Vorb. § 328 Rn. 42 ff. *Palandt/Grüneberg*, BGB, Einf. v. § 328 Rn. 10.

Nimmt man hingegen an, dass diese Treuhand unentgeltlich erfolgen soll – was in der Realität auf Grund zahlreicher Risiken, die mit der Verwaltung des Treugut verbunden sind wohl kaum vorstellbar ist – dann verbleiben dennoch gewisse Pflichten des Treugebers. Der Treuhand liegt dann ein Auftrag gemäß § 662 BGB zu Grunde, der den Auftraggeber bzw. Treugeber zum Ersatz von Aufwendungen nach § 670 BGB verpflichtet, die der Treunehmer für erforderlich halten durfte.[733] Bleibt es hingegen bei einer entgeltlichen Treuhand, die als entgeltliche Geschäftsbesorgung zu charakterisieren ist, folgt die Verpflichtung zum Aufwendungsersatz aus §§ 675 Abs. 1, 670 BGB. Diese unmittelbaren Verpflichtungen des Dritten ohne sein Zutun sind im BGB nicht vorgesehen und mit den Grundsätzen der Privatautonomie unvereinbar.[734]

Selbst wenn man sich auf den Standpunkt stellt, dass diese Verwaltungstreuhand unentgeltlich erfolgt und mögliche Aufwendungsersatzansprüche als zulässige Einschränkung einer Begünstigung[735] zu werten sind, dann erscheint die Annahme eines eigenständigen Treuhandverhältnisses als stark konstruiert. Vor allem systematische Gründe sprechen gegen eine solche Annahme. Dieses in der Praxis vielfach verwendete Modell zur Sicherung der Wertguthaben entspricht der oben angesprochenen Treuhand mit Drittbegünstigung. Diese ist als Vertrag zugunsten Dritter einzustufen. In einem solchen Drei-Personen-Verhältnis wird die Beziehung zwischen Treuhänder und Drittem (Arbeitnehmer) regelmäßig als sog. Vollzugsverhältnis bezeichnet.[736] Für dieses ist typisch, dass aus dem Vertrag zugunsten Dritter keine eigenständigen vertraglichen Beziehungen zwischen dem sog. Versprechenden – vorliegend dem Treuhänder – und dem Dritten – vorliegend dem Arbeitnehmer – resultieren.[737] Der Begünstigte soll gerade ohne seine Mitwirkung Gläubiger eines abgespaltenen Leistungs-

733 A. A. *Hirschberger*, S. 128 f., der nur ein Auftragsverhältnis erblickt, das ausschließlich den Doppeltreuhänder verpflichtet.

734 BGHZ 61, 359, 361 = NJW 1974, 96; BGHZ 78, 369, 374 f. = NJW 1981, 275, 276; BGH NJW 1995, 3183, 3184; MüKo/*Gottwald*, BGB, § 328 Rn. 171; *Staudinger/Jagmann*, BGB, Vorb. § 328 Rn. 42; *Palandt/Grüneberg*, BGB, Einf. v. § 328 Rn. 10.

735 Vgl. dazu: MüKo/*Gottwald*, BGB, § 328 Rn. 176; *Staudinger/Jagmann*, BGB, Vorb. § 328 Rn. 46.

736 Vgl. zu den verschiedenen Rechtsbeziehungen im Rahmen eines Vertrages zugunsten Dritter: MüKo/*Gottwald*, BGB, § 328 Rn. 25 ff.; *Palandt/Grüneberg*, BGB, Einf. v. § 328 Rn. 3 ff.

737 Vgl. BGHZ 54, 145, 147; MüKo/*Gottwald*, BGB, § 328 Rn. 29; *Palandt/Grüneberg*, BGB, Einf. v. § 328 Rn. 5.

anspruchs aus einem Drittvertrag werden, ohne aber selbst Vertragspartei zu sein.[738]

Beabsichtigen der Arbeitgeber und der Treuhänder hingegen, dass dieser Regel nicht entsprochen wird, so sind sie gezwungen, diese darüber hinaus gehenden Rechtswirkungen nach außen kenntlich zu machen. Die Treuhandabrede, die auch die Begünstigung enthält, muss klar erkennbar machen, dass ein eigenes Treuhandverhältnis in der Beziehung des Treuhänders zum Arbeitnehmer gewollt ist. Da dies im Rahmen der derzeitigen Praxis nicht der Fall ist, kann von einer eigenständigen Verwaltungstreuhand in dieser Beziehung nicht ausgegangen werden.

Soll demnach tatsächlich eine eigenständige Verwaltungstreuhand im Verhältnis des Arbeitnehmers zum Treuhänder errichtet werden, ist zu verlangen, dass die Parteien eine selbständige Treuhandabrede treffen. Auf diese Weise wird einerseits verhindert, dass sich die Rechtsbeziehung als Vertrag zu Lasten Dritter darstellt und andererseits erreicht, dass der Systematik des § 328 Abs. 1 BGB entsprochen wird. Solche Vereinbarungen sind beispielsweise in den anerkannten Fällen der Doppeltreuhand im Rahmen der Konsortialkredite oder der Treuhandvereinbarungen zum Schutz der Immaterialgüterrechte gegenüber den Lizenznehmern zu finden.[739]

(c) Zwischenergebnis

Es ist somit davon auszugehen, dass durch die in der Praxis gängige Ausgestaltung dieser Sicherungsform in dem Personenverhältnis zwischen Arbeitnehmern und Treuhänder keine eigenständige Treuhandvereinbarung besteht.

(2) Schuldrechtlicher Anspruch des Dritten (Arbeitnehmer) gegenüber dem Treuhänder

In dieser Rechtsbeziehung ist damit vom ausschließlichen Vorliegen eines rein schuldrechtlichen Anspruchs des Arbeitnehmers gegenüber dem Treuhänder auszugehen. Dies entspricht, wie soeben erläutert, dem Regelfall im Rahmen eines Vertrages zugunsten Dritter für das Vollzugsverhältnis. Der Begünstigte soll gerade, ohne seine Mitwirkung und ohne selbst Vertragspartei zu sein, Gläubiger eines abgespaltenen Leistungsanspruchs aus einem Drittvertrag werden. Der Arbeitnehmer hat hieraus das Recht, im Sicherungsfall vom Treu-

---

738 MüKo/*Gottwald*, BGB, § 328 Rn. 29; *Palandt/Grüneberg*, BGB, Einf. v. § 328 Rn. 5.

739 *Bork*, NZI 1999, 337, 337 f.; *Obermüller*, DB 1973, 1833, 1834; *Häsemeyer*, Insolvenzrecht, Rn. 20.79.

händer die Verwertung des Treugutes zu verlangen.[740] Je nach Ausgestaltung des Vertrages zugunsten Dritter kann als Sicherungsfall entweder jeder Fall der Nichterfüllung der gesicherten Forderungen oder nur die Nichterfüllung auf Grund einer Eröffnung des Insolvenzverfahrens definiert werden.

c) Zwischenergebnis

Es kann insgesamt festgehalten werden, dass bei der doppelseitigen Treuhand i.V.m. einem Vertrag zugunsten Dritter im Verhältnis des Arbeitgebers zum Treuhänder sowohl eine Verwaltungstreuhand als auch eine Sicherungstreuhand gegeben ist. Die Verwaltungstreuhand ist dabei grundsätzlich als entgeltliche Geschäftsbesorgung (§ 675 Abs. 1 BGB) anzusehen, während die Sicherungstreuhand als nicht gegenseitiger Vertrag eigener Art zu qualifizieren ist.

Im Verhältnis des Treuhänders zum Arbeitnehmer liegt kein eigenständiges Treuhandverhältnis vor. Den begünstigten Arbeitnehmern steht nur ein schuldrechtlicher Anspruch gegenüber dem Treuhänder zu. Diese Konstruktion erlangt ihre Bezeichnung als doppelseitige Treuhand allein aus dem Umstand, dass der Treuhänder bereits im Verhältnis zum Arbeitgeber sowohl die Interessen des Arbeitgebers als auch diejenigen der Arbeitnehmer zu berücksichtigen hat. In diesem Personenverhältnis bestehen somit sowohl eine Verwaltungs- als auch eine Sicherungstreuhand.

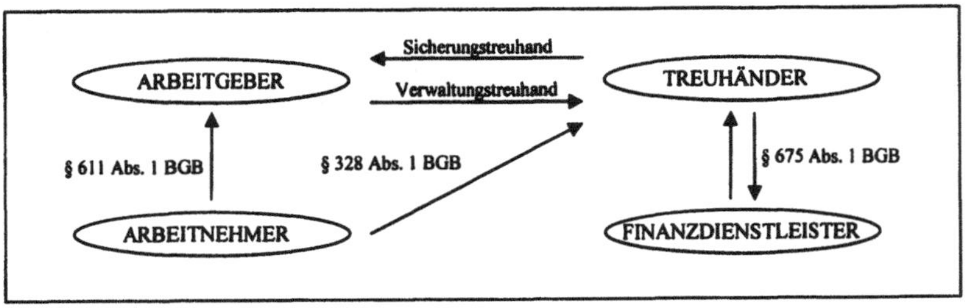

Abbildung 2: Skizze der doppelseitigen Treuhand mit Drittbegünstigung

[740] Vgl. oben S. 206 ff.

2. Bewertung

a) Insolvenzrechtliche Vorgaben

Soweit ersichtlich, ist bislang in der höchstrichterlichen Rechtsprechung noch ungeklärt, ob die oben beschriebene Erscheinungsform der doppelseitigen Treuhand i.V.m. einem Vertrag zugunsten Dritter auch in der Insolvenz des Treugebers (Arbeitgeber) Bestand hat. Fraglich ist insbesondere, ob dem zu sichernden Personenkreis ein Absonderungsrecht nach §§ 51 Nr. 1, 50 Abs. 1 InsO zusteht. Mit zwei Urteilen – eines aus dem Jahre 1989[741] und eines aus dem Jahre 2002[742] – berührte der BGH diese Problemstellung, ohne sie aber abschließend zu klären. Auch wenn diese Entscheidungen zur Konkursordnung ergangen sind, änderte die Einführung der Insolvenzordnung nichts an der rechtlichen Problematik.[743]

Der BGH hatte bei der Entscheidung vom 12.10.1989, der eine mehrseitige Treuhand im Zusammenhang mit der Errichtung eines Anderkontos zu Grunde lag, diese Fragestellung letztlich offen lassen können.[744] Da er zwischen allen Beteiligten – auch gegenüber den gesicherten Dritten – Treuhandverhältnisse erblickte, konnte er die Insolvenzfestigkeit der Ansprüche der gesicherten Dritten mit anerkannten Grundsätzen des Treuhandrechts belegen. Auf Grund dieser treuhänderischen Verflechtung der Beteiligten untereinander bejahte er das Vorliegen eines fremdnützigen Absonderungsrechts des Treuhänders, aus dem Dritte Befriedigung begehren können. Die Frage, ob der schuldrechtliche Anspruch eines Dritten, der nur aus einem Vertrag zugunsten Dritter resultiert, ohne dass ein Treuhandverhältnis gegeben ist, einen insolvenzfesten Schutz, insbesondere ein fremdnütziges Absonderungsrecht zu vermitteln vermag, war für die Entscheidung daher nicht von Relevanz.[745]

---

741 BGHZ 109, 47.

742 BGH ZInsO 2002, 278.

743 Vgl. *Kirchhof*, FS Kreft, 359, 363.

744 BGHZ 109, 47, 53 f.

745 Vgl. BGHZ 109, 47, 53 f.: „Ein Absonderungsrecht des Treuhänders im Konkurs des Treugebers wäre nach allgemeiner Meinung nicht zweifelhaft, wenn das Guthaben der Sicherung von dessen eigenen Ansprüchen gegen den Treuhänder gedient hätte […]. Das gleiche muß gelten, wenn das treuhänderisch verwaltete Guthaben nicht der Sicherung von Rechten des Treuhänders, sondern von Forderungen Dritter dient […]. Diese Annahme erscheint jedenfalls dann unabweisbar, wenn der Inhaber eines Treuhandkontos auch gegenüber dem Einzahlenden und den Dritten, deren Sicherung die Einzahlungen dienen sollen, einer treuhänderischen Bindung unterliegt und die Dritten berechtigt sind, von dem Kontoinhaber Befriedigung ihrer Forderungen aus dem Konto zu verlangen […]".

In einer späteren Entscheidung vom 24.01.2002 spricht der BGH aus, dass eine mehrseitige Treuhandkonstruktion, die aus einer Hinterlegungsvereinbarung resultiert, unter bestimmten Voraussetzungen keine Gläubigerbenachteiligung im Rahmen der Insolvenzanfechtung darstellen kann.[746] Auf den weitergehenden insolvenzrechtlichen Bestand der mehrseitigen Treuhand musste er nicht eingehen.

Die Frage der Insolvenzfestigkeit dieser doppelseitigen Treuhand i.V.m. einem Vertrag zugunsten Dritter wird daher vielfach diskutiert. Wie die rechtliche Einordnung der jeweiligen Personenverhältnisse bereits gezeigt hat, werden dabei unterschiedliche Ansätze verfolgt, um diese Form der Doppeltreuhand auf eine in insolvenzrechtlicher Hinsicht stabile Grundlage zu stellen.[747] Teilweise wird dieser Konstruktion die insolvenzbeständige Wirkung auch abgesprochen.[748]

Im Folgenden wird daher versucht, an Hand der insolvenzrechtlichen Vorgaben das Schicksal dieser Form der doppelseitigen Treuhand im Falle der Insolvenz des Arbeitgebers näher zu beleuchten. Dabei wird auf die Folgen der Insolvenzeröffnung für die schuldrechtlichen Abreden und Ansprüche eingegangen, die Gefahr der Insolvenzanfechtung besprochen und das Vorliegen eines Absonderungsrechts in der Person des Arbeitnehmers und des Treuhänders untersucht. An den strittigen Stellen wird jeweils auf die verschiedenen Meinungen in der Literatur eingegangen.

(1) Rechtsfolgen der Eröffnung des Insolvenzverfahrens für die Treuhandabrede zwischen Arbeitgeber und Treuhänder

Die Eröffnung des Insolvenzverfahrens kann für die bestehenden Treuhandverhältnisse entweder ein automatisches Erlöschen bewirken, die Entscheidung des Insolvenzverwalters erforderlich machen oder ohne Bedeutung sein.[749]

Im Hinblick auf die in diesem Verhältnis bestehende Verwaltungstreuhand ist festzustellen, dass diese mit Eröffnung des Insolvenzverfahrens über das Vermögen des Arbeitgebers (Treugeber) gemäß §§ 116, 115 InsO automatisch er-

---

746 Vgl. BGH ZInsO 2002, 278 ff.

747 So z. B. *Gottwald/Gottwald*, Insolvenzrechts-Handbuch, § 40 Rn. 62; *Passarge*, NZI 2006, 20, 23; *Küppers/Louven/Schröder*, BB 2005, 763, 764; *Hessling*, FS *Förster*, 405, 410; *Fischer/Thoms-Meyer*, DB 2000, 1861, 1863; *Bode/Bergt/Obenberger*, DB 2000, 1864, 1865.

748 So z. B. *Wiezer*, S. 152 ff.; *Jaeger/Henckel*, InsO, § 47 Rn. 85.

749 MüKo/*Kreft*, InsO, § 103 Rn. 1.

lischt.[750] Die Verwaltungstreuhand ist einerseits als entgeltliche Geschäftsbesorgung einzustufen und bezieht sich andererseits auch auf das zur Insolvenzmasse zählende Vermögen. Letzteres ergibt sich daraus, dass der Treuhänder zwar juristisch Eigentümer des Treugutes geworden, das Treugut aber dennoch stets dem Vermögen des Treugebers zugeordnet war.[751] Der Insolvenzverwalter hat in der Folge einen Anspruch auf Rückübertragung des Treugutes in die Insolvenzmasse (§ 667 BGB).[752]

Die in diesem Verhältnis gleichzeitig bestehende Sicherungstreuhand wird hingegen von der Eröffnung des Insolvenzverfahrens nicht berührt. Dies ergibt sich daraus, dass sie als nicht gegenseitiger Vertrag eigener Art[753] weder unter die §§ 104 ff. InsO, insbesondere die §§ 116, 115 InsO, noch unter die Vorschrift des § 103 InsO subsumiert werden kann. Die §§ 116, 115 InsO sind nicht einschlägig, da in der Sicherungstreuhand keine Geschäftsbesorgung gesehen werden kann.[754] Auch die übrigen Fälle der §§ 104 ff. InsO passen nicht auf die Sicherungstreuhand. § 103 InsO hingegen will einen interessengerechten Ausgleich bei beiderseits noch nicht vollständig erfüllten gegenseitigen Verträgen herbeiführen.[755] Der Vertragspartner soll nur dann zur Erbringung ausstehender Leistungen verpflichtet sein, wenn der Verwalter ihm vollwertige Gegenleistungen anbieten kann. Der Schutz des funktionalen Synallagmas nach § 320 BGB setzt sich demnach auch in der Insolvenz fort.[756] Da der Sicherungstreuhandvertrag jedoch nicht als gegenseitiger Vertrag einzustufen ist[757], findet § 103 InsO keine Anwendung. Sieht demnach die Insolvenzordnung keine besonderen Rechtsfolgen auf Grund einer Verfahrenseröffnung für ein Vertragsverhältnis vor, hat dieser Vertrag auch weiterhin Bestand.[758] Die

---

750 MüKo/*Ott*, InsO, § 116 Rn. 21; *Kübler/Prütting/Tintelnot*, §§ 115, 116 Rn. 30; *Uhlenbruck/Berscheid*, §§ 115, 116 Rn. 8, 10; *Häsemeyer*, Insolvenzrecht, Rn. 20.79.

751 MüKo/*Ganter*, InsO, § 47 Rn. 371; *Uhlenbruck/Uhlenbruck*, § 47 Rn. 34; FK-InsO/*Joneleit/Imberger*, § 47 Rn. 41; *Gottwald/Gottwald*, Insolvenzrechts-Handbuch, § 40 Rn. 31; *Häsemeyer*, Insolvenzrecht, Rn. 20.79.

752 BGH NJW 1962, 1200, 1201; BGH DB 1975, 300; MüKo/*Ganter*, InsO, § 47 Rn. 371; *Uhlenbruck/Uhlenbruck*, § 47 Rn. 34; FK-InsO/*Joneleit/Imberger*, § 47 Rn. 42; *Gottwald/Gottwald*, Insolvenzrechts-Handbuch, § 40 Rn. 44; *Häsemeyer*, Insolvenzrecht, Rn. 11.15.

753 Vgl. oben S. 201 f.

754 Vgl. oben S. 201 f.

755 *Kübler/Prütting/Tintelnot*, § 103 Rn. 3 ff.; *Uhlenbruck/Berscheid*, § 103 Rn. 1.

756 *Nerlich/Römermann/Balthasar*, § 103 Rn. 3; *Uhlenbruck/Berscheid*, § 103 Rn. 1.

757 Vgl. oben S. 201 f.

758 Vgl. *Bork*, Einführung in das Insolvenzrecht, Rn. 153.

Eröffnung des Insolvenzverfahrens über das Vermögen des Arbeitgebers bleibt damit für die Wirksamkeit der Sicherungstreuhand ohne Folgen. Die Treuhandabrede bleibt bestehen.

Ein anderes Ergebnis im Hinblick auf die Beurteilung der Sicherungstreuhand stünde auch in einem starken Widerspruch zu § 51 Nr. 1 InsO, der dem Gläubiger ein Absonderungsrecht zubilligt. Da dieses Absonderungsrecht ohne Rechtsgrund – Sicherungstreuhandabrede – kondizierbar wäre, könnte es in der Insolvenz des Schuldners mühelos beseitigt werden. Dies stünde in einem klaren Gegensatz zu dem mit der Sicherungstreuhand verfolgten Sicherungszweck, der durch § 51 Nr. 1 InsO gestützt wird.

(2) Rechtsfolgen der Eröffnung des Insolvenzverfahrens für den Anspruch des Arbeitnehmers gegen den Treuhänder

Fraglich ist, ob der Anspruch des einzelnen Arbeitnehmers aus dem Vertrag zugunsten Dritter von der Verfahrenseröffnung betroffen ist. Die Beantwortung dieser Frage ist vom Bestand des in dieser Drei-Personen-Beziehung korrespondierenden Deckungsverhältnisses abhängig.[759] Als Deckungsverhältnis dieses Drei-Personen-Verhältnisses kommt sowohl die Verwaltungstreuhand als auch die Sicherungstreuhand zwischen Arbeitgeber und Arbeitnehmer in Betracht. Die Zuordnung des Arbeitnehmeranspruchs zu diesem oder jenem Treuhandverhältnis entscheidet sodann über sein weiteres Schicksal, da die Drittbegünstigung von der rechtlichen Wirksamkeit des Deckungsverhältnisses abhängig ist.[760]

Da die Übertragung des Treugutes im Rahmen des Vertrages zugunsten Dritter nicht im unmittelbaren Interesse des Arbeitgebers erfolgt, sondern Sicherungszwecken zugunsten der Arbeitnehmer dient, muss die Verwaltungstreuhand als Deckungsverhältnis ausscheiden. Die Drittbegünstigung ist demnach der gleichzeitig vorliegenden Sicherungstreuhand zuzuordnen. Diese stellt somit das Deckungsverhältnis des Vertrages zugunsten Dritter dar. Wie oben ausgeführt, verliert die Sicherungstreuhand auch nach Verfahrenseröffnung nicht ihre rechtliche Wirksamkeit. Somit behält auch die davon abgeleitete Drittbegünstigung der Arbeitnehmer nach Verfahrenseröffnung ihre Wirksamkeit.

---

759 MüKo/*Gottwald*, § 328 Rn. 26 f.; *Palandt/Grüneberg*, BGB, § 328 Rn. 3.

760 MüKo/*Gottwald*, § 328 Rn. 26 f.; *Palandt/Grüneberg*, BGB, § 328 Rn. 3.

(3) Anfechtbarkeit der doppelseitigen Treuhand (§§ 143, 129 ff. InsO)

Fraglich ist, ob die doppelseitige Treuhand mit Drittbegünstigung der Insolvenzanfechtung unterliegt (§§ 143, 129 ff. InsO). Als anfechtbare Rechtshandlungen, die vor Insolvenzeröffnung vorgenommen worden sind, kommen sowohl der Abschluss der Treuhandvereinbarung mit Drittbegünstigung als auch die Übertragung des Treugutes auf den Treuhänder in Betracht. In beiden Rechtshandlungen kann eine objektive Gläubigerbenachteiligung (§ 129 InsO) gesehen werden, da sich die Befriedigung der ungesicherten Gläubiger ohne die Vereinbarung der Treuhand bzw. die Übertragung des Treugutes günstiger gestalten würde.[761]

Zu klären ist jedoch, ob durch diese Rechtshandlungen auch ein Anfechtungstatbestand der §§ 130 ff. InsO verwirklicht sein kann.

Auf Grund der kurzen zeitlichen Rückwirkung der Anfechtungsgründe nach §§ 130 bis 132 InsO – drei Monate vor dem Antrag auf Eröffnung des Insolvenzverfahrens –, wird im Hinblick auf die existenzielle Bedeutung von Wertguthaben, die über mehrere Jahre angespart worden sind, nicht näher auf diese Tatbestände eingegangen.[762]

Die Vereinbarung der Treuhand und die Übertragung des Treugutes auf den Treuhänder zur Sicherung der Arbeitnehmer könnte eine unentgeltliche Leistung nach § 134 Abs. 1 InsO darstellen. Isoliert betrachtet steht diesen Zuwendungen keine Gegenleistung des Treuhänders gegenüber. Auch wenn grundsätzlich jede Rechtsbeziehung streng getrennt behandelt werden muss[763], ist bei der vorliegenden Treuhand mit Drittbegünstigung jedoch die Beteiligung der Arbeitnehmer mit zu berücksichtigen. Die Übertragung dient der Erfüllung arbeitsvertraglicher und gesetzlicher Pflichten zum Schutz der Wertguthaben der Arbeitnehmer. Nur die Wahl dieser besonderen Sicherungslösung, bei der ein Treuhänder zusätzlich eingeschaltet wird, führt zu der scheinbar unentgeltlichen Übertragung, während in anderen Sicherungsmodellen den Arbeitnehmern direkt eine Begünstigung eingeräumt wird.[764] Dies ist allerdings nur eine Zufälligkeit, die eine Ungleichbehandlung der verschiedenen Sicherungsmodelle nicht rechtfertigt. Der Treuhandabrede und der Übertragung des Treugutes steht

---

761 *Uhlenbruck/Hirte*, § 129 Rn. 91 m. w. N.

762 Vgl. dazu entsprechend oben im Zusammenhang mit den Verpfändungslösungen, S. 162 ff.

763 Vgl. BGH ZIP 1993, 208, 210.

764 Vgl. beispielsweise die verschiedenen Verpfändungslösungen ab S. 158 ff.

damit die Arbeitsleistung der Arbeitnehmer gegenüber. Eine unentgeltliche Leistung im Sinne von § 134 InsO liegt damit nicht vor.

Fraglich ist, ob in der doppelseitigen Treuhand mit Drittbegünstigung eine vorsätzliche Benachteiligung gemäß § 133 Abs. 1 InsO gesehen werden kann. Zwar kann die Bestellung einer Sicherheit auch eine vorsätzliche Gläubigerbenachteiligung bedeuten, wenn die Errichtung der Sicherheit an die Bedingung der Zahlungsunfähigkeit des Schuldners geknüpft wird.[765] Allerdings ist auch bei § 133 Abs. 1 InsO festzustellen, dass der Schuldner die Vereinbarung der Treuhand mit Drittbegünstigung und die Übertragung der Vermögenswerte auf den Treuhänder auf Grund einer gesetzlichen Verpflichtung unternimmt. Von einer vorsätzlichen Gläubigerbenachteiligung kann daher nicht gesprochen werden. Eine vorsätzliche Gläubigerbenachteiligung könnte somit nur angenommen werden, wenn noch weitere erschwerende Umstände hinzukommen.

Abgesehen von einer möglichen Insolvenzanfechtung nach den §§ 130 bis 132 InsO, die im Rahmen der Sicherung von Wertguthaben aber nur eine untergeordnete Rolle spielt, ist die doppelseitige Treuhand mit Drittbegünstigung nicht stärker anfechtungsgefährdet als die übrigen Sicherungsmodelle.

(4) Absonderungsrecht des Arbeitnehmers

Im Folgenden wird untersucht, ob die Arbeitnehmer im Fall der Insolvenz des Arbeitgebers durch dieses Sicherungsmodell bereits direkt begünstigt werden. Möglicherweise sind die Arbeitnehmer selbst durch ihre Einbeziehung in die Sicherungstreuhand im Wege des Vertrages zugunsten Dritter zur abgesonderten Befriedigung aus dem Treugut berechtigt.

(a) Direkte Anwendung von §§ 51 Nr. 1, 50 InsO

In der vorliegenden Situation müsste der durch Vertrag zugunsten Dritter eingeräumte schuldrechtliche Anspruch der Arbeitnehmer gegenüber dem Treuhänder zur Erfüllung der Tatbestandsvoraussetzungen eines Absonderungsrechts führen. In Betracht kommen insoweit nur die §§ 51 Nr. 1, 50 InsO, deren Voraussetzungen dann erfüllt wären, wenn dem einzelnen Arbeitnehmer zur Sicherheit seiner Ansprüche das Treugut übereignet worden wäre. Dies könnte möglicherweise dadurch erreicht werden, dass man in der Begünstigung der einzelnen Arbeitnehmer jeweils die Begründung einzelner Sicherungstreuhandverhältnisse zwischen ihnen und dem Arbeitgeber erblickt. Die nach § 51 Nr. 1

[765] Vgl. BGH NJW 1993, 1640, 1641 für den Fall der bedingten Sicherungsabtretung.

InsO erforderliche Übereignung könnte vergleichbar mit der Situation beim sog. Streckengeschäft[766] nur abgekürzt worden sein.

Der Annahme einer weiteren eigenständigen Sicherungstreuhand in diesem Personenverhältnis steht allerdings entgegen, dass es sich zum einen erneut um einen unzulässigen Vertrag zulasten Dritter (Arbeitnehmer) handeln würde, der von der Rechtsordnung nicht vorgesehen ist.[767] Auch mit einer Sicherungstreuhand sind erhebliche Pflichten verbunden, beispielsweise die Verpflichtung zur Rückgabe des Treugutes nach Wegfall des Sicherungszwecks. Dies bedeutet, dass der Sicherungstreuhänder auch während des Treuhandverhältnisses verpflichtet ist, sorgsam und verantwortlich mit dem Treugut umzugehen, weil er anderenfalls zum Schadensersatz verpflichtet ist. Zum anderen kann ein und dasselbe Treugut nicht gleichzeitig Gegenstand mehrerer Sicherungstreuhandverhältnisse sein. Es ist aber bereits im Rahmen der Sicherungstreuhand zwischen Arbeitgeber und Treuhänder ausdrücklich zur Sicherheit übereignet worden. Zwischen dem Arbeitgeber und dem zu sichernden Arbeitnehmer besteht somit keine weitere Sicherungstreuhand. Eine direkte Anwendung der §§ 51 Nr. 1, 50 InsO scheidet demnach aus.

(b) Analoge Anwendung der §§ 51 Nr. 1, 50 InsO

Möglicherweise kann eine analoge Anwendung der §§ 50, 51 Nr. 1 InsO zu einem Absonderungsrecht der Arbeitnehmer führen. Dem könnten dogmatische Gründe entgegenstehen. Insbesondere ist zu klären, ob in der vorliegenden Konstellation eine für eine Analogie notwendige planwidrige Regelungslücke gegeben ist. Der im Insolvenzverfahren geltende Grundsatz der gemeinschaftlichen Gläubigerbefriedigung[768] nach § 1 S. 1 InsO ist nur durch wenige normierte Ausnahmen durchbrochen. Beispiele dafür sind die Möglichkeit zur Begründung von Masseverbindlichkeiten (§§ 53 ff. InsO), der Anspruch auf Aussonderung (§§ 47 f. InsO) oder genau bestimmte Fälle, in denen eine abgesonderte Befriedigung verlangt werden kann (u. a. §§ 49 ff., 84 Abs. 1 S. 2 InsO, § 157 VVG). Hat ein Gläubiger demnach ein Interesse daran, eine bevorzugte Stellung zu erlangen, ist es ihm deshalb zuzumuten, eines der von der Insolvenzordnung bereitgestellten Institute zu nutzen. Vorliegend hätten die Arbeitnehmer ja durchaus die Möglichkeit gehabt, tatsächlich bewegliche Gegenstände oder ein Recht zur Sicherheit übertragen zu bekommen. Dadurch hätten die

---

766 Vgl. dazu *Baur/Stürner*, Sachenrecht, § 51 Rn. 15, 17; BGH NJW 1986, 1166; *Padeck*, Jura 1987, 454, 460 ff.

767 Vgl. entsprechend oben S. 211 f.

768 Begr. RegE zu § 1 InsO, BT-Drucks. 12/2443, S. 108; MüKo/*Ganter*, InsO, § 1 Rn. 51 f.; *Jaeger/Henckel*, InsO, § 1 Rn. 6.

Voraussetzungen eines Absonderungsrechts unproblematisch herbeigeführt werden können. Die Arbeitnehmer haben die bestehenden Möglichkeiten nicht genutzt. Es ist damit keine Situation gegeben, die die Annahme einer planwidrigen Regelungslücke rechtfertigen könnte. Eine analoge Anwendung von §§ 51 Nr. 1, 50 InsO muss daher ausscheiden.

(c) Zwischenergebnis

Die Voraussetzungen des § 51 Nr. 1 InsO können folglich zugunsten der Arbeitnehmer nicht erfüllt werden. Die Arbeitnehmer sind mithin in der Insolvenz des Arbeitgebers nicht selbst zur abgesonderten Befriedigung aus dem Treugut berechtigt.

(5) Absonderungsrecht des Treuhänders

Grundsätzlich hat im Falle einer herkömmlichen eigennützigen Treuhand (Sicherungstreuhand) der Treuhänder gemäß §§ 51 Nr. 1, 50 InsO ein Absonderungsrecht an dem Treugut. Er kann kein Aussonderungsrecht (§ 47 InsO) beanspruchen, auch wenn er formell Eigentümer des Treugutes geworden ist.[769] Der Grund dafür ist, dass das Treugut haftungsrechtlich dem Vermögen des Treugebers zugeordnet[770], und der Treuhänder wie der Inhaber eines rechtsgeschäftlichen Pfandrechts behandelt wird.[771]

Vorliegend könnte jedoch der Umstand, dass der Treuhänder im Rahmen dieser doppelseitigen Treuhandkonstruktion kein eigenes Sicherungsinteresse verfolgt, dazu führen, dass der Treuhänder nicht zur abgesonderten Befriedigung berechtigt ist. Insoweit werden verschiedene Ansichten vertreten. Die Rechtsprechung musste, wie bereits angesprochen, dazu noch nicht eindeutig Stellung beziehen.[772] Der BGH hat diese Frage vielmehr offen gelassen.[773]

---

769 MüKo/*Ganter*, InsO, § 47 Rn. 381; FK-InsO/*Joneleit*/*Imberger*, § 47 Rn. 43; *Häsemeyer*, Insolvenzrecht, Rn. 11.16; *Serick*, Eigentumsvorbehalt und Sicherungsübertragung (1993), S. 50, 149.

770 *Jaeger*/*Henckel*, InsO, § 47 Rn. 58; *Häsemeyer*, Insolvenzrecht, Rn. 11.15 f.; *Uhlenbruck*/*Uhlenbruck*, § 35 Rn. 73; § 51 Rn. 3; *Kübler*/*Prütting*/*Holzer*, § 35 Rn. 88.

771 *Uhlenbruck*/*Uhlenbruck*, § 51 Rn. 2; *Kübler*/*Prütting*/*Prütting*, § 51 Rn. 7; *Gottwald*/*Gottwald*, Insolvenzrechts-Handbuch, § 40 Rn. 50.

772 Vgl. RGZ 118, 209 f.; BGH WM 1977, 1422 f.; BGHZ 109, 47, 53 f. Vgl. im Übrigen oben S. 215 f.

773 BGHZ 109, 47, 53 f.

(a) Absonderungsrecht nur bei eigenem oder abgeleitetem Sicherungsinteresse

In diesem Zusammenhang wird überwiegend die Meinung vertreten, dass einem Sicherungstreuhänder grundsätzlich nur insoweit ein Absonderungsrecht nach den §§ 51 Nr. 1, 50 InsO zustehe, als er ein eigenes oder abgeleitetes Sicherungsinteresse verfolge.[774] Einigkeit besteht darin, dass dem Treuhänder immer dann ein Absonderungsrecht zustehe, wenn das Treugut eigene Forderungen des Treuhänders gegen den Treugeber absichere.[775] Dann bestünde unproblematisch ein eigenes Interesse des Treuhänders, das für die Begründung eines Absonderungsrechtes erforderlich sei.

An die Anforderung der Überleitung eines fremden Sicherungsinteresses werden dabei allerdings unterschiedliche Anforderungen gestellt.

Soweit der Treuhänder das Treugut (auch) zur Sicherung von Forderungen Dritter halte, sei nach einer Ansicht für eine abgesonderte Befriedigung im Interesse Dritter zusätzlich notwendig, dass vor Eröffnung des Insolvenzverfahren auch ein wirksames Treuhandverhältnis zwischen ihm und den Dritten begründet worden sei.[776] Nur dann könne der Treuhänder ein Absonderungsrecht nach §§ 51 Nr. 1, 50 Abs. 1 InsO im Interesse des Dritten geltend machen.[777] Dieses Treuhandverhältnis sei demnach die Grundlage für die Verlagerung der Interessen auf den Treuhänder. Die Anwendung dieser Ansicht auf die hier vorliegende Konstruktion der doppelseitigen Treuhand würde bedeuten, dass der Treuhänder keine abgesonderte Befriedigung hinsichtlich der zu sichernden Forderungen verlangen könnte. Mangels einer eigenständigen Treuhandbeziehung zwischen Arbeitnehmern und Treuhändern würde es demnach an der wirksamen Grundlage für die Verlagerung der Interessen auf den Treuhänder fehlen. Folglich könnten nach dieser Ansicht die Ansprüche der Arbeitnehmer inklusive der Arbeitgeberanteile am Gesamtsozialversicherungsbeitrag im Wege der doppelseitigen Treuhand mit Drittbegünstigung nicht gesichert werden.

Eine andere Ansicht will jedoch allein den schuldrechtlichen Anspruch der Dritten aus dem Vertrag zugunsten Dritter für die Bejahung des abgeleiteten

---

774 Vgl. *Jaeger/Henckel*, InsO, § 47 Rn. 85; *Liebich/Mathews*, Treuhand und Treuhänder in Recht und Wirtschaft, S. 157 f.; *Siebert*, Das rechtsgeschäftliche Treuhandverhältnis, S. 202, 391 ff.

775 RGZ 118, 209 f.; BGH WM 1977, 1422 f.; BGHZ 109, 47, 53 f.; *Jaeger/Henckel*, InsO, § 47 Rn. 85.

776 Vgl. *Jaeger/Henckel*, InsO, § 47 Rn. 85; *Bork*, NZI 1999, 337, 341.

777 Vgl. *Jaeger/Henckel*, InsO, § 47 Rn. 85. Der BGH für diesen Fall dem Treuhänder ein Absonderungsrecht zugebilligt, BGHZ 109, 47, 54.

Interesses genügen lassen.[778] Wirtschaftlich gesehen vertrete der uneigennützige Sicherungstreuhänder den Gläubiger, so dass der Treuhänder im Verhältnis zum Treugeber als eigennützig angesehen werden könne.[779] Hieraus ist für die Frage der Anwendbarkeit des § 771 ZPO (Drittwiderspruchsklage) im Rahmen der Einzelzwangsvollstreckung bei einer Treuhand mit Drittbegünstigung gefolgert worden, dass der zugunsten eines Dritten eingesetzte uneigennützige Treuhänder dem eigennützigen Treuhänder gleichgestellt werden müsse.[780] Dies müsse auch im Rahmen der Gewährung eines Absonderungsrechtes gelten.[781] Auf Grund dieser wirtschaftlichen Betrachtungsweise würde sich im Fall der vorliegenden doppelseitigen Treuhand zugunsten der Arbeitnehmer ein Absonderungsrecht des Treuhänders ergeben.

Dieser letzt genannten Ansicht ist zuzugeben, dass oftmals nur eine wirtschaftliche Betrachtungsweise bei der Behandlung der Treuhandverhältnisse zu interessengerechten Ergebnissen führt. Ein Beispiel dafür ist die grundsätzliche haftungsrechtliche Zuordnung des Treugutes trotz rechtlicher Eigentumsübertragung zum Vermögen des Treugebers. Dies spiegelt sich auch in der Behandlung des Sicherungstreuhänders als Inhaber eines rechtsgeschäftlichen Pfandrechts wider.

Allerdings ist diesen Ansichten, die für die Begründung eines Absonderungsrechtes nach den §§ 51 Nr. 1, 50 InsO auf die Interessenlage in der Person des Treuhänders abstellen, entgegenzuhalten, dass § 51 Nr. 1 InsO keine Aussage über die unterschiedlichen Anforderungen an die Interessensrichtung enthält. § 51 Nr. 1 InsO fordert nach seinem Tatbestand lediglich einen Gläubiger, dem der Schuldner zur Sicherung eines Anspruchs eine bewegliche Sache übereignet oder ein Recht übertragen hat. Ein besonderes subjektives Tatbestandsmerkmal der Verfolgung eines eigenen oder abgeleiteten Sicherungsinteresses kann in dieser noch jungen Bestimmung – die Insolvenzordnung ist erst zum 1. Januar 1999 vollständig in Kraft getreten (Art. 110 Abs. 1 EGInsO) – nicht erblickt werden. Ob der Treuhänder allerdings dann als Gläubiger im Sinne des § 51 Nr. 1 InsO angesehen werden kann, ist eine Frage, die der Klärung bedarf.[782]

---

778 *Liebich/Mathews*, Treuhand und Treuhänder in Recht und Wirtschaft, S. 157 f.; *Siebert*, Das rechtsgeschäftliche Treuhandverhältnis, S. 202, 391 ff.

779 *Liebich/Mathews*, Treuhand und Treuhänder in Recht und Wirtschaft, S. 157.

780 *Liebich/Mathews*, Treuhand und Treuhänder in Recht und Wirtschaft, S. 155; *Siebert*, Das rechtsgeschäftliche Treuhandverhältnis, S. 390 f. Vgl. im Übrigen dazu: *Jaeger/Henckel*, § 51 Rn. 6 ff.; *Uhlenbruck/Uhlenbruck*, § 51 Rn. 2.

781 *Liebich/Mathews*, Treuhand und Treuhänder in Recht und Wirtschaft, S. 157.

782 Vgl. dazu sogleich unten S. 226.

Sofern man sich dennoch für die Notwendigkeit eines eigenen oder abgeleiteten Sicherungsinteresses des Treuhänders entscheidet, ist dem Wortlaut ebenso nicht zu entnehmen, dass eine Verlagerung der Sicherungsinteressen der Arbeitnehmer auf den Treuhänder nur dann wirksam erfolgen könne, wenn in dieser Personenbeziehung ebenfalls ein Treuhandverhältnis existiert. Konsequenterweise müsste dann für die Überleitung der Sicherungsinteressen auch der schuldrechtliche Anspruch der Arbeitnehmer aus dem Sicherungsvertrag zwischen Treuhänder und Arbeitgeber i.V.m. § 328 Abs. 1 BGB genügen.

(b) Unabhängigkeit des Absonderungsrechts von einem Sicherungsinteresse

Aus diesen soeben getroffenen Überlegungen zum Wortlaut des § 51 Nr. 1 InsO ergibt sich, dass für die Bejahung eines Absonderungsrechts des Treuhänders, der Ansprüche Dritter sichern soll, grundsätzlich keine Interessensverlagerung notwendig ist. Möglicherweise ist vielmehr anzunehmen, dass der Gesetzgeber bei Erlass dieser noch jungen Vorschrift des § 51 Nr. 1 InsO alle erforderlichen Tatbestandsmerkmale für die Begründung eines Absonderungsrechtes abschließend festgelegt hat. Auch die Gesetzesbegründung zum Regierungsentwurf der Insolvenzordnung trifft im Zusammenhang mit der Einführung eines Absonderungsrechts bei einer vorangegangenen Sicherungsübertragung (§ 58 RegE InsO) keine Aussage zu der erforderlichen Interessensituation.[783] Ohne näher auf die erforderlichen Voraussetzungen einzugehen, wird in der Begründung nur darauf verwiesen, dass das Absonderungsrecht des Sicherungsnehmers auch nach der Konkursordnung anerkannt war und in § 27 Abs. 2 VerglO seinen Niederschlag gefunden hat. Der Gesetzgeber wollte demnach mit dieser neue Bestimmung eine jahrzehntelange Praxis in Gesetzesform gießen und Zweifel hinsichtlich des „ob" und „wie" des Absonderungsrechts nach einer vorangegangenen Sicherungsübereignung bzw. -zession beseitigen.[784] Insgesamt kann daraus geschlossen werden, dass der Gesetzgeber in dieser neuen gesetzlichen Regelung abschließend alle Voraussetzungen für die Begründung eines Absonderungsrechts nach vorangegangener Sicherungsübertragung festgelegt hat. Die Frage der Interessensverteilung im Lager des nach außen auftretenden Sicherungsnehmers betrifft somit ausschließlich das Innenverhältnis zu möglicherweise begünstigten Dritten.

Sofern die Voraussetzungen der §§ 51 Nr. 1, 50 InsO erfüllt sind, ist somit unabhängig von dem subjektiven Kriterium der Interessenlage dem Sicherungsnehmer ein Recht auf abgesonderte Befriedigung zu gewähren. Die Interessens-

---

783 Vgl. Begr. RegE zu § 58 InsO, BT-Drucks. 12/2443, S. 125.

784 *Jaeger/Henckel*, § 51 Rn. 1; MüKo/*Ganter*, InsO, § 51 Rn. 1; *Uhlenbruck/Uhlenbruck*, § 51 Rn. 1.

situation kann möglicherweise bei der Annahme eines Absonderungsrechts für die spätere Verteilung des Verwertungserlöses nach der Sicherungsabrede eine Rolle spielen. Demnach erscheint es als angezeigt, eine Auslegung des § 51 Nr. 1 InsO vorzunehmen, die sich vor allem an dessen Wortlaut orientiert.

Für die vorliegende doppelseitige Treuhand mit Drittbegünstigung ist daher zu prüfen, ob in der Person des Treuhänders die Voraussetzungen der §§ 51 Nr. 1, 50 InsO erfüllt werden können. Der Insolvenzschuldner müsste dem Treuhänder als Gläubiger zur Sicherung eines Anspruchs bewegliche Gegenstände übereignet oder ein Recht übertragen haben.

- Übereignung von Vermögensgegenständen zur Sicherung von Ansprüchen

Unproblematisch ist im Rahmen der oben beschriebenen Konstruktion dieser doppelseitigen Treuhand mit Drittbegünstigung eine Übereignung bzw. Übertragung von Vermögensgegenständen auf den Treuhänder erfolgt. Diese Übereignung bzw. Übertragung von Vermögenswerten fand auch zur Sicherung von Ansprüchen, nämlich denen aus den Wertguthaben einschließlich der korrespondierenden Arbeitgeberanteile am Gesamtsozialversicherungsbeitrag, statt.

- Gläubiger im Sinne des § 51 Nr. 1 InsO

Fraglich ist allerdings, ob der Treuhänder in der vorliegenden Konstellation auch als Gläubiger im Sinne des § 51 Nr. 1 InsO anzusehen ist. In diesem Zusammenhang ist klärungsbedürftig, ob § 51 Nr. 1 InsO verlangt, dass der Treuhänder gleichzeitig der Gläubiger der gesicherten Ansprüche sein muss.

Vorliegend ist der Treuhänder lediglich Gläubiger aus der Treuhandabrede hinsichtlich der Sicherungstreuhand. Diese ist der Rechtsgrund für die Übereignung bzw. die Übertragung des Treugutes. Fraglich ist, ob diese somit nur dingliche Gläubigerstellung des Treuhänders – Berechtigung aus der Sicherungstreuhand ohne schuldrechtlichen Anspruch auf persönliche Haftung des Schuldners – für die Begründung des Absonderungsrechts ausreichend sein kann.

Der Wortlaut der Vorschrift lässt die Auslegung in beide Richtungen zu, da er nur von der Sicherung „eines“ Anspruchs und nicht von der Sicherung „seines“ oder „eines Anspruchs des Gläubigers“ spricht. Demnach können aus der grammatischen Auslegung keine eindeutigen Schlüsse gezogen werden.

Möglicherweise lässt sich im Wege der systematischen Auslegung ein Rückschluss auf die Anforderungen des Gläubigerbegriffs in § 51 Nr. 1 InsO gewinnen. Die Vorschrift des § 50 InsO, auf den § 51 InsO Bezug nimmt, könnte indirekt auf Grund der Akzessorietät des Pfandrechts verlangen, dass Sicherungsnehmer und Gläubiger der gesicherten Forderung identisch sind. Allerdings setzt § 50 InsO nur das Bestehen eines Pfandrechts voraus, ohne explizit eine Verknüpfung der gesicherten Forderung mit dem Sicherungsgut zu fordern. Es ist jedoch fraglich, ob § 51 Nr. 1 InsO überhaupt in dieser Hinsicht mit § 51 Nr. 1 InsO vergleichbar ist. Die Sicherungsübereignung bzw. -zession ist gerade kein akzessorisches Sicherungsmittel, da deren Wirksamkeit nicht von der Existenz einer gesicherten Forderung abhängt. Den Inhabern dieser nicht akzessorischen Sicherheit soll aber nach § 51 Nr. 1 InsO eine abgesonderte Befriedigung gewährt werden. Wäre es dennoch notwendig, dass sie gleichzeitig Gläubiger der gesicherten Ansprüche sein müssten, würde die Akzessorietät der Sicherungsübereignung bzw. -zession quasi durch die Hintertür für einen der wichtigsten Anwendungsfälle – Zahlungsunfähigkeit des Sicherungsgebers – eingeführt werden. Ein Vergleich mit § 50 InsO kann daher nicht vorgenommen werden. Es ist vielmehr davon auszugehen, dass § 51 InsO nur auf die Rechtsfolgen des § 50 InsO verweisen will.

Aus § 52 InsO ist ferner ersichtlich, dass die Insolvenzordnung Fälle kennt, in denen der Gläubiger keinen persönlichen Anspruch gegen den Schuldner in den Händen hält.[785] Dies sind insbesondere Fallgruppen, in denen der Schuldner die Verbindlichkeiten eines Dritten besichert hat und sodann in Insolvenz gerät.[786] Dem ist jedoch zuzugeben, dass der Gläubiger in dieser Situation wohl auch der Gläubiger der gesicherten Ansprüche gegenüber dem Dritten ist.

Der Blick in § 49 InsO, der die abgesonderte Befriedigung aus unbeweglichen Gegenständen regelt, verrät jedoch, dass die Insolvenzordnung in bestimmten Fällen ein Absonderungsrecht kennt, das unabhängig von einer persönlichen Forderung gegenüber dem Schuldner ist. In diesem Zusammenhang ist denkbar, dass ein Gläubiger Inhaber einer zur Zwangsvollstreckung berechtigenden „isolierten" Grundschuld ist, die grundsätzlich unabhängig vom Bestehen einer zu sichernden Forderung ist (§§ 1191 Abs. 1, 1192 Abs. 1 BGB).[787] Die Insolvenzordnung gewährt demnach auch solchen Gläubigern ein Absonderungsrecht, die keine persönliche Forderung gegen den Schuldner haben.

Somit lässt auch eine systematische Auslegung das Ergebnis offen, da die Insolvenzordnung sowohl Absonderungsrechte kennt, die an eine persönliche

---

785 Vgl. dazu auch: MüKo/*Ganter*, InsO, Vorb. §§ 49 bis 52 Rn. 54 ff.

786 MüKo/*Ganter*, InsO, Vorb. §§ 49 bis 52 Rn. 54.

787 MüKo/*Eickmann*, BGB, § 1192 Rn. 6; § 1192 Rn. 1 ff.; *Baur/Stürner*, Sachenrecht, § 44 Rn. 6.

Forderung gegenüber dem Schuldner gebunden, als auch solche, die davon unabhängig sind.

Möglicherweise lässt sich aus dem Sinn und Zweck der Vorschrift eine Aussage über die Anforderungen an den Gläubigerbegriff des § 51 Nr. 1 InsO treffen. Für eine Identität des Sicherungsnehmers und des Gläubigers der gesicherten Ansprüche spricht möglicherweise, dass regelmäßig nur demjenigen eine Sicherung gewährt wird, der auch Inhaber der gesicherten Ansprüche ist. Dieses Bild könnte der Gesetzgeber bei Erlass dieser Vorschrift im Auge gehabt haben. Die Gesetzesbegründung zu § 58 RegE InsO enthält dazu keine Aussage.[788] Allerdings ist eine abstrakte Gesetzesnorm nicht nur für den Regelfall geschaffen, sondern versucht, eine möglichst große Anzahl von Lebenssachverhalten abzudecken. In einer Gesellschaft mit komplexen Wirtschaftsvorgängen kann eine Bündelung gestellter Sicherheiten in einer Person aus Vereinfachungsgründen erforderlich sein, selbst wenn diese Person nicht in vollem Umfang Gläubiger der gesicherten Ansprüche ist. Die eigentlichen Gläubiger hätten zwar die Möglichkeit, einzeln selbst als Sicherungsnehmer aufzutreten, um unproblematisch die Rechtsfolge der §§ 51 Nr. 1, 50 InsO herbeizuführen. Dies erscheint aber als unnötige Erschwerung. Da der Gesetzgeber mit seiner Entscheidung zur Gewährung eines Absonderungsrechts nach vorangegangener Sicherungsübereignung bzw. -übertragung festgelegt hat, dass diese Form der Sicherung im Insolvenzverfahren gegenüber den Insolvenzgläubigern bevorrechtigt sein soll, ist von einem weiten Gläubigerbegriff auszugehen. Sollte den gestellten Sicherheiten tatsächlich einmal keine gesicherte Forderung – weder des Sicherungsnehmers, noch eines begünstigten Dritten – (mehr) gegenüberstehen, kann der Schuldner bzw. Insolvenzverwalter dem Absonderungsbegehren stets den Rückgewähranspruch aus der Treuhandabrede entgegenhalten (§ 242 BGB).[789] Einem Missbrauch des Sicherungsrechtes kann daher erfolgreich begegnet werden.

Es ist damit festzuhalten, dass der Gläubiger im Sinne des § 51 Nr. 1 InsO nicht zwingend der Gläubiger der gesicherten Ansprüche sein muss.

- Zwischenergebnis

In der Person des Treuhänders sind damit die Voraussetzungen für eine abgesonderte Befriedigung nach den §§ 51 Nr. 1, 50 InsO gegeben.

---

788 Vgl. Begr. RegE zu § 58 InsO, BT-Drucks. 12/2443, S. 125.

789 Vgl. MüKo/*Ganter*, InsO, Vorb. §§ 49 bis 52 Rn. 57.

(c) Zusammenfassung zum Absonderungsrecht des Treuhänders

Für die vorliegende Sicherungslösung bedeutet dies, dass der Treuhänder, der nur dinglicher Gläubiger des Schuldners ist, dennoch ein Absonderungsrecht aus § 51 Nr. 1 InsO haben kann. Es ist nicht notwendig, dass das Treugut der Sicherung eigener persönlicher Ansprüche des Treuhänders dient. Insbesondere ist nicht zu fordern, dass eine Verlagerung der Interessen von den begünstigten Dritten – sei es durch ein eigenes Treuhandverhältnis oder eine vertragliche Beziehung – auf den Treuhänder stattfindet.

(6) Zwischenergebnis zu den insolvenzrechtlichen Vorgaben

Die Untersuchung hat gezeigt, dass nur die Verwaltungstreuhand durch die Eröffnung des Insolvenzverfahrens nach §§ 116, 115 Abs. 1 InsO erlischt. Mangels Anwendbarkeit der §§ 103 ff. InsO auf die gleichzeitig bestehende Sicherungstreuhand zwischen Arbeitgeber und Treuhänder bleibt diese von der Insolvenzeröffnung unberührt. Ihr Fortbestand richtet sich nach den außerhalb der Insolvenzordnung bestehenden Vorschriften. Auch der Anspruch des Arbeitnehmers aus dem Vertrag zugunsten Dritter wird durch die Verfahrenseröffnung nicht betroffen, da dessen Deckungsverhältnis in der Sicherungstreuhandabrede zu sehen ist. Die vorliegend dargestellte Konstruktion der doppelseitigen Treuhand mit Drittbegünstigung gewährt dem einzelnen Arbeitnehmer kein Absonderungsrecht. Ein solches kann nur der Treuhänder für die Arbeitnehmer ausüben, auch wenn ihm keine eigenen persönlichen Ansprüche gegen den Arbeitgeber zustehen. Allein durch die dingliche Berechtigung des Treuhänders können die Tatbestandsmerkmale des § 51 Nr. 1 InsO erfüllt werden. In der Insolvenz des Arbeitgebers kann der Arbeitnehmer, nachdem der Treuhänder das Absonderungsrecht geltend gemacht hat, die Auskehr des Verwertungserlöses verlangen. Diese Konstruktion ist damit insgesamt als insolvenzbeständig anzusehen.

b) Arbeitnehmerinteressen

Idealerweise sollte auch die doppelseitige Treuhand mit Drittbegünstigung die Interessen der Arbeitnehmer erfüllen.

(1) Laufzeit der doppelseitigen Treuhand mit Drittbegünstigung

Bei dieser Sicherungslösung werden grundsätzlich nur entsprechend dem Anwachsen der Wertguthaben Vermögenswerte auf den Treuhänder übertragen. Vergleichbar mit der Situation bei der Verpfändung zukünftiger Gegenstände liegt die Entscheidung darüber, ob das Sicherungsgut überhaupt auf den Treuhänder übertragen wird, beim Arbeitgeber. Vor allem wirtschaftliche Gründe könnten den Arbeitgeber dazu veranlassen, von einer weiteren Sicherung der Arbeitnehmer Abstand zu nehmen. Der Arbeitnehmer müsste sich dann um eine andere Sicherungslösung bemühen. Allerdings bleiben die einmal auf den Treuhänder übertragenen Vermögenswerte, deren Werthaltigkeit vorausgesetzt, dem Arbeitnehmer erhalten.

(2) Möglichkeit der einseitigen Beeinträchtigung oder Beseitigung der doppelseitigen Treuhand mit Drittbegünstigung

Die aus dem Vertrag zugunsten Dritter resultierende Begünstigung der Arbeitnehmer kann diesen ohne deren Zustimmung grundsätzlich nicht mehr entzogen werden.[790] Zwar besteht stets die Möglichkeit, dass das Deckungsverhältnis, auf dem der schuldrechtliche Anspruch der Arbeitnehmer basiert, durch die Regelungen der Anfechtung von Willenserklärungen (§§ 142 Abs. 1, 119 ff. BGB) oder durch einen erklärten Rücktritt (§§ 349, 346 BGB) erlischt, aber dies ist jedem Vertrag immanent. Da gerade die größtmögliche Sicherung der Arbeitnehmer beabsichtigt ist, wird das Deckungsverhältnis regelmäßig keinen Aufhebungsvorbehalt enthalten. Eine besondere gesetzliche Regelung, die zum Wegfall der Begünstigung führen kann, ist im Zusammenhang mit der Drittbegünstigung aus einer Sicherungstreuhand nicht ersichtlich.

(3) Insolvenzrisiko der am Sicherungsmodell beteiligten Einrichtungen

Bei der doppelseitigen Treuhand mit Drittbegünstigung sind vor allem die Insolvenz des Treuhänders und gegebenenfalls die Insolvenz der bei der Geldanlage behilflichen Finanzdienstleister zu befürchten.

Hinsichtlich der Verwirklichung dieses Risikos bei einem vom Treuhänder eingeschalteten Finanzdienstleister wird auf die entsprechenden Ausführungen zum Fondsmodell verwiesen.[791]

In der Insolvenz des Treuhänders steht dem Treugeber, auch wenn er formal sein Eigentum auf den Treuhänder übertragen hat, grundsätzlich ein Aussonderungsrecht gemäß § 47 InsO zu.[792] Dies wird mit der gewohnheitsrechtlich anerkannten haftungsrechtlichen Zugehörigkeit des Treuguts zum Vermögen des

---

790 MüKo/*Gottwald*, § 328 BGB Rn. 27.

791 Vgl. oben S. 179 ff.

792 *Gottwald/Gottwald*, Insolvenzrechts-Handbuch, § 40 Rn. 33; *Kübler/Prütting/Prütting*, § 47 Rn. 26; *Liebich/Mathews*, Treuhand und Treuhänder in Recht und Wirtschaft, S. 159.

Treugebers begründet.[793] Vorliegend ist jedoch zu beachten, dass zwischen Treugeber und Treuhänder nicht nur eine Verwaltungstreuhand besteht, sondern auch eine Sicherungstreuhand zugunsten der Arbeitnehmer vereinbart worden ist. Deshalb sind obige Grundsätze mit der Maßgabe anzuwenden, dass der Treugeber grundsätzlich nur insoweit Aussonderung verlangen kann, als er die gesicherten Forderungen bereits erfüllt hat.[794] Eine Erfüllung der Ansprüche wird jedoch regelmäßig nicht erfolgt sein, da der Großteil dieser Forderungen noch nicht fällig ist. Da diese Forderungen allerdings nicht die persönlichen Forderungen des insolventen Treuhänders sind, ist zur Gewährleistung des Sicherungszwecks eine andere Lösung zu finden. Mit Zustimmung der eigentlichen Sicherungsnehmer (Arbeitnehmer) ist vielmehr darauf hinzuwirken, dass ein neuer Treuhänder gefunden und das Treugut auf diesen übertragen wird.

Es bietet sich an, bereits bei Abschluss der Sicherungstreuhand für den Fall der Insolvenz des Treuhänders ein Sonderkündigungsrecht und eine auflösend bedingte Übertragung des Sicherungsgutes zu vereinbaren. Ein solches Vorgehen entspricht schließlich auch dem fiduziarischen Charakter der Sicherungstreuhand, die nur die gesicherten Forderungen schützen, nicht aber den Gläubigern des Treuhänders zur Befriedigung ihrer Ansprüche dienen soll.[795]

Der Sicherungswert der doppelseitigen Treuhand ist damit durch die Insolvenz beteiligter Dritter nicht gefährdet.

(4) Belastung der doppelseitigen Treuhand mit Drittbegünstigung mit Abzügen oder bestimmten Verwertungskosten

In der Insolvenz des Arbeitgebers hängt die Belastung mit Kosten aus der Verwertung des Treugutes zunächst davon ab, wer zur Verwertung im Rahmen der abgesonderten Befriedigung berechtigt ist (§§ 166 – 173 InsO).[796] Da durch die Übertragung des Treugutes auf den Treuhänder regelmäßig jeglicher Besitz des Arbeitgebers bzw. des Insolvenzverwalters verloren gegangen ist, bleibt der

---

793 *Gottwald/Gottwald*, Insolvenzrechts-Handbuch, § 40 Rn. 33; *Häsemeyer*, Rn. 11.15; *Kübler/Prütting/Prütting*, § 47 Rn. 26.

794 *Kübler/Prütting/Prütting*, § 47 Rn. 27; *Uhlenbruck/Uhlenbruck*, § 47 Rn. 36; *Gottwald/Gottwald*, Insolvenzrechts-Handbuch, § 40 Rn. 33; *Liebich/Mathews*, Treuhand und Treuhänder in Recht und Wirtschaft, S. 159 f.; *Gottwald/Adolphsen*, in: Kölner Schrift zur Insolvenzordnung, S. 1043, 1052.

795 *Nerlich/Römermann/Andres*, § 51 Rn. 8; *Gottwald/Adolphsen*, in: Kölner Schrift zur Insolvenzordnung, S. 1043, 1051 f.

796 Vgl. entsprechend die Ausführungen zur Verpfändung von beweglichen Gegenständen und Rechten: oben S. 158 ff.

Treuhänder zur Verwertung berechtigt (§§ 166 Abs. 1, 173 Abs. 1 InsO).[797] Eine Kostenbeteiligung der Gläubiger (Treuhänder) entsprechend § 170 Abs. 1 S. 1 InsO ist nicht vorgesehen, da die Verwertung durch die Gläubiger (Treuhänder) die Masse nicht belastet. Der Anfall sonstiger Kosten bei der Verwertung durch den Verwalter hängt von der Wahl des Treugutes ab. Wurden liquide Mittel oder Investmentfondsanteile als Treugut ausgesucht, sind keine besonderen Kosten zu befürchten.

(5) Einkommensteuerrechtliche Relevanz der doppelseitigen Treuhand mit Drittbegünstigung

Es ist zu klären, ob die Drittbegünstigung der Arbeitnehmer für diese einen Zufluss von Einkommen bedeutet (§ 11 Abs. 1 S. 1 EStG).

Hinsichtlich der steuerrechtlichen Relevanz von Forderungen oder schuldrechtlichen Begünstigungen aus einem Vertrag zugunsten Dritter ist zu beachten, dass erst der Einzug der Forderungen zur tatsächlichen Verfügung die Besteuerung nach § 11 Abs. 1 EStG auslöst.[798] Die Einräumung eines schuldrechtlichen Anspruchs stellt für den einzelnen Arbeitnehmer keinen Zufluss von Einnahmen im Sinne des § 11 Abs. 1 EStG dar.[799] Speziell für Treuhandverhältnisse bestimmt § 39 Abs. 2 Nr. 1 S. 2 AO, dass das Treugut stets dem Treugeber zuzurechnen ist. Die Übertragung des Treugutes auf den Treuhänder zugunsten der Arbeitnehmer kann für diese keine unerwünschten einkommensteuerrechtlichen Folgen haben.

Der Arbeitnehmer hat folglich keine negativen einkommensteuerrechtlichen Konsequenzen zu befürchten.

c) Arbeitgeberinteressen

(1) Beeinträchtigung der wirtschaftlichen Handlungsfähigkeit des Arbeitgebers durch die doppelseitige Treuhand mit Drittbegünstigung

Bei einer Absicherung der Arbeitnehmeransprüche über eine doppelseitige Treuhand bleibt der Liquiditätsvorteil, den die Altersteilzeitarbeit unter Verwendung eines Wertguthabens bietet, nicht erhalten. Die doppelseitige Treuhand

797 Vgl. entsprechend die Ausführungen zum Fondsmodell: oben S. 179 ff.

798 *Schmidt/Heinicke*, EStG, § 11 Rn. 30; *Kirchhof/Seiler*, EStG, § 11 Rn. 63.

799 Vgl. *Mittermaier/Böhme*, BB 2006, 203, 204.

unterscheidet sich in diesem Kriterium nicht wesentlich von der Verpfändungslösung.

(2) Bilanzielle Vorteile auf Grund der doppelseitigen Treuhand mit Drittbegünstigung

Je nach Ausgestaltung der Treuhandabrede kann die Vornahme einer Bilanzverkürzung nach internationalen Rechnungslegungsstandards (ISA 19.7 und 19.54) möglich sein.[800] Dies ergibt sich daraus, dass der Arbeitgeber zur Sicherung der Arbeitnehmeransprüche Vermögenswerte auf einen von ihm rechtlich getrennten Treuhänder überträgt, die dem Zugriff seiner Gläubiger entzogen sind und über die er vor Erfüllung seiner Verpflichtungen nicht verfügen kann.

(3) Rechtliche Durchführbarkeit der doppelseitigen Treuhand mit Drittbegünstigung

Gegenüber den bislang vorgestellten Modellen stellt die doppelseitige Treuhand wohl die eleganteste Form der Insolvenzsicherung dar. Vollständig ohne Mitwirkung der einzelnen Arbeitnehmer kann der Arbeitgeber mit dem Treuhänder die Sicherung zugunsten der Arbeitnehmer vereinbaren. Die Arbeitnehmer werden aus dem Vertrag zugunsten Dritter begünstigt (§ 328 Abs. 1 BGB). Diese Lösung ist als äußerst praktikabel einzustufen.

(4) Verwaltungs- und Kostenaufwand der doppelseitigen Treuhand mit Drittbegünstigung

Im Hinblick auf den Verwaltungsaufwand ist festzustellen, dass dieser weitgehend vom Treuhänder, gegebenenfalls in Verbindung mit einem Finanzdienstleister, übernommen wird. Gerade bei einer Vielzahl von zu sichernden Wertguthaben wird die Verringerung des Verwaltungsaufwandes deutlich. Dem Arbeitgeber verbleibt letztlich nur die Organisation der Wertguthaben und die Übermittlung der für die Sicherung relevanten Daten.

Als Kostenbelastung ist vor allem die Treuhandgebühr zu erwähnen, deren Höhe sich in der Regel nach dem Umfang der zu sichernden Wertguthaben richtet. Sie sollte aber regelmäßig unter den Kosten der Bankavale liegen, da der Arbeit-

---

800 *Mittermaier/Böhme*, BB 2006, 203; *Passarge*, NZI 2006, 20, 23 f.; *Fischer/Thoms-Meyer*, DB 2000, 1861, 1863; *Höfer/Oppermann*, BetrAV 2000, 551, 552. Vgl. zu den Voraussetzungen oben S. 115.

geber durch die Bereitstellung eigener Mittel das Risiko selbst trägt.[801] Gegebenenfalls sind darüber hinaus noch besondere direkte oder indirekte Provisionen beteiligter Finanzdienstleister zu berücksichtigen. Solche können beispielsweise beim Kauf von Investmentfondsanteilen entstehen, falls der Treuhänder das Treugut auf diese Weise vorübergehend anlegen sollte. Mögliche Kapitalmarkterträge aus der vorübergehenden Anlage des Treugutes können im Gegenzug jedoch der Finanzierung dieser Sicherungslösung dienen. Eine genaue Aussage über die zu erwartende Kostenbelastung ist jedoch auch hier vom jeweiligen Einzelfall abhängig.

Insgesamt erscheint bei der doppelseitige Treuhand das Verhältnis der Verwaltungs- und Kostenbelastung zum Umfang der sichernden Ansprüche als ausgewogen.

(5) Insolvenzsicherungsgebote aus § 7d SGB IV und § 8a ATG

Die doppelseitige Treuhand muss schließlich den Anforderungen der Insolvenzsicherungsgebote aus § 7d SGB IV und § 8a ATG genügen.[802] Durch die Übertragung von werthaltigen Vermögensgegenständen im jeweiligen Umfang des zu sichernden Wertguthabens einschließlich des Arbeitgeberanteils am Gesamtsozialversicherungsbeitrag, werden die Anforderungen der Insolvenzsicherungsgebote erfüllt.

d) Zusammenfassung

Die doppelseitige Treuhand bietet nach der hier vertretenen Ansicht für die zu sichernden Ansprüche in der Insolvenz des Arbeitgebers ausreichenden Schutz. Die Insolvenzschutzgebote des § 7d SGB IV und des § 8a ATG werden deshalb erfüllt. Jedoch ist bei der Wahl dieser Insolvenzsicherung zu berücksichtigen, dass bislang noch keine höchstrichterliche Rechtsprechung hinsichtlich der Insolvenzsicherheit der doppelseitigen Treuhand mit Drittbegünstigung existiert.

Für Arbeitgeber, die nicht zwingend auf den vorübergehenden Liquiditätsvorteil angewiesen sind, der aus der Verwendung von Wertguthaben entsteht, hat auch die doppelseitige Treuhand den Vorteil, dass die zur Sicherung eingesetzten Mittel bei störungsfreiem Verlauf später zur Erfüllung der Arbeitnehmeransprüche verwendet werden können. Der Arbeitgeber tätigt damit keine

---

801 *Fischer/Thoms-Meyer*, DB 2000, 1861, 1863 f. Vgl. zu den Kosten der Bankavale: oben S. 140 f.

802 Vgl. oben S. 102 ff. und S. 106 ff.

unnötigen Ausgaben, die nicht zur Befriedigung der Entgeltforderungen seiner Arbeitnehmer beitragen.

Hervorzuheben ist zudem, dass die Einbeziehung der Arbeitnehmer bei der doppelseitigen Treuhand auf Grund des Vertrages zugunsten Dritter vollständig ohne die Mitwirkung des einzelnen zu sichernden Arbeitnehmers erfolgen kann. Dieses Modell ist damit in dieser Hinsicht eine sehr einfache und elegante Lösung zur Erfüllung der gesetzlichen Insolvenzschutzgebote.

Ferner besteht auch bei dieser Lösung eine hohe Wahrscheinlichkeit, dass der Arbeitgeber – vergleichbar mit der Situation beim Fondsmodell – eine Rendite erwirtschaftet, die regelmäßig über den anfallenden Kosten liegen sollte.

Teil IV Zusammenfassung

- In der Schweiz ist die Altersteilzeitarbeit bislang nur wenig verbreitet. Dennoch wird diese Form der Beschäftigung zunehmend diskutiert, um dem demographischen Wandel in der schweizerischen Gesellschaft erfolgreich begegnen zu können. Auch dort werden Arbeitszeitkonten verwendet, die dringend gegen die Insolvenz des Arbeitgebers gesichert werden müssen. Diskutiert wird, ein mit der beruflichen Vorsorge (2. Säule) vergleichbares Modell einzuführen, das ebenfalls eine Insolvenzsicherung vorsieht. Die weitere Entwicklung bleibt abzuwarten. Aus der Situation in der Schweiz konnten daher für Deutschland keine besonderen Schlüsse gezogen werden.

- In England ist die Altersteilzeitarbeit weitgehend unbekannt. Es existieren keine speziellen gesetzlichen Regelungen, die diese Beschäftigungsform vorantreiben. Flexible Arbeitszeitregelungen sind den Engländern dennoch nicht fremd, wie das Beispiel der *annual hours* verdeutlicht. Allerdings besteht bei diesem Modell keine mit der Situation in Deutschland vergleichbare Verlustgefahr. Daher konnten auch aus der Situation in England keine Erkenntnisse für Deutschland gewonnen werden.

- In Deutschland machen Arbeitnehmer in großem Umfang von der Möglichkeit Gebrauch, in Altersteilzeit zu arbeiten. Neben der demographischen Entwicklung ist dies nicht zuletzt auch auf sozialrechtliche Rahmenbedingungen zurückzuführen, die den Eintritt in diese Form der Beschäftigung begünstigen. Zu nennen ist vor allem das ATG 1996, das eine staatliche Förderung vorsieht. Dabei wird die gesetzliche Altersteilzeit aber auch vielfach benutzt, um sozialverträgliche Verringerungen des Personalbestandes vorzunehmen. Durch die Attraktivitätssteigerung der Altersteilzeitarbeit in den letzten Jahren sollte darüber hinaus auch die bis dahin in diesem Zusammenhang übliche Frühverrentungspraxis, die die Sozialkassen stark belastete, eingedämmt werden.

- Die gesetzliche Altersteilzeit wird in den meisten Fällen im Blockmodell abgeleistet, wobei Wertguthaben im Sinne von § 7 Abs. 1a SGB IV entstehen. Diese Wertguthaben beinhalten in der Fälligkeit hinausgeschobene Vergütungsansprüche. Sie sind in der Insolvenz des Arbeitgebers als Insolvenzforderungen zu behandeln, sofern sie vor Verfahrenseröffnung erarbeitet wurden. Erst die Vergütungsansprüche der Wertguthaben, die aus Arbeitsleistungen nach Verfahrenseröffnung resultieren, sind Masseverbindlichkeiten. Die gemäß § 3 Abs. 1 ATG zu zahlenden Aufstockungsleistungen stellen Arbeitsentgelt dar und sind entsprechend zu behandeln.

- Des Weiteren existieren auch gesetzlich nicht geförderte Altersteilzeitverhältnisse, die auf Langzeit- oder Lebensarbeitszeitkonten zurückzuführen sind. Auch diese Konten stellen Wertguthaben im Sinne von § 7 Abs. 1a SGB IV dar.

- Derzeit gibt es keinen gesetzlichen Insolvenzschutz der Wertguthaben. Die Existenz der von der Insolvenz des Arbeitgebers betroffenen Arbeitnehmer in Altersteilzeit kann jedoch teilweise über das Insolvenzgeld und bei Verlust des Arbeitsplatzes durch das Arbeitslosengeld gesichert werden.

- Eine weitergehende Sicherung verlangt daher § 7d SGB IV und nun auch § 8a ATG. Kommt ein Arbeitgeber diesen Insolvenzsicherungsgeboten jedoch nicht nach, hat er allerdings keine empfindlichen Sanktionen zu befürchten. Nach § 8a Abs. 4 S. 1 ATG kann er nur zu Sicherheitsleistungen in Höhe des Wertguthabens verpflichtet werden. Insbesondere droht ihm kein Schadensersatzanspruch aus § 823 Abs. 2 BGB i.V.m. § 7d SGB IV bzw. § 8a ATG. Die Insolvenzsicherungsgebote stellen keine Schutzgesetze im Sinne des § 823 Abs. 2 BGB dar.

- In Deutschland besteht daher ein dringendes Bedürfnis für eine individualvertragliche Sicherung der Wertguthaben der Arbeitnehmer in Altersteilzeit.

- Als Sicherungsmodelle werden derzeit Avalkredite, Kautionsversicherungen, Verpfändungslösungen – insbesondere das Fondsmodell und die Verpfändung der Ansprüche aus einer Rückdeckungsversicherung – und verschiedene Treuhandlösungen angeboten. Sofern ihre Bestellung nicht ausnahmsweise den Tatbestand einer vorsätzlichen Benachteiligung nach § 133 InsO erfüllen sollte, haben die untersuchten Modelle auch in der Insolvenz des Arbeitgebers Bestand. Dies gilt insbesondere auch für die doppelseitige Treuhand mit Drittbegünstigung.

- Die konkrete Entscheidung für das eine oder andere Modell ist stark vom Einzelfall, insbesondere von der finanziellen Situation des Arbeitgebers, abhängig. Daher kann nicht allgemeingültig ein Modell im Vergleich zu einem anderen als besser oder schlechter geeignet eingestuft werden. Ein wesentliches Kriterium bei der Entscheidungsfindung ist, ob der Arbeitgeber den Liquiditätsvorteil, den Wertguthaben bieten, erhalten will oder ob er die Mittel zur späteren Erfüllung der gestundeten Arbeitnehmerforderungen zur Sicherung der Wertguthaben verwenden kann.

- Bei der Sicherung des Arbeitgeberanteils am Gesamtsozialversicherungsbeitrag begegnen in sozialrechtlicher Hinsicht die Verpfändungslösungen größeren Problemen. Gemäß § 7d SGB IV und § 8a ATG ist der Arbeitgeberanteil ebenso von diesen Insolvenzsicherungsgeboten erfasst. Auf Grund der strengen Akzessorietät des Pfandrechts kann nur durch einen Kunstgriff – individualvertragliche Erweiterung der Arbeitnehmerforderung – der Arbeitgeberanteil am Gesamtsozialversicherungsbeitrag in die Sicherung miteinbezogen werden.

Schriften zum Verfahrensrecht

Herausgegeben von Peter Gottwald und Ulrich Haas

Kolibri 360 GmbH
Ferdinand-Jühlke-Straße 7
99095 Erfurt, Deutschland
produktsicherheit@kolibri360.de

Druck:
CPI Druckdienstleistungen GmbH
im Auftrag der
Kolibri 360 GmbH
Ferdinand-Jühlke-Str. 7
99095 Erfurt